Reto Solèr

Dalmatien

mit Inseln, Velebit-Gebirge und Plitvicer Seen

51 ausgewählte

ROTHER
BERGVERLAG

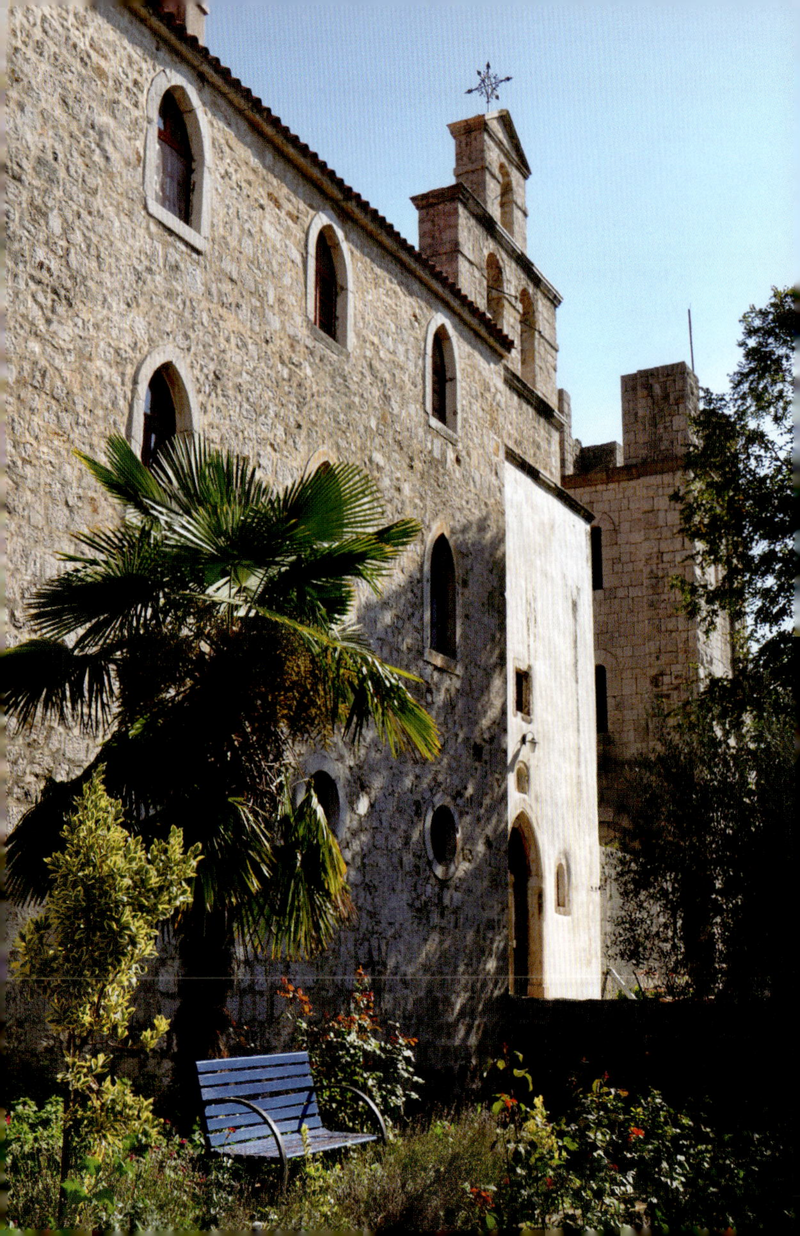

Vorwort

Mit dem 2013 erfolgten Beitritt zur Europäischen Union ist Kroatien in Europa angelangt, auch wenn noch nicht alle aus den Zeiten des jugoslawischen Kommunismus und des jüngsten Balkan-Krieges hervorgegangenen Probleme ausgestanden sind. Seit 2022 gehört Kroatien zum Schengen-Raum und auch der Euro ist eingeführt. Aus touristischer Warte gesehen ist Dalmatien, der südlichste Teil Kroatiens, eine Region der Superlative. Kaum eine Region in Europa weist auf engstem Raum eine derart große Zahl von ganz unterschiedlichen National- und Naturparks auf. Städte wie Zadar, Split und Dubrovnik oder auf den Inseln historische Ortschaften wie Korčula oder Hvar ergänzen das Naturerlebnis mit ihrem mediterranen Charme.
Es ist mir deshalb eine Freude, den Wanderführer in einer neuen, erweiterten Auflage vorzustellen. Von Auflage zu Auflage sind die Kennzeichnung der Wege weiter verbessert und neue Routen ausgeschildert worden, trotzdem bestehen immer noch Defizite. Deshalb konnte manche Tour, welche als Rundwanderung konzipiert war, schließlich nur als Streckenwanderung beschrieben werden, und in einigen Regionen ist die Auswahl nach wie vor begrenzt. Trotzdem war und ist das Wandern in Kroatien ein schierer Genuss, mit dieser unvergleichlichen Mischung aus Berg und Meer, mit den unterschiedlichen Windströmungen, welche ganz unterschiedliche Lichtverhältnisse zur Folge haben, und den verschiedenen Vegetationszonen.
Die Kontraste sind immer noch groß: Auf der einen Seite haben sich viele Destinationen am Meer zu Massentourismus-Resorts entwickelt, während sich auf der anderen Seite parallel ganze Landstriche im Landesinnern immer mehr entvölkern. Im Sinne einer nachhaltigen touristischen Entwicklung sollen mit diesem Wanderführer, soweit es möglich ist, auch Regionen abseits der Touristenströme unterstützt werden.
Der heutige Massentourismus in den Sommermonaten bringt immer mehr Schattenseiten mit sich. Es ist zu hoffen, dass die kroatischen Tourismusverantwortlichen dem Natur- und Umweltschutz einen größeren Stellenwert als bisher zugestehen und den öffentlichen Verkehr ausbauen, welcher gerade für den Wandertourismus von großer Bedeutung ist.
Ganz herzlich sei meinen Begleiterinnen und Begleitern gedankt, die mir eine große Stütze waren, bei der vierten Auflage insbesondere Andrea Vogelmann.
Ich wünsche allen Wandernden ebenso einprägsame Erfahrungen, wie ich sie haben durfte und immer wieder habe. Viel Spaß und Muße auf der spannenden Entdeckungsreise in Dalmatien!

Zürich, im Sommer 2023 — Reto Solèr

Das stille Krupa-Kloster, ein Ort des Friedens und der inneren Einkehr.

Inhaltsverzeichnis

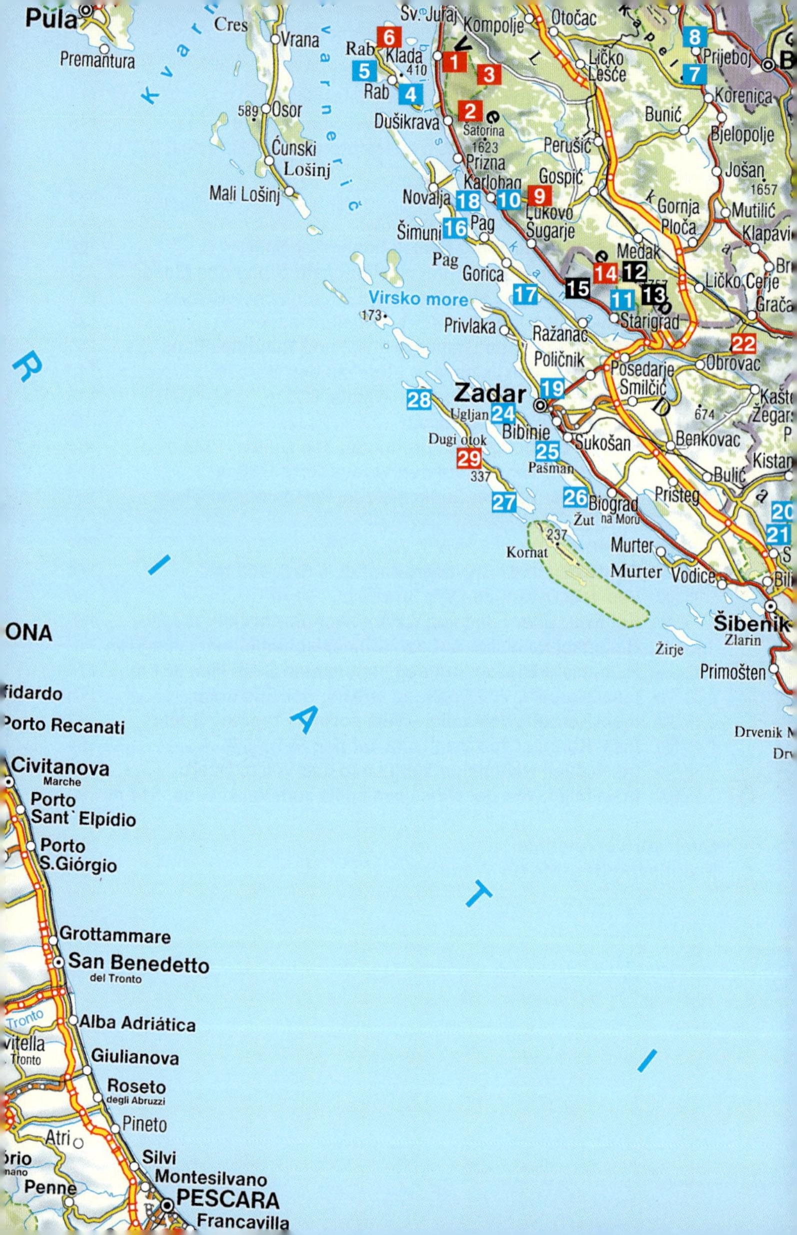

Pula
Premantura
Cres
Vrana
Osor
589
Ćunski
Lošinj
Mali Lošinj
Kvarner
Kvarnerić
Rab
Klada
410
Rab
Sv. Juraj
Kompolje
Otočac
Ličko Lešće
Prijeboj
Korenica
Bunić
Bjelopolje
Dušikrava
Šatorina
1623
Prizna
Karlobag
Perušić
Gospić
Jošan
1657
Novalja
Lukovo Šugarje
Gornja Ploča
Mutilić
Klapavi
Šimuni
Pag
Pag
Gorica
Medak
Ličko Cerje
Grača
Virsko more
173
Privlaka
Ražanac
Starigrad
Obrovac
Poličnik
Posedarje
Smilčić
Zadar
Ugljan
Bibinje
Sukošan
674
Benkovac
Dugi otok
Pašman
337
Bulić
Kistan
Pristeg
Biograd na Moru
Žut
237
Kornat
Murter
Murter
Vodice
Šibenik
Zlarin
Žirje
Primošten
Drvenik
ONA
fidardo
Porto Recanati
Civitanova Marche
Porto Sant`Elpídio
Porto S.Giórgio
Grottammare
San Benedetto del Tronto
Tronto
Alba Adriática
Giulianova
Roseto degli Abruzzi
Pineto
Atri
Silvi
Montesilvano
Penne
PESCARA
Francavilla
R
I
A
T
I
1 2 3 4 5 6 7 8 9 10 11 12 13 14 15 16 17 18 19 20 21 22 24 25 26 27 28 29

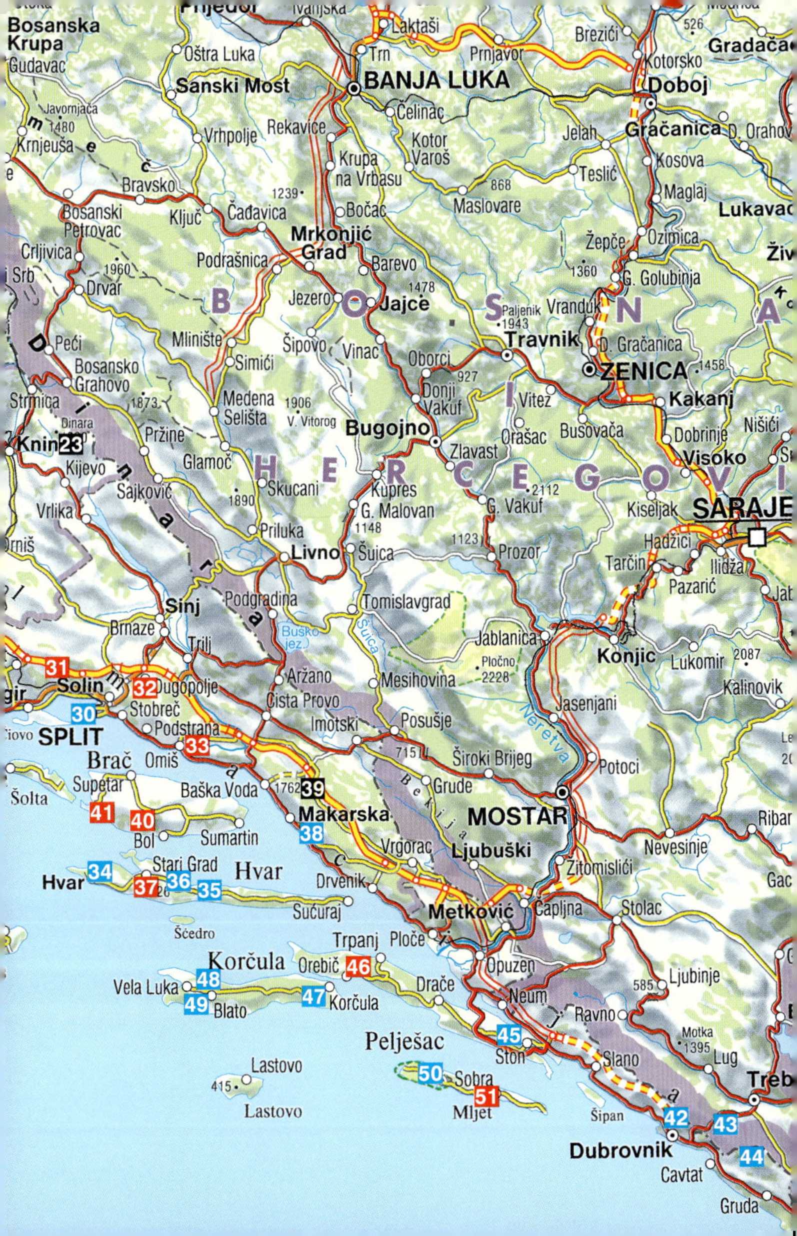

Bosanska Krupa
Prijedor
Ivanjska
Laktaši
Brezići
526
Gradačac
Gudavac
Oštra Luka
Trn
Prnjavor
Kotorsko
Sanski Most
BANJA LUKA
Doboj
Javornjača 1480
Čelinac
Gračanica
D. Orahov
Krnjeuša
Vrhpolje
Rekavice
Kotor Varoš
Jelah
Krupa na Vrbasu
Kosova
Teslić
Bravsko
1239
868
Maglaj
Bosanski Petrovac
Ključ
Čađavica
Bočac
Maslovare
Lukavac
Mrkonjić Grad
Žepče
Ozimica
Crljivica
Podrašnica
Barevo
1360
1960
Srb
Drvar
G. Golubinja
1478
Jezero
Jajce
Paljenik 1943
Vranduk
B
O
S
N
A
Peći
Mlinište
Šipovo
Vinac
Travnik
D. Gračanica
Bosansko Grahovo
Simići
Oborci
927
ZENICA
1458
Strmica
1873
Medena Selišta
1906 V. Vitorog
Donji Vakuf
Vitez
Kakanj
Dinara
Pržine
Bugojno
Orašac
Busovača
Dobrinje
Nišići
Knin
23
Zlatvast
Visoko
Kijevo
Glamoč
H
E
R
C
E
G
O
V
I
Sajković
Skucani
Kupres
2112
Vrlika
1890
G. Malovan
G. Vakuf
Kiseljak
SARAJE
Drniš
Priluka
1148
1123
Hadžici
Livno
Šuica
Prozor
Tarčin
Ilidža
Pazarić
Sinj
Podgradina
Tomislavgrad
Busko jez.
Šuica
Jablanica
Brnaze
Trilj
Konjic
Lukomir
2087
31
Pločno 2228
Solin
32
Dugopolje
Aržano
Mesihovina
Kalinovik
30
Stobreč
Cista Provo
Jasenjani
SPLIT
Podstrana
Imotski
Posušje
Neretva
33
715
Široki Brijeg
Brač
Omiš
Potoci
Šolta
Supetar
Baška Voda
1762
39
Grude
MOSTAR
Ribar
41
40
Makarska
Bol
Sumartin
38
Nevesinje
Vrgorac
Ljubuški
Stari Grad
Hvar
Žitomislići
Gac
Hvar
34
37
36
35
Drvenik
Metković
Čapljina
Stolac
Sućuraj
Šćedro
Trpanj
Ploče
Korčula
Orebič
46
Opuzen
Ljubinje
Vela Luka
48
Dračе
585
Neum
47
Korčula
Ravno
49
Blato
45
Motka 1395
Pelješac
Ston
Lug
Lastovo
Slano
415
50
Sobra
Treb
Lastovo
51
Mljet
Šipan
42
43
Dubrovnik
44
Cavtat
Gruda

Touristische Hinweise

Vielfalt auf kleinem Raum

Wandern in Dalmatien galt lange als Geheimtipp und bietet noch heute viel ursprüngliche Natur mit Bergen in Meeresnähe. Kroatien ist bestens geeignet für längere Wanderferien, sei es auf den Inseln, entlang der Küste oder im gebirgigen Innenland. Der vorliegende Wanderführer zeigt, dass Dalmatien keinesfalls nur eine Badedestination ist. Es gibt mittlerweile in etlichen Regionen und Inseln eine Vielzahl von markierten Wanderwegen, die gut begehbar sind. Viele Touren lassen sich mit Badevergnügen an zauberhaften Stränden oder mit Besuchen von Kulturobjekten verbinden.

Unterschiedliche Regionen

Der Wanderführer Dalmatien enthält Tourenvorschläge im Velebit-Gebirge sowie dem Hinterland mit den Plitvicer Seen und den Inseln Rab und Pag, die sich im Norden befinden. Rund drei Viertel der Touren sind weiter südlich an der dalmatinischen Küste und auf den vorgelagerten Inseln situiert, auf

Die Kirche von Makarska im Windschatten des Biokovo-Gebirges.

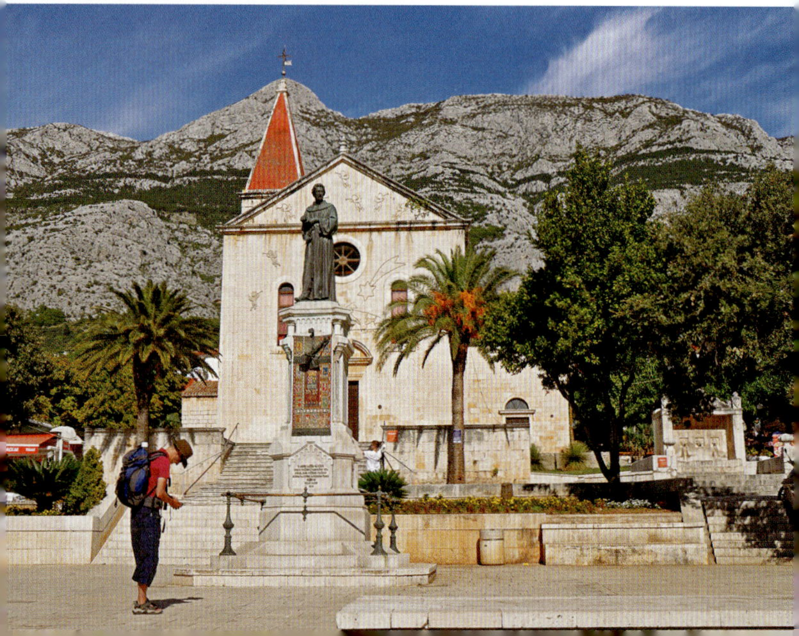

Top-Touren in Dalmatien

Nationalpark Velebit: Zavižanska Kosa und Balinovac

Kurzweilige und panoramareiche Drei-Gipfel-Tour im nördlichen Velebit-Gebirge, mit Meerblick in spektakulärer Karstlandschaft (Tour 1, 3.30 Std.).

Nationalpark Plitvicer Seen

Wasser, so weit das Auge reicht: schäumende Kaskaden, grandiose Wasserfälle und stille Seen in weitläufiger Waldlandschaft (Tour 7, 2.45 Std.).

Nationalpark Paklenica

Anspruchsvolle, aber wildromantische Durchschreitung der kleinen und großen Paklenica-Schlucht, mit Passüberschreitung zwischendurch (Tour 13, 6.30 Std.).

Nationalpark Krka

Hoch über dem Krka-Canyon und dem Visovac-See, von der mystischen Klosterinsel Visovac zu den Wasserfällen von Roški Slap (Tour 20, 5.00 Std.).

Dinara-Gebirgszug bei Knin

Weitläufige Tour im Grenzgebiet zu Bosnien auf die höchste Erhebung Kroatiens, die in ihrer Ausformung an den Ayers Rock erinnert (Tour 23, 7.30 Std.).

Insel Dugi Otok: Naturpark Telašćica

Von der Lagune Tripuljak über die Stene-Klippen zum Salzsee Mir, mit eindrücklicher Pflanzen- und Tiervielfalt zu Wasser und Land (Tour 27, 1.45 Std.).

Insel Hvar: Auf den Sv. Nikola

Klassische Gipfelrundtour hoch über der azurblauen Adria, bereichert durch die Grotte Sv. Nedjelje und die drei Kapellen unterwegs (Tour 37, 3.15 Std.).

Im Naturpark Biokovo-Gebirge

Hoch über der Makarska Riviera durch urtümliche Karstlandschaft bis zum Gipfel des Čulica, mit spektakulären Ein- und Ausblicken (Tour 39, 6.15 Std.).

Halbinsel Pelješac: Auf den Sv. Ilija

In alpin anmutender Karstlandschaft auf den höchsten Gipfel von Pelješac mit Blick auf die dalmatinische Riviera und Inselwelt (Tour 46, 6.30 Std.).

Nationalpark Insel Mljet

Über einen mit Schwarzkiefern, Steineichen und Pinien bewaldeten Hügelkamm zum großen und kleinen Salzsee und weiter zum Meeresufer (Tour 50, 3.30 Std.).

einer Längsausdehnung von Zadar über Split bis Dubrovnik. Während die Küste von immergrüner Macchia, Olivenhainen, Kiefernwäldern oder Palmen und Pinien geprägt ist und auf der Speisekarte Fischgerichte gut vertreten sind, wird nur wenige Kilometer weiter im Landesinneren eine kontinentalere Küche serviert, und die Vegetation erinnert in den Bergen oft an subalpine Regionen.

Tourenauswahl

Bei der Auswahl der 51 Touren wurde darauf geachtet, dass von kinderfreundlichen Wanderungen bis zu anspruchsvollen Bergtouren verschiedene Bedürfnisse abgedeckt sind. Die Wanderungen führen vielfach innerhalb weniger Stunden durch mediterranes Ambiente am Küstenstreifen in eine oft menschenleere, beinahe alpin anmutende Bergszenerie.

Symbole

	mit Bahn/Bus erreichbar	†	Gipfel
	Einkehrmöglichkeit	)( )(	Pass, Sattel / Brücke
	für Kinder geeignet		Kirche, Kapelle, Kloster
	Ort mit Einkehrmöglichkeit		Burg, Festung, Ruine
	Restaurant, Gasthaus	∴	archäologische Stätte
	Schutzhaus, Unterstand		Campingplatz
P	eingerichteter Parkplatz		Aussichtsturm, -platz
	Schiffsanlegestelle		Leuchtturm / Höhle
	Bus- bzw. Bahnanschluss		Abzweigung
	Seilbahn		Wasserfall
	Bademöglichkeit		Quelle

Anforderungen

Gutes Schuhwerk ist empfehlenswert, weil die meisten Touren durch Karstgebiet führen. Bei einigen Wanderungen, vor allem im Velebitgebirge, sind Trittsicherheit, Schwindelfreiheit und Orientierungssinn Voraussetzung.

In Kroatien werden immer wieder Routen aus unerfindlichen Gründen aufgelassen, wodurch sie der Verbuschung preisgegeben werden. Ebenfalls kommt es vor, dass Markierungen unkoordiniert vorgenommen werden, wodurch sich neue Routen ergeben, oder Markierungen stimmen nicht mehr mit denjenigen in den Routenbeschreibungen überein. Für diesbezügliche Mitteilungen an den Verlag sei gedankt. Oft zweigen auch Pfade labyrinthartig von den Wanderwegen ab, die einst als Verbindungen (alte Kulturwege) dienten, von denen heute aber nur noch ein Teil benützt wird. Es ist dann nicht leicht, aus dem Weggewirr wieder herauszufinden.

Um die jeweiligen Anforderungen besser einschätzen zu können, sind die Wandertouren mit drei Farben gekennzeichnet. Insbesondere die Beschreibung schwierigerer Touren sollte vorab sorgfältig gelesen werden, damit man sich ein Urteil bilden kann. Falls Routen, wie oben erwähnt, anders markiert oder nicht mehr unterhalten werden, kann sich unter Umständen der Schwierigkeitsgrad ändern.

Leicht Diese Wege sind gut markiert und/oder breit. Sie sind gut begehbar, kaum ausgesetzt und somit relativ ungefährlich. Die Touren erfordern keine Bergerfahrung und können in der Regel auch bei schlechterem Wetter und mit Kindern unternommen werden. Meist handelt es sich aber nicht um Spaziergänge, das heißt, gutes Schuhwerk, ausreichende Ausrüstung und eine gewisse Ausdauer werden empfohlen.

Mittel Diese Touren stellen erhöhte Anforderungen an die körperliche Verfassung und/oder das Orientierungsvermögen oder für kurze Passagen an die Trittsicherheit oder Schwindelfreiheit, was jeweils vermerkt ist. Die Wege und Pfade sind, von einigen Abschnitten abgesehen, markiert und/ oder gut ersichtlich. Eine gute Ausrüstung und robustes Schuhwerk werden vorausgesetzt.

Schwierig Schwarz gekennzeichnete Touren erfordern abschnittsweise Trittsicherheit, Schwindelfreiheit, Orientierungssinn und/oder Bergerfahrung. Die Pfade sind meist gut markiert, können aber recht schmal und/oder ausgesetzt sein. Sie sollen nicht bei unsicherem Wetter oder nach größeren Regenfällen begangen werden. Bei wenigen Passagen ist auch etwas Klettergeschick erforderlich, der Gebrauch der Hände ist notwendig. Je nach Länge der Tour wird eine gute bis sehr gute Kondition vorausgesetzt. Entsprechende Ausrüstung, robustes Schuhwerk und Kartenkenntnisse und/ oder ein GPS-Gerät sind selbstverständlich.

Gehzeiten / Höhenunterschied

Die Zeitangaben beziehen sich auf die reine Gehzeit ohne Rast oder Fotopausen etc. und bei normalen Verhältnissen. Bei der Angabe des Höhenunterschieds handelt es sich um die Summe aller Höhendifferenzen der Anstiege. Weichen Auf- und Abstieg wesentlich voneinander ab, sind die Angaben separat aufgeführt.

Wegmarkierungen mit Richtungszeiger.

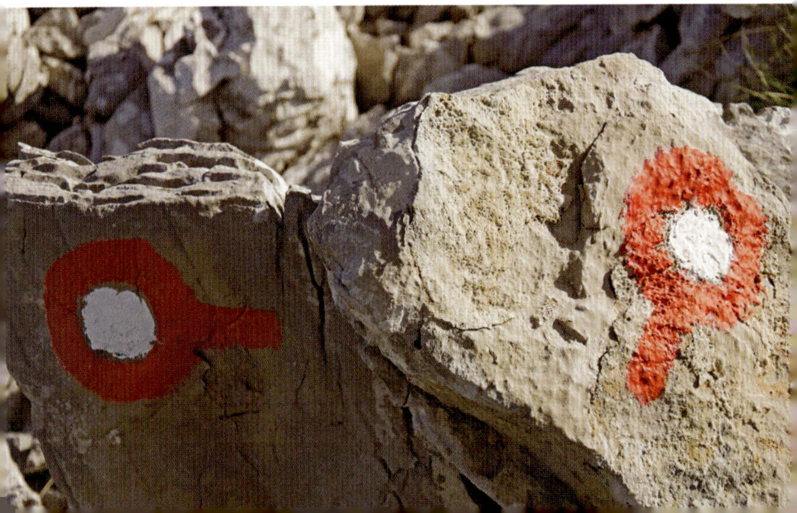

GPS-Tracks und Koordinaten der Ausgangspunkte

Auf **gps.rother.de** stehen zu diesem Wanderführer GPS-Tracks und die Koordinaten der Ausgangspunkte zum kostenlosen Download bereit. Dieser QR-Code führt direkt zum Download.
4. Auflage, Passwort: **447604szu**
Die GPS-Tracks können in die **Rother App** importiert werden. In der App kann man unterwegs stets sehen, wo man gerade ist und wo es langgeht. **Anleitungen dazu: rother.de/gps**
Trotz sorgfältiger Prüfung können wir Fehler und zwischenzeitliche Veränderungen nicht ausschließen. Verlassen Sie sich für die Orientierung niemals einzig und allein auf die GPS-Daten, sondern beurteilen Sie die Verhältnisse vor Ort.

Wegmarkierungen

Für »offizielle« Wege in Kroatien gilt größtenteils: Ein weißer, rot umrandeter Punkt oder ein rot-weiß-(roter) Strich bezeichnen einen Wanderweg, je nach Region können auch andere Farben vorkommen. Das Wegzeichen »X« weist auf eine (kommende) Kreuzung hin.
Die Touren folgen mehrheitlich gekennzeichneten Wegen. Auf Abschnitte mit ungenügender Markierung wird gesondert hingewiesen. Bleiben Sie zu Ihrem eigenen Vorteil auf den markierten oder noch besser den in diesem Buch vorgeschlagenen Wegen! Bei unübersichtlichem Gelände, in Macchia- oder Waldgebieten empfiehlt es sich, ganz nah bei den Markierungen zu stehen, damit die jeweils nächste ausgemacht werden kann.

Gefahren

Die Gefahr von Schlangenbissen ist klein, aber nicht auszuschließen. In Kroatien gibt es zwei giftige Arten: Kreuzotter und Hornviper. Es ist ratsam, zum Schutz lange Hosen zu tragen, insbesondere wenn die Pfade schmal sind. Bei einem Biss sofort den Arzt oder ein Krankenhaus konsultieren!
In den Grenzregionen zu Serbien und einigen wenigen hier beschriebenen Routen, insbesondere in Grenznähe zu Bosnien-Herzegowina wie bei den Plitvicer Seen, entlang des Hauptkamms des Velebit (Paklenica-Hauptkamm) oder in der Region bei Knin (Dinara), ist es unabdingbar, sich an die beschriebenen, markierten und offenen Wege zu halten, da trotz Räumaktionen immer noch Minengefahr bestehen kann. Es gilt überdies zu beachten, dass Minen oft dicht am Straßen- oder Wegrand verlegt sind.

Wie hier auf der Insel Korčula geht es oft durch mediterrane Kulturlandschaften.

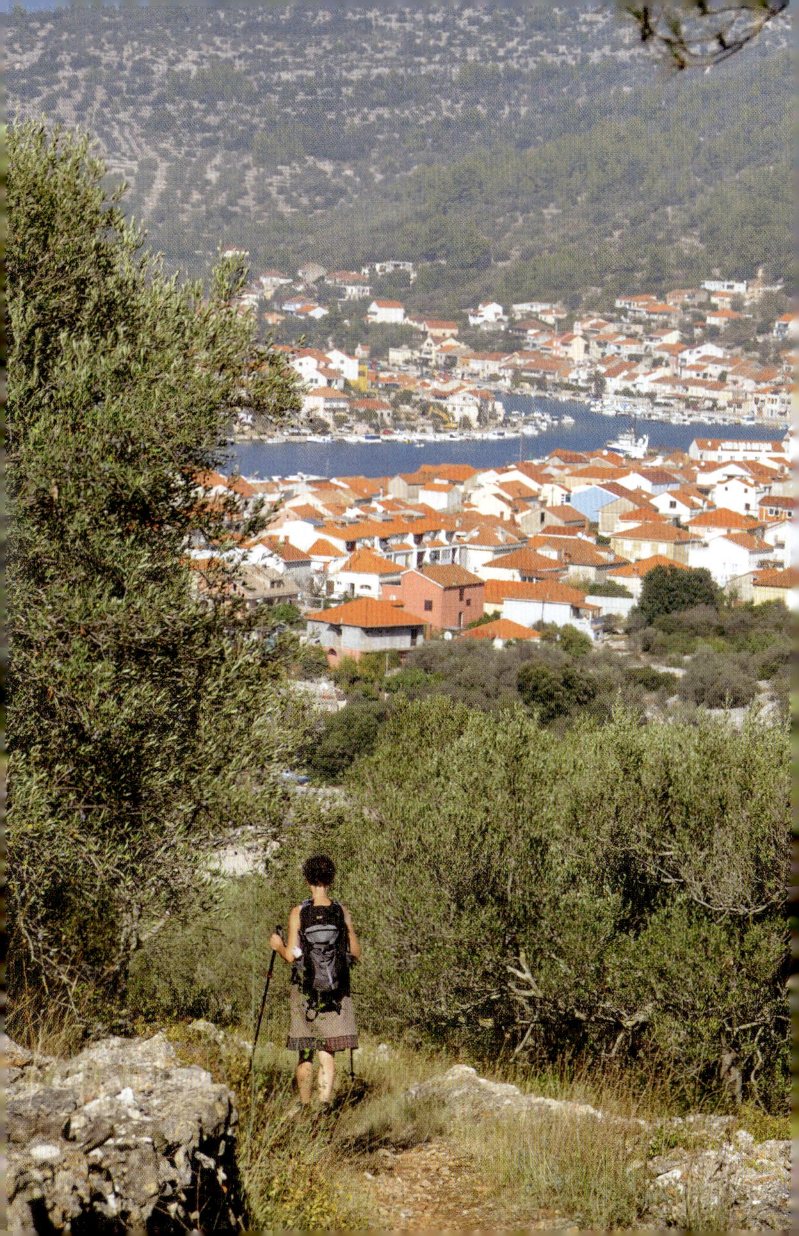

Der Umwelt zuliebe ...

Auch beim Wandern hinterlassen wir einen ökologischen Fußabdruck, aber im Einklang mit der Natur unterwegs zu sein, ist gar nicht so schwer!

VORBEREITUNG UND ANFAHRT

- Sich vorab informieren, worauf in Bezug auf Natur und Umwelt in der jeweiligen Wanderregion besonders zu achten ist.
- Soweit möglich mit Bahn und Bus anreisen, Wander- und Rufbusse nutzen.
- Ist eine Anfahrt mit dem Auto nötig, Fahrgemeinschaften bilden.
- Bei weiten Anfahrten Mehrtagestouren planen oder von einem Quartier vor Ort aus mehrere Touren absolvieren.
- Flugreisen möglichst reduzieren und durch Beiträge zu Klimaschutzprojekten kompensieren.

KLEIDUNG UND AUSRÜSTUNG

- Beim Kauf von Outdoor-Kleidung auf umweltfreundliche und faire Herstellung achten und Kleidungsstücke möglichst viele Jahre nutzen.
- Ausrüstung kann man eventuell auch gebraucht kaufen oder ausleihen.
- Reparieren statt neu kaufen.

VERPFLEGUNG

- Beim Einkauf Bio-Ware, regionale und saisonale Erzeugnisse bevorzugen.
- Hütten und Gasthäuser auswählen, die regionale Produkte verwenden.
- Auf Einwegflaschen und Plastikverpackungen verzichten, stattdessen wiederverwendbare Trinkflaschen und Brotzeitboxen benutzen.

ÜBERNACHTUNG

- Bei lokalen Anbietern buchen, damit Menschen vor Ort profitieren.
- Auf Hütten und in anderen Unterkünften Strom und Wasser sparen.

UNTERWEGS

- Wege benutzen und Abkürzer vermeiden.
- Sperrungen von Wegen und Schutzgebieten respektieren.
- Keine Blumen pflücken und keine Pflanzen entnehmen.
- Waldbrandgefahr beachten.
- Müll wieder mit nach Hause nehmen und dort entsorgen.
- Toilettengänge in freier Natur möglichst vermeiden.
- Lärm vermeiden.
- Hunde an die Leine nehmen.

ROTHER
BERGVERLAG

Beste Jahreszeit

Die besten Jahreszeiten zum Wandern sind Frühling und Herbst. Im Sommer kann es sehr heiß werden, im Winter kann es an der Küste ausgiebig regnen, in höheren Regionen, vor allem im Norden und im Hinterland ist Schnee bis April keine Seltenheit. Im nördlichen Velebit kann auch im Hochsommer gut gewandert werden, im Frühling dagegen erst ab ca. Mitte Mai, was je nach Schneelage auch für die höchsten Gipfel des Paklenica-Nationalparks und für das Dinara-Massiv im Innenland gilt.

Im südlichen Velebit (Paklenica) und in den Wandergebieten von Norddalmatien kommen noch im Oktober und bereits wieder ab April angenehme Wandertemperaturen vor, weiter im Süden meist auch im November oder März. Nicht nur die klimatischen Verhältnisse sprechen für einen Wanderurlaub in der Nebensaison, sondern auch die Tatsache, dass Kroatien während der Sommerferien überrannt wird, wobei es aber selbst dann auf etlichen beschriebenen Routen verhältnismäßig ruhig zugeht. Insbesondere von Routen in Nationalparks, wie Paklenica, Plitvicer Seen oder Krka, wird aber in der Sommersaison abgeraten.

Die Rubrik »Beste Jahreszeit« ist nur in jenen Fällen bei der jeweiligen Tour angeführt, in denen die Wanderung bei normalen Verhältnissen nicht ganzjährig gemacht werden kann.

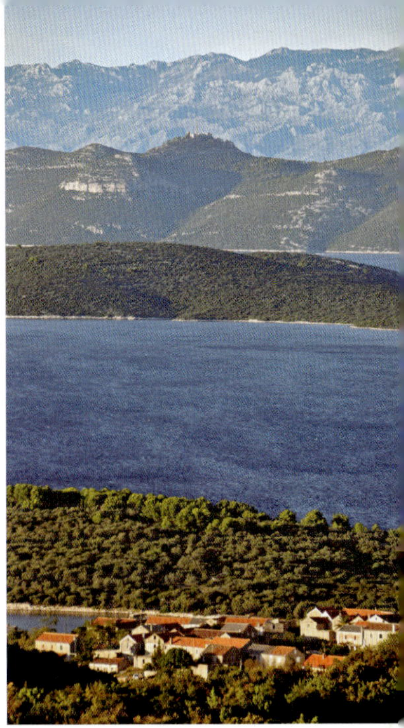

Blick von der Insel Pašman auf weitere Inseln und das Festland in Norddalmatien.

Ausrüstung

Nehmen Sie Regen- und Sonnenschutz, eine Kopfbedeckung sowie ausreichend Wasser und Proviant mit. Ein großer Teil der Wanderungen führt durch Karstlandschaft, in der kaum Trinkwasser zu finden ist. Solide Wanderschuhe sind für das Karstgelände von Vorteil und bei schwierigen Touren zwingend notwendig. Für verbuschte Passagen einzelner Touren und bei Wanderungen der Kategorie »Schwarz« sind lange Hosen und Wanderstöcke von Vorteil.

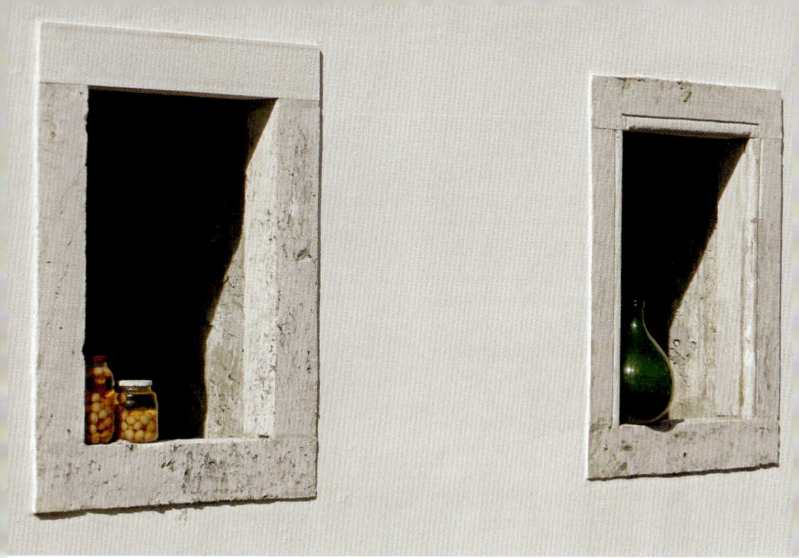

Köstliche Oliven gibt es zu jedem Apéro.

Kartenmaterial

Wer weitere Karten sucht, kann zum Beispiel bei der Tourismusinformation oder an den Eingängen zu den Nationalparks danach fragen. Das Kartenmaterial ist in Kroatien von unterschiedlicher Qualität. Für die Nationalparks und das Velebitgebirge liegen die sogenannten Smand-Karten (smand.hr) im Maßstab 1:25.000 oder 1:30.000 vor (nicht immer vor Ort erhältlich). Im Astroida-Verlag gibt es eine empfehlenswerte Wanderkarte 1:25.000 zum Paklenica-Nationalpark, die wie die Smand-Karten im Nationalpark zu kaufen ist. Verschiedene Gebiete decken die HGSS-Karten im Maßstab 1:25.000 ab, die auch im Internet, z. B bei Freytag & Berndt (freytagberndt.com), zu erwerben sind.

Anreise

Leider sind nicht alle Wanderungen mit öffentlichen Verkehrsmitteln durchführbar, bei einzelnen Touren ist ein Pkw unabdingbar. Da das Parken nicht überall kostenfrei ist, empfiehlt es sich, für die Automaten immer Kleingeld dabeizuhaben. Etliche Ausgangspunkte sind indes mit Autobussen erreichbar, leider sind in der Regel an den Bushaltestellen keine Fahrpläne ausgehängt. Deshalb am besten jeweils bei der Tourismus-Auskunft, bei den Nationalpark-Eingängen oder auch bei Unterkünften und Restaurationsbetrieben nachfragen.

Einkehr / Unterkunft

Die Einkehrmöglichkeiten sind bei den jeweiligen Touren aufgeführt. Ein großer Teil der Berghütten ist entweder nur in der Sommersaison oder gar nicht bewirtschaftet, also es sind keine Speise oder Getränke erhältlich. Teils sind die Berghütten saisonal bewartet, also ein Hüttenwart ist vor Ort, womit meist auch übernachtet werden kann. Außerhalb der Nationalparks handelt es sich vielfach um Selbstversorger-Hütten mit unterschiedlichem Standard, welche nicht alle über Trinkwasser verfügen. Eine Reservierung wird empfohlen.

- Weitere Informationen unter hps.hr/info/planinarske-kuce oder trail.viadinarica.com/en/huts.

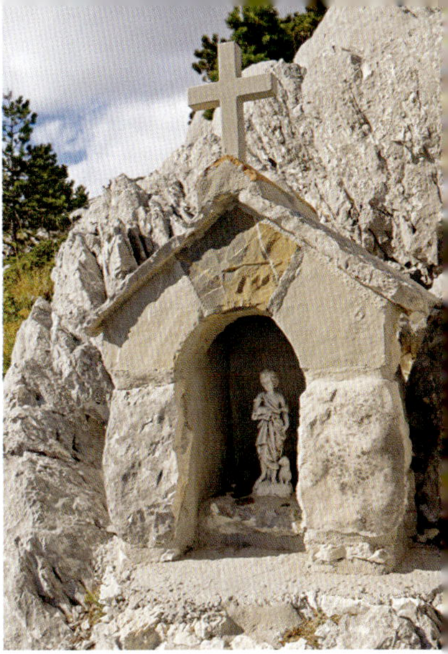

Bild oben rechts: Der Schrein am Wegrand zeugt vom katholischen Glauben.
Unten: Berghütte am Aufstieg zum Dinara, dem höchsten Gipfel von Kroatien.

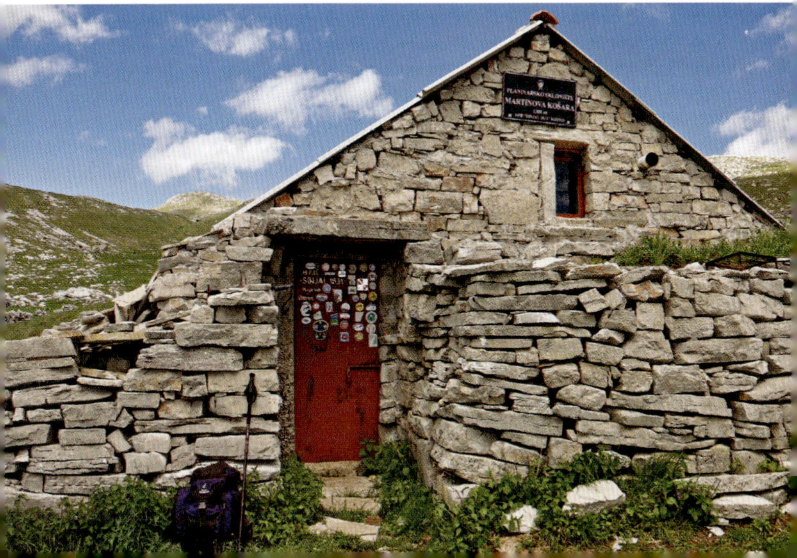

Natur und Landschaft

Landschaft

Küstengebirge haben ihre ganz besondere Faszination. Obwohl selbst die höchsten Gipfel in Kroatien für alpine Verhältnisse eher niedrig sind, fallen die Höhenunterschiede beträchtlich aus. Knapp 1800 Meter sind es auf den Vaganski vrh im Velebit- oder den Sv. Jure im Biokovo-Gebirge, während sich die höchsten Inselberge bis auf 800 Meter erheben, wie der Vidova Gora auf Brač. Die knapp 1000 Inseln waren einst Teil dieses dinarischen Gebirges auf dem heutigen Festland. Die Gesamtfläche der Inseln beträgt rund 2070 km^2, was 16 % der Fläche Kroatiens entspricht.
Kalksteingebirge ihrerseits machen 40 % der Gesamtfläche Kroatiens von 56.610 km^2 aus und sind hauptsächlich in der Küstenregion zu finden. Die Küstenlandschaft ist geprägt durch typische Karstphänomene wie ausgedehnte Höhlensysteme, weit verzweigte unterirdische Wasserläufe, bizarre Felsformationen und kraterförmige Vertiefungen oder Senken (Poljen). Der Karst ist ein äußerst fragiles Ökosystem, das einer großen Artenvielfalt Lebensraum bietet, aber durch verschiedene menschliche Eingriffe gefährdet ist.

Klima

Im nördlichen Landesinneren herrscht kontinentales Klima vor, in den gebirgigen, küstennahen Teilen des Landes subalpines und an der Küste und auf den Inseln mediterranes Klima. Wetterbestimmend ist nicht nur die geografische Lage, sondern auch die Höhenlage der jeweiligen Region. Milde, feuchte Winter und trockene, heiße Sommer bringen am Küstensaum eine mediterrane, immergrüne üppige Vegetation hervor. Im Frühling blühen und duften die mediterranen Gräser und Kräuter, dafür hat das Meer im Herbst nach der Hitze des Sommers angenehmere Badetemperaturen.
Drei dominante Winde weist Dalmatien auf: Bora, Jugo und Maestral: Die Bora ist ein kalter Nordostwind, der insbesondere in den kälteren Jahreszeiten orkanartig blasen kann. Der feuchte Südwind Jugo leitet meist eine Regenperiode ein, während der Maestral im Sommer für die erfrischende Brise am Nachmittag sorgt.

Vegetation und Tierwelt

Aufgrund des mediterranen Klimas gedeihen an der Küste immergrüne Hartlaub-Buschwälder, bekannt als Macchia. Neben den auch in Mitteleuropa bekannten Obstbäumen wachsen am Küstensaum und auf den Inseln Feigen, Maulbeeren, Granatäpfel, Zitronen, Orangen, Nüsse, Mandeln oder Oliven sowie unter den Bäumen beispielsweise Zypressen, Pinien oder Zedern. In den höher gelegenen Waldgebieten sind vor allem Föhren (Kiefern), Eichen oder Buchen anzutreffen.

Insgesamt rund 4300 Pflanzenarten sind auf dem kroatischen Festland heimisch. Kein Land in Südosteuropa besitzt mehr endemische, also nur dort vorkommende Tier- und Pflanzenarten. In abgelegenen oder geschützten Regionen des Dinarischen Gebirges leben Adler und Falken, Luchse, Wölfe und auch 600 bis 800 Braunbären, vorwiegend im Gorski Kotar und in der Lika. Die Küstenregion bietet zahlreichen Reptilien wie Schildkröten, Eidechsen und Schlangen geeigneten Lebensraum. Ein typischer Bewohner der unterirdischen Höhlen in den Karstgebirgen ist der Grottenolm, ein Vertreter des europäischen Schwanzlurchs, der als dauernde Larvenform in Höhlengewässern lebt.

Geschützte Gebiete

Gut 5 % des Landes sind als Nationalpark, Naturpark oder weitere Schutzgebiete ausgewiesen, mit jeweils unterschiedlichen Reglementierungen. Sechs Nationalparks sowie fünf Naturparks sind in diesem Wanderführer berücksichtigt. Unter anderem im Nationalpark Paklenica mit seinen mehrere Hundert Meter hohen Felswänden und tiefen Schluchten wurden in den 1960er-Jahren die Winnetou-Filme gedreht. Wegen ihrer Schönheit und des Travertin-Phänomens (Kalksinter) wurden die 16 Plitvicer Seen zusammen mit dem sie umgebenden Waldgebiet bereits 1949 zum Nationalpark erklärt. Weniger bekannt, aber nicht minder reizvoll und wertvoll sind der 1999 gegründete Nationalpark Nordvelebit, der Nationalpark auf der Insel Mljet oder der Krka-Nationalpark, welcher mehr und mehr Besucher anzieht.

Karrenfelder im Karst.

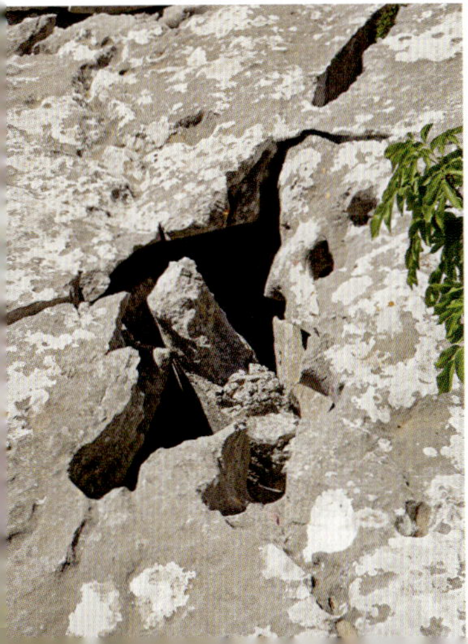

Kaktusfrüchte am Wegrand.

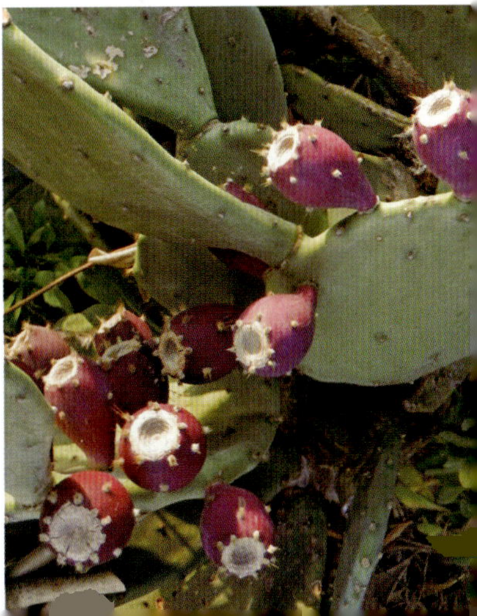

Informationen von A bis Z

Adressen Tourismus

- **Deutschland**
  Kroatische Zentrale für Tourismus, Stephanstraße 13, 60313 Frankfurt
  Tel. +49/69/238 53 50, E-Mail: info@visitkroatien.de, croatia.hr/de-de
  Kroatische Zentrale für Tourismus, Hesseloherstraße 9, 80802 München
  Tel. +49/89/22 33 44, E-Mail: office@visitkroatien.de
- **Österreich**
  Kroatische Zentrale für Tourismus, Mariahilfer Straße 31/16, 1060 Wien
  Tel. +43/1/585 38 84, E-Mail: office@kroatien.at, croatia.hr/de-de

Adressen Internet

- **Tourismus**
  croatia.hr/de, croatia-online.de
- **Nationalparks**
  kroati.de/kroatien-infos/nationalparks-kroatien.html
  kroatischeadria.de/nationalparks
- **Wandern**
  croatia.hr/de-de/aktiv-und-outdoor-urlaub/wandern-und-bergsteigen
  Kroatischer Bergsteigerverband: hps.hr/info/planinarske-kuce (Berghütten)
  Via Dinarica: viadinarica.com/en
  Via Adriatica: viaadriatica.org
  Kroatischer Fernwanderweg: croatia.hr/de-de/aktiv-und-outdoor-urlaub/wandern-und-bergsteigen/croatian-long-distance-trail-kroatischer-fernwanderweg
  Weitwanderweg Velebit: hps.hr/english/velebit-hiking-trail

Die Reederei Jadrolinija bietet gute Verbindungen zwischen Festland und Inseln.

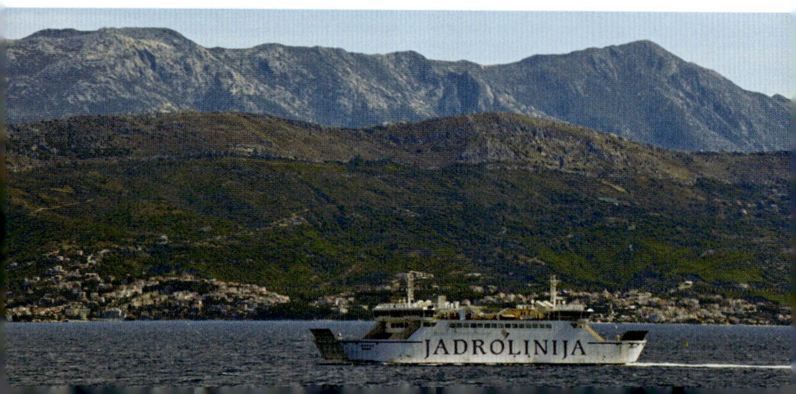

- **Allgemein**
  Nützliche Links: kroatien-links.de
- **Wetter**
  meteo.hr

Anreise

- **Allgemeine Informationen**
  croatia.hr/de-de/anreise-nach-kroatien
- **Mit dem Auto**
  Die Anreise nach Kroatien erfolgt entweder über Italien (Triest) oder über Österreich (Villach oder Klagenfurt) und meist über Slowenien. Die Autobahnen in Österreich, Slowenien und Kroatien sind gebührenpflichtig, das Autobahnnetz in Kroatien wurde in den letzten 20 Jahren laufend ausgebaut.
  Die Hauptstraßen befinden sich in Kroatien in gutem Zustand, jedoch sind die Straßen an der Küste teils kurvig und schmal. Besonders bei Regen nach langer Trockenzeit können sie sich als glitschig erweisen.
- **Mit Bus und Bahn**
  In Kroatien gibt es nur wenige Zugverbindungen. Der öffentliche Fern- und Nahverkehr erfolgt großteils mithilfe von Bussen von diversen privaten Unternehmen. Fahrpläne sind in größeren Busbahnhöfen ersichtlich und/oder erhältlich. Informationen: buscroatia.com, balkanviator.com (Mobilitätsportal für den Balkan).
  Die Anreise mit dem Zug führt nach Zagreb und weiter mit dem Zug oder Bus nach Rijeka, Zadar oder Split. Man kann auch mit dem Zug nach Triest fahren und weiter mit dem Bus (Busbahnhof gleich neben dem Hauptbahnhof) nach Kroatien, bspw. nach Rijeka (verschiedene Ziele und mehrere Verbindungen täglich). Oder man fährt mit dem Zug bspw. nach Ancona in Italien und dort mit dem Schiff nach Zadar oder Split.
  Attraktiv und preiswert sind die Nachtzüge: von Zürich, Feldkirch, Stuttgart und München nach Zagreb, von Stuttgart und München aus nach Rijeka oder von Wien und Graz nach Split. Zwischen Wien und Split wird auch das Auto bzw. Motorrad am Zug mitbefördert: nightjet.com/de/reiseziele/kroatien (für Züge ab Zürich und Österreich). Es empfiehlt sich, je nach Saison die Nachtzüge genügend im Voraus zu buchen.
  Zudem verbinden regelmäßig verkehrende Autobusse Kroatien mit Österreich, Deutschland (bspw. München) und der Schweiz (bspw. Zürich).
- **Mit dem Flugzeug**
  Im Sommer fliegen Chartermaschinen die kroatischen Destinationen oft direkt an. Ansonsten eventuell in Zagreb umsteigen, um die Flugplätze von Rijeka, Zadar, Split oder Dubrovnik anzusteuern, oder per Zug/Bus oder Mietauto weiterreisen.

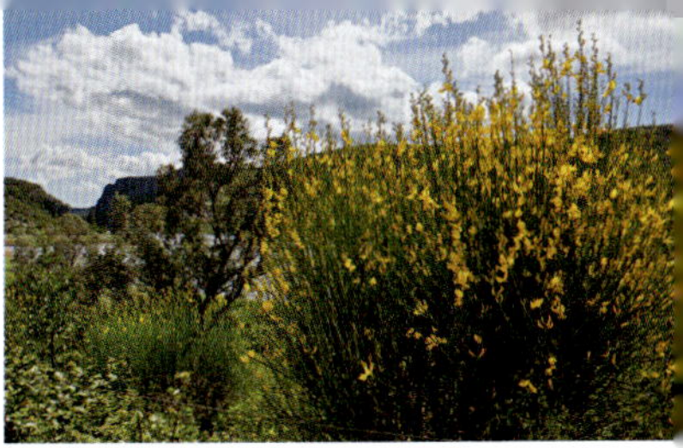

Im Frühjahr und Sommer blüht die Vegetation wie hier der Ginster.

- **Mit der Fähre**
  Autofähren, etwa von Ancona nach Zadar und Split sowie von Bari nach Dubrovnik: www.jadrolinija.hr/de oder bspw. snav.it

Botschaften / Konsulat

- **Deutschland:** Ulica grada Vukovara 64, 10000 Zagreb
  Tel. +385/1/630 01 00, zagreb.diplo.de
- **Österreich:** Klaićeva poljana 1, 21000 Split
  Tel. +385/21/32 25 35, E-Mail: marin.mrklic.consulate@email.htnet.hr
- **Schweiz:** Ul. Augusta Cesarca 10, 10000 Zagreb
  Tel. +385/1/487 88 00, E-Mail: zagreb@eda.admin.ch, eda.admin.ch/zagreb

Notruf

- 112: allgemeiner Notruf (ohne Vorwahl)
- 1987: Pannenhilfe (mit Vorwahl +385)

Viele Inseln, wie hier Pag, bieten traumhafte Ausblicke auf das dinarische Gebirge und die weitere Inselwelt.

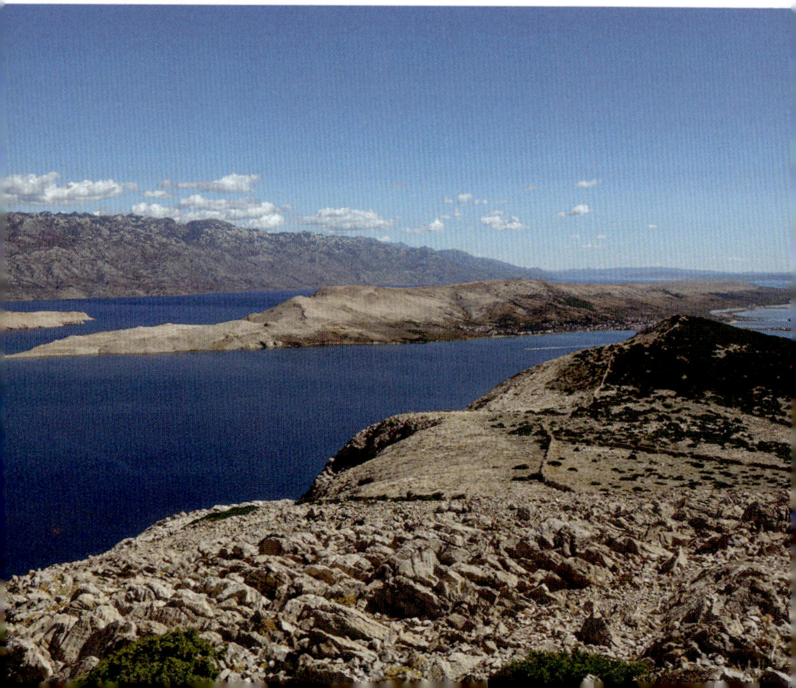

Sicherheit

Kroatien gilt als sicheres Reiseland, aber natürlich sollte man entsprechende Grundregeln beachten, wie nur tatsächlich benötigte Wertsachen und Bargeldbeträge mitführen und diese möglichst unauffällig und körpernah verstauen. Und denken Sie auch zum Schutz von Leib und Leben – wie auch unter dem Punkt »Gefahren« bei der Rubrik »Wandern« erwähnt – daran, in den entsprechenden Regionen wegen der Minengefahr nur auf den markierten Wegen zu bleiben. Weitere Informationen: croatia.hr/de-de/gesundheit-und-sicherheit.

Sprache

Amtssprache ist Kroatisch (lateinische Schrift). In den Ferienorten wird auch oft deutsch, italienisch oder englisch verstanden und gesprochen. Die Ausspracheregeln sowie einige wichtige Begriffe für Wanderer finden Sie am Ende dieses Buches.

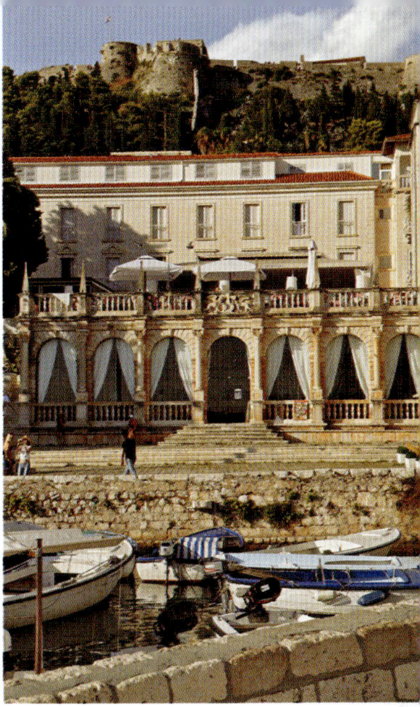

Altehrwürdige Gebäude bilden die Kulisse für Speis und Trank, wie hier zum Beispiel in Hvar-Stadt.

Telefon

Die Vorwahl nach Kroatien lautet +385, gefolgt von der lokalen Vorwahl (ohne die 0). Die Vorwahl von Kroatien nach Deutschland ist +49, nach Österreich +43 und in die Schweiz +41.

Unterkunft

Campingplätze findet man in vielen Küstenorten und auf den Inseln, wildes Zelten ist nicht zuletzt wegen der Waldbrandgefahr meist untersagt (camping.hr). Hotels und Pensionen gibt es in den verschiedensten Kategorien, bspw. omh.hr/de. Wie auch für Campingplätze und Privatzimmer sollte in der Hauptsaison von Mitte Juni bis Mitte September unbedingt im Voraus reserviert werden.

Währung

Die Landeswährung ist seit dem 1.1.2023 nicht mehr die Kroatische Kuna, sondern der Euro. Bereits seit dem 1.7.2013 ist Kroatien Mitgliedsstaat der Europäischen Union.

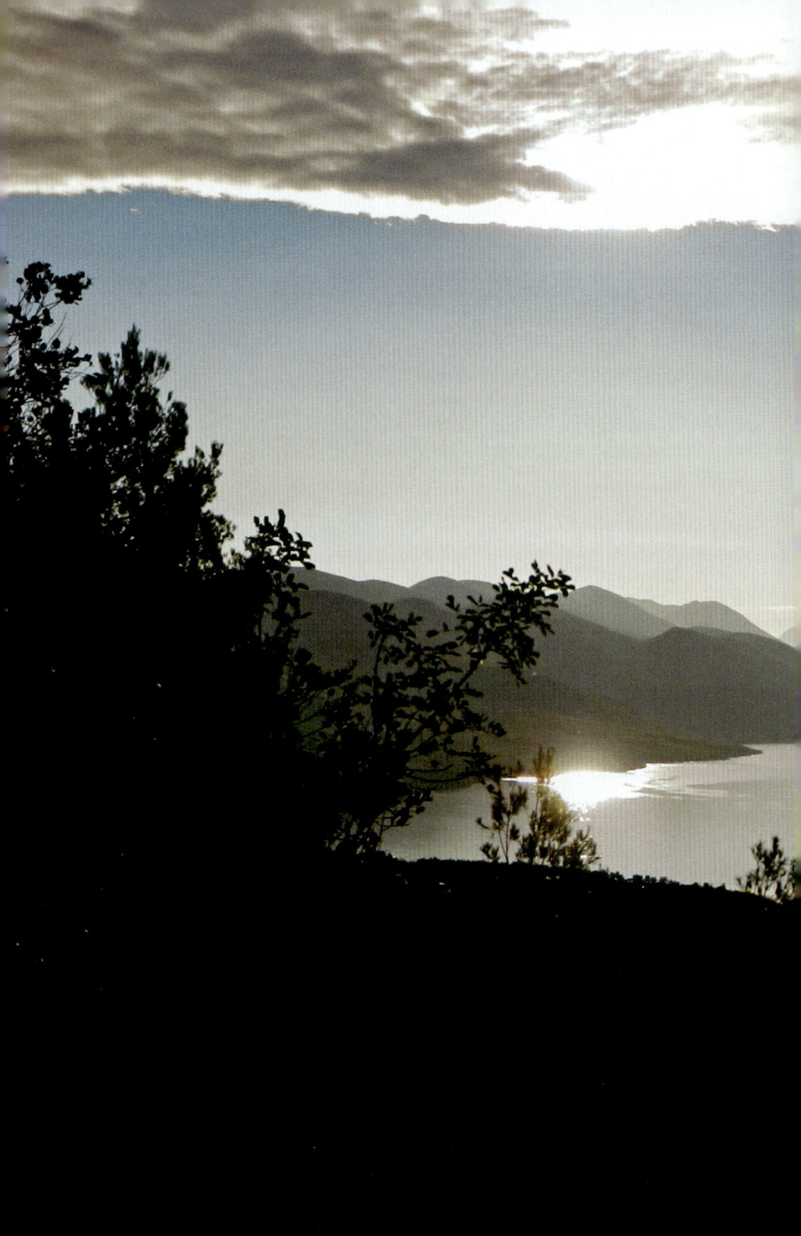

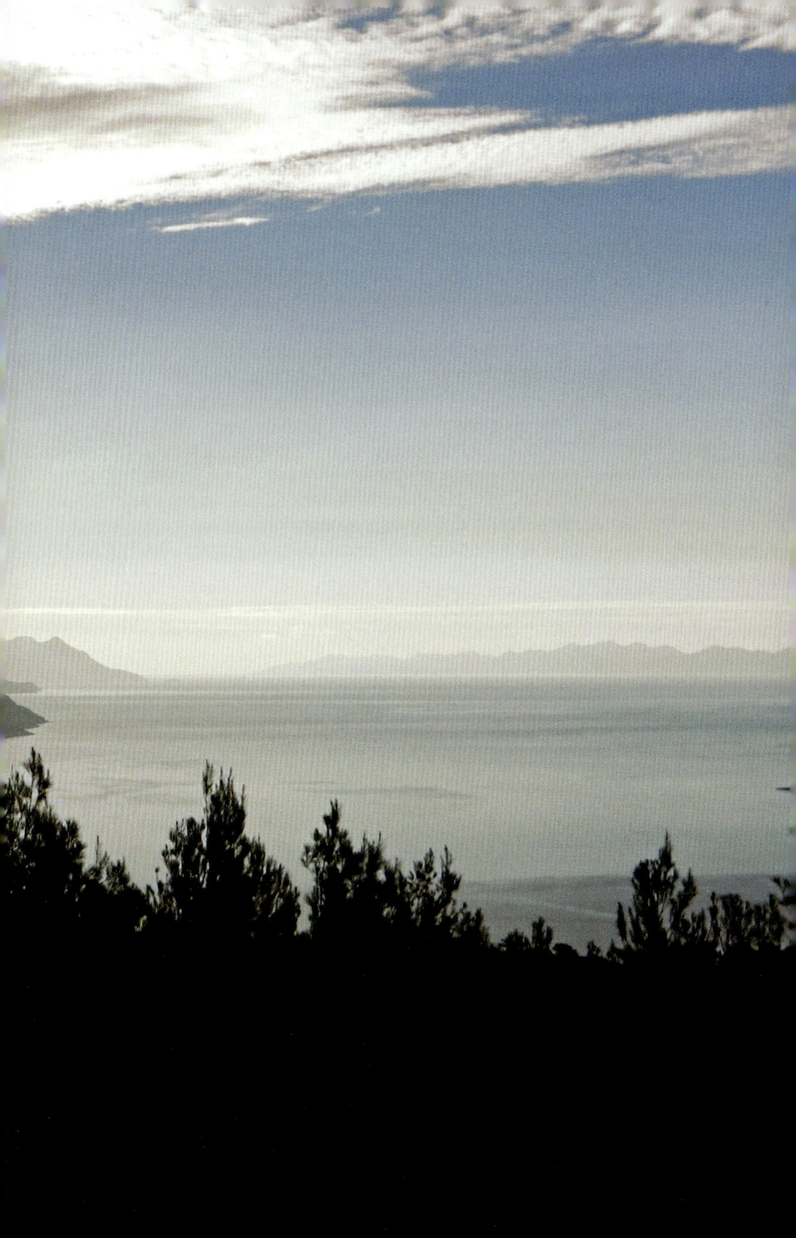

Velebit mit Rab und Pag sowie Plitvicer Seen

Was der Olymp den Griechen, ist das Velebit-Gebirge für Kroatien: Nicht nur weil es der längste Gebirgszug von Kroatien ist, sondern auch wegen seiner Naturschätze und der spektakulären Karstlandschaft, die von weißen Kalkfelsformationen, den *kukovi* (Einzahl: *kuk*) geprägt ist. Inseln von alpinen Matten und bäuerlich geprägten Siedlungen sind Farbtupfer in den ausgedehnten Wäldern, welche sich aus Rotbuchen, Eichen, Tannen und Kiefern zusammensetzen. Aufgrund seiner Besonderheit wurde der Velebit bereits 1978 von der UNESCO zum Biosphärenreservat erklärt.

Die klimatischen Unterschiede zwischen den bis zu 1800 m hohen Höhenzügen und dem Küstensaum sind enorm. Innerhalb weniger Stunden gelangt man von mediterraner in subalpine Vegetation, was jede Wanderung zu einem faszinierenden Erlebnis macht. Dementsprechend vielfältig präsentiert sich die Pflanzen- und Tierwelt: rund 2700 Pflanzenarten, von denen rund 80 endemisch sind, also nirgendwo sonst vorkommen. Aufgrund der Weite der Landschaft und der Wälder finden Bären, Wölfe, Auerhühner, Luchse, Gänsegeier und Adler hier noch Lebensräume vor.

Mit der hier vorliegenden Auswahl an Touren wird versucht, einen Überblick über die wichtigsten Abschnitte zu geben. Der 54 km lange Weitwanderweg »Premužićeva staza« führt von der Berghütte Zavižan im Nordvelebit in mehreren Tagesetappen über das Alan-Gebiet bis Baške Oštarije. Wer kartenkundig ist und das Abenteuer in touristisch wenig erschlossenen Gebieten schätzt, kann bis zum Paklenica-Nationalpark weiterwandern. Dabei bieten sich immer wieder herrliche Ausblicke auf das Meer und die Inseln sowie auf die kahlen, wilden Gipfel des Velebit. Einen guten Überblick über die Weitwanderwege im Balkan verschafft: viadinarica.com/en. Verschiedene Touren in diesem Wanderführer reihen sich in diese Fernwanderwege ein.

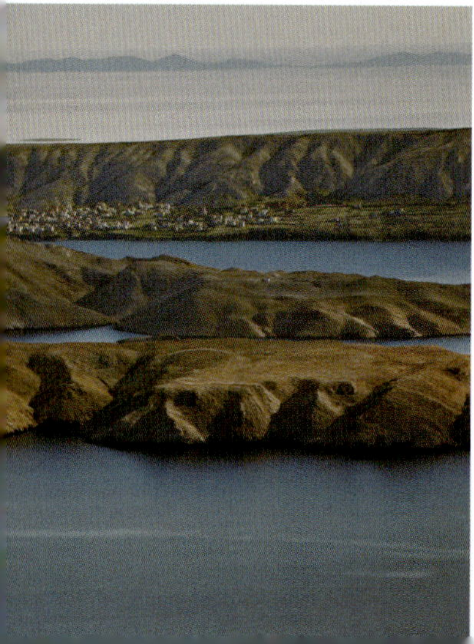

Nationalpark Nordvelebit: Sjeverni Velebit

Die Berghütte Zavižan mit Übernachtungsmöglichkeiten dient als Ausgangspunkt für Naturliebhaber, Wanderer und Kletterer. Seit gerau-

Karge Inselkonturen zeichnen sich vor dem Velebit ab.

mer Zeit steht unterhalb der Hütte ein Parkplatz zur Verfügung. Seit 1953 befindet sich hier die älteste Höhenwetterstation von Kroatien, weil hier das kontinentale auf das mediterrane Meeresklima trifft. Beeindruckend ist die Artenvielfalt, die auch in einem Botanischen Garten präsentiert wird. Die teilweise subalpine Landschaft und die Ausblicke auf das Meer sowie das Innenland sorgen für unvergessliche Eindrücke. Auf der Küstenstraße Rijeka–Zadar verkehren Autobusse mindestens alle zwei Stunden. Von Senj mit seiner sehenswerten historischen Burg fahren pro Tag einige Busse über Sveti Juraj und Oltare nach Krasno. Von dieser Route aus gelangt man in den nördlichen Velebit. Bewartete Berghütten gibt es zwei (Zavižan und Alan), verschiedene Unterkunftsarten in den Ortschaften Krasno, Sveti Juraj, Jablanac, Senj oder Otočac.

■ np-sjeverni-velebit.hr/www/de

Mittlerer Velebit: Dabarski kukovi

Der Weiler Baške Oštarije, auf einem von pittoresker Karstfelsenlandschaft umrahmten Hochplateau, ist Ausgangspunkt für Tageswanderungen in eines der schönsten Wander- und Klettergebiete des Velebit. Die bizarren Gipfel gehören zu den aussichtsreichsten im gesamten Höhenzug und ragen aus den Wäldern hervor, die mit Dolinen durchzogen sind. Karlobag an der Küstenstraße verfügt über eine Tourismusinformation, Unterkünfte und Strände sowie eine Busverbindung nach Rijeka, Zadar oder über Baške Oštarije nach Gospić.

Südlicher Velebit: Nationalpark Paklenica

Die beiden Paklenica-Schluchten vereinigen auf engstem Raum alle Besonderheiten des Velebit: eine Karstlandschaft der Superlative mit Gebirgsflanken, die direkt zum Küstenstreifen hinunterführen. Besonders eindrücklich ist, abgesehen von hohen Felswänden und Tropfsteingrotten, die Artenvielfalt, welche noch nicht zur Gänze erforscht ist. Kletterer und Wanderer finden ein reiches Betätigungsfeld mit vielfältigen Routenmöglichkeiten. Starigrad verfügt über Bademöglichkeiten und Übernachtungsgelegenheiten in Hotels und Pensionen sowie auf Campingplätzen und liegt direkt an der Küstenstraße Rijeka–Zadar, wo Autobusse häufig verkehren. Achtung: In der Hauptsaison ist der Nationalpark Paklenica stark frequentiert.

■ np-paklenica.hr/de

Mala Kapela: Nationalpark Plitvicer Seen

Die Plitvicer Seen wurden im Jahr 1949 zum ersten Nationalpark von Kroatien deklariert und 1979 von der UNESCO in die Liste des Weltnaturerbes aufgenommen. Die in den bewaldeten Höhenzügen zahlreich vorkommenden Quellen bilden ein großes Wasserreservoir, ein seltenes Phänomen in einem Kalksteingebiet. Die 16 Plitvicer Seen mit ihrem kristallklaren, türkisblauen

oder smaragdgrünen Wasser reihen sich stufenweise aneinander und sind durch schäumende Kaskaden und tosende Wasserfälle miteinander verbunden. Das allgegenwärtige Rauschen, die Reflexe auf den Seeoberflächen und die Frische der Luft tragen zur unvergesslichen Atmosphäre bei.
Im Laufe der Zeit hat das Wasser die Steine und Felsen ausgehöhlt und zersetzt. Durch die Ablagerung von Kalziumkarbonat und durch die Einwirkung von Algen und Moosen entsteht auch heute noch poröses Gestein, der Sinterkalk. Dieses Gestein ist verantwortlich für den Aufbau der natürlichen Barrieren, die zur Entwicklung der Seen führten. Rund um die Seen breiten sich Wälder aus, von denen einige Urwaldcharakter haben.
In der Region Mala Kapela, zu der die Plitvicer Seen gehören, lebt eine reiche Tier- und Pflanzenwelt: Fischotter und Fische wie Bachforellen, Elritzen, Karpfen, Döbel, Rotaugen sowie Flusskrebse; aber auch zahlreiche Schmetterlingsarten und rund 150 Vogelarten wie Wasseramseln, Bachstelzen, Wasserstare, Berg- und Schwarzspechte, Uhus, Kauze und auch Auerhühner sowie Wildenten. Ungefähr 1200 Pflanzenarten, von denen 50 der Familie der Orchideen zugehören, zählt der Nationalpark, was rund 50 % aller in Kroatien geschützten Pflanzenarten entspricht. Achtung: In der Hauptsaison und immer mehr auch in der Nebensaison ist der Nationalpark Plitvicer Seen stark frequentiert.
■ np-plitvicka-jezera.hr/de

Inseln Rab und Pag

Rab ist neben Mljet und Korčula die grünste Insel in der gesamten Adria. Zahlreiche Wanderwege durchziehen insbesondere die Halbinsel Kalifront im Nordwesten der Insel. Bekannt ist das hier liegende Naturreservat Dundo-Wald insbesondere für die Artenvielfalt und die uralten Steineichen, die hinsichtlich Umfang, Höhe und Alter zu den imposantesten im Mittelmeerraum zählen. Die Küste rund um Kalifront ist stark gegliedert, wodurch mit großer Wahrscheinlichkeit noch einsame Buchten zu finden sind. Der Hauptort der Insel Rab ist die gleichnamige Stadt mit der sehenswerten Altstadt und schönen Badestränden. Einen hohen Bekanntheitsgrad weist auch der Badeort Lopar mit dem langen Sandstrand San Marino auf.
Auf **Pag** überwiegt eine kahle, karstige Mondlandschaft, die mit ihrer Schroffheit durchaus ihren Reiz hat. Abschnittsweise kommen Steineichen, Pinien und Olivenbäume vor, aber auch Aleppo-Kiefern und überraschenderweise vereinzelt Bambus, grüne Farbtupfer im allgegenwärtigen Karst. Unübersehbar sind die Schafherden, die sich auch von Kräutern wie zum Beispiel Salbei und Thymian ernähren, welche den geschmackvollen Pager Schafskäse ausmachen. Neben der Fischerei und der Meersalzgewinnung spielen der Weinbau und der Tourismus eine wichtige wirtschaftliche Rolle.

Abenteuerliche Wanderpassage mit spektakulärem Ausblick im Nationalpark Nordvelebit.

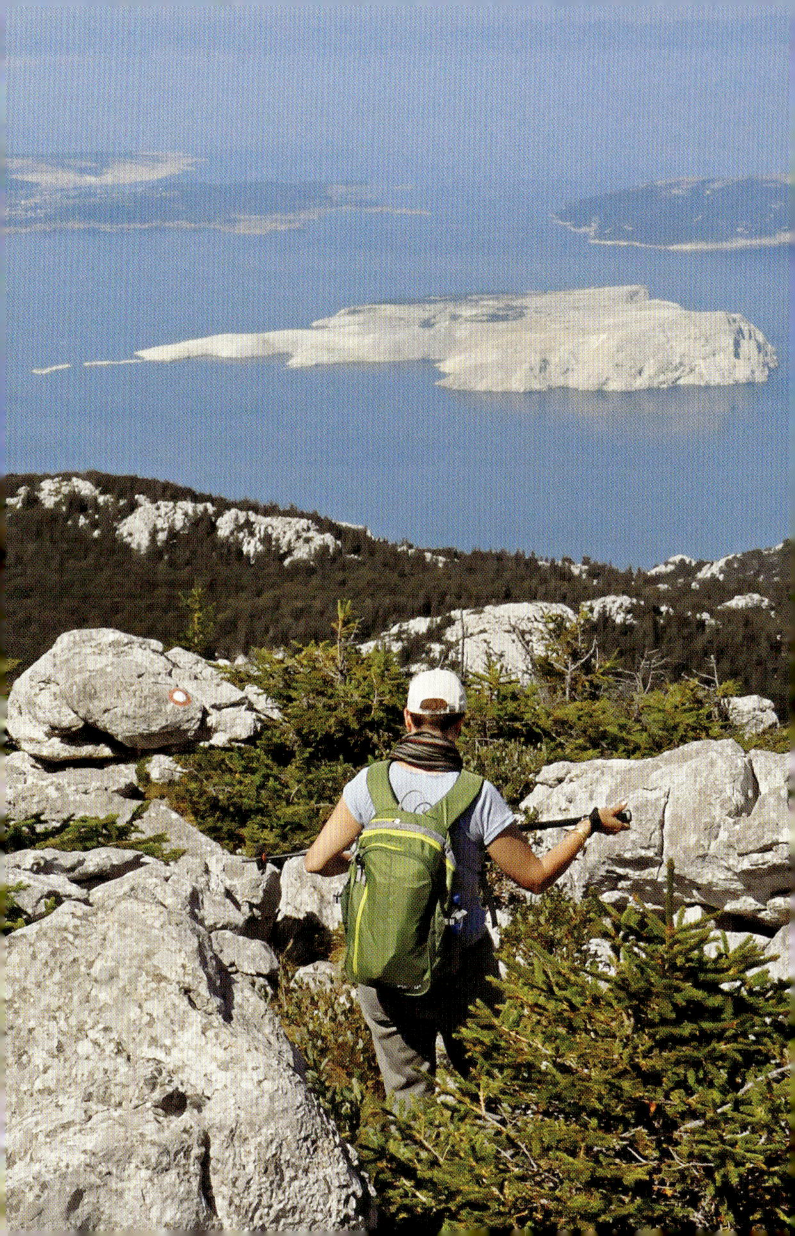

TOP **1**

Nationalpark Velebit: Balinovac, 1602 m, und Veliki Zavižan, 1676 m

3.30 Std.

Aussichtsreiches Gipfelhüpfen im Nord-Velebit

Vieles, was den Nördlichen Velebit als Nationalpark auszeichnet, ist auf dieser Tour vorzufinden: Almen und Weiden sowie Felskuppen und Dolinen, immer wieder verwitterte Karstformationen oder Legföhren und Märchenwald. Edelweiße und eine nur im Velebit-Gebirge vorkommende Rosenart lächeln uns bei genauem Hinsehen an. Schnee ist hier keine Seltenheit, die Stimmungen und Naturerlebnisse je nach Wetter bleiben unvergesslich, ebenso wie das »Gipfelhüpfen« in urtümlicher Szenerie über dem nahen Küstensaum oder der Botanische Garten mit den Informationstafeln.

Ausgangspunkt: Parkplatz unterhalb der Berghütte Zavižan (WC und Picknicktische). Autoanfahrt ist von Mai bis Oktober möglich, sofern kein Schnee liegt. Von der Küste bei Sv. Juraj die Straße hoch, ausgangs von Oltare auf guter Straße nach rechts. Ticket bei der Schranke der Nationalparkverwaltung; von hier führt eine mehr oder weniger gut zu befahrene Naturstraße hoch bis zum Parkplatz. Wenige Busverbindungen vom Küstenort Senj über Sv. Juraj nach Oltare oder Krasno Polje. Von Oltare gelangt man zu Fuß in rund 3.30 Std., von Krasno in 4 Std. zur Zavižan-Hütte.

Höhenunterschied: 360 m.

Anforderungen: Meist gut markierte Pfade. Robuste Wanderschuhe und genügend Wasser mitnehmen, Wanderstöcke nach Bedarf. Bei Nässe nicht zu empfehlen, da der Kalkstein dann glitschig ist. Für den Balinovac ist etwas Erfahrung im unwegsamen Gelände erforderlich und es gilt eine kurze, einfache Kletterpassage zu meistern.

Beste Jahreszeit: Mai bis Oktober. Bis Mai kann noch Schnee liegen.

Einkehr: Saisonal in der Berghütte Zavižan, Getränke und einfache Verpflegung zu kaufen, mit Übernachtungsmöglichkeit (bewartete Selbstversorgerhütte); vorherige Abklärung der Öffnungszeiten bei der Nationalpark-Info wird empfohlen. Unterkünfte in Krasno Polje oder an der Küste in Sv. Juraj oder Senj.

Varianten: 1) Vom Parkplatz zur Berghütte Zavižan (Wegweiser) hinauf und von dort südwestwärts auf den Zavižanska Kosa (3).

2) Weniger geübte Wandernde lassen den Balinovac aus und gehen vom Sattel hinter dem Zavižanska Kosa über einen Wiesenstreifen nach links hinüber zum Botanischen Garten und von dort Richtung Veliki Zavižan (7).

Hinweis: Informationen bei der Eingangsschranke zum Nationalpark (vgl. Anfahrt) oder beim Nationalpark Sjeverni Velebit: Tel. +385/53/66 53 80, E-Mail: npsv@np-sjeverni-velebit.hr, np-sjeverni-velebit.hr/www/de/park. Vor Ort Informationen beim Verwaltungszentrum in Krasno oder beim Tourismusbüro in Senj.

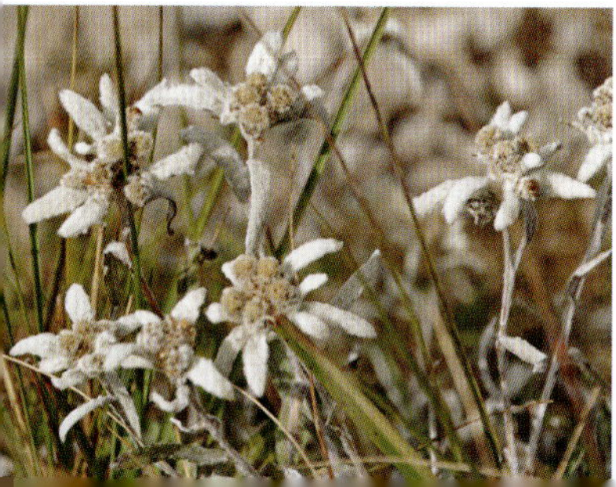

Ansonsten seltene Flora wie das Edelweiß kommt im Velebit häufiger vor.

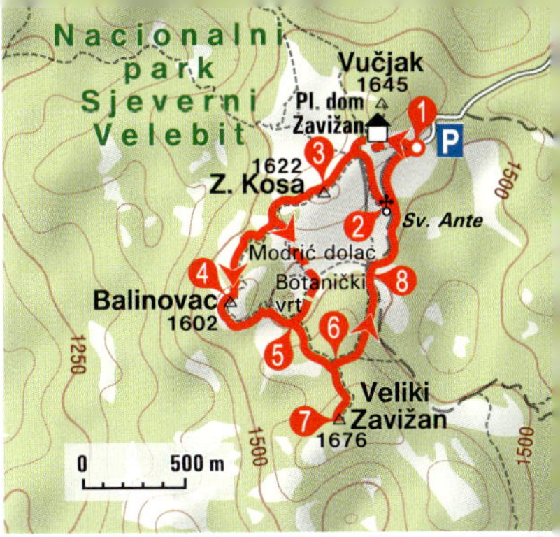

Vom **Parkplatz (1)** unterhalb der Berghütte Zavižan gelangen wir auf dem autofreien, nicht geteerten Fahrweg in Richtung Südwesten in wenigen Minuten zur Kapelle **Sv. Ante (2)**. Kurz vor der Gabelung, wo ein geteertes Sträßchen nach rechts wegführt, leitet ein gut erkennbarer Fußpfad ebenfalls nach rechts hinauf. Linker Hand der nun gut erkennbaren Berghütte, mit schöner Sicht auf das Meer, queren wir dasselbe Sträßchen und folgen dem Wegweiser »Balinovac«. Die rot-weißen Markierungen leiten die Wegspuren entlang hinauf zur Graskuppe des **Zavižanska Kosa (3)**, 1622 m. Die Szenerie gleicht der von mitteleuropäischen Kalksteingebirgen: Inseln von Wiesen inmitten von ausgedehnten Wäldern, dazwischen ragen bizarre Felsgipfel auf. In der Ferne zeichnet sich die Inselwelt der Kvarner-Bucht ab, ebenso die Höhenzüge von Istrien.

Die Route verläuft auf dem Kamm weiter, beim Abstieg passagenweise über einige Kalksteinblöcke. Links unter uns erstreckt sich der botanische Garten. Nach einer kurzen Walddurchquerung über eine Grasfläche auf einem Sattel weiter. Nach rund 10 Min. folgt ein weiteres Wiesenplateau, dann geht es steil hinauf über kleine Steinblöcke. Bald tauchen wir wieder in den Nadelwald ein. Weiter aufwärts durch ein Kalkstein-Trümmerfeld (kurze Kletterpassage). Vom Gipfel des **Balinovac (4)**, 1602 m, verläuft der Abstieg anfänglich steil durch Geröll, worauf wir in einen knorrigen Märchenwald eintauchen. Nach ungefähr 20 Min. Abstieg bei der Weggabelung nach rechts, kurz danach beim Schild »Zavižan« nach rechts abzweigend **(5)**, steil hinauf in Richtung des Gipfels. Wer über den Botanischen Garten hinaufkommt, trifft hier auf die Route (siehe Variante 2).

Der gut erkennbare Pfad verläuft durch Urwaldgebiet geradewegs aufwärts, mal besser, mal schlechter markiert. Am Ende der folgenden Wiesenlichtung bei der Gabelung **(6)** nach rechts hinauf. Inmitten von Legföhrenunterholz türmt sich vor uns der Gipfel auf. Zuletzt geht es ungefährlich über einige Felsblöcke hinauf zum höchsten Punkt des **Veliki Zavižan (7)**, 1676 m.

Zurück an der Lichtung bei der Verzweigung **(6)** rechts weiter. Dieser Pfad führt uns direkt hinunter auf ein Natursträßchen **(8)**, wo es nach links abzweigend zurück zum **Parkplatz (1)** geht.

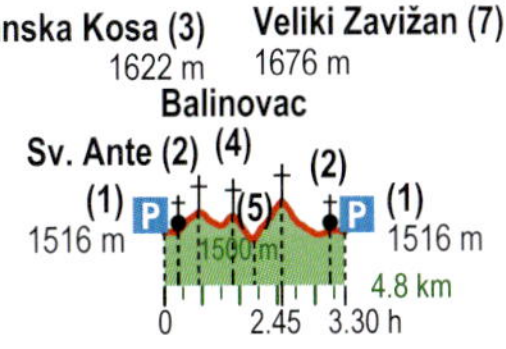

2 Nationalpark Velebit: Auf dem Höhenweg Premužićeva staza

5.15 Std.

Panoramawanderung mit Gipfel und Meerblick in spektakulärer Wildnis

Das Weiß der Felsformationen leuchtet im Grün der Wälder, bizarres Gestein setzt der Fantasie keine Grenzen. Die riesigen Dolinen und meist nur schwer zugängliche Gipfel verweisen den Menschen in seine Grenzen. In den 1930er-Jahren legten Alpinisten einen breiten, vielfach mit Platten belegten Weg an, den Premužićeva staza, ein Kunstwerk inmitten der artenreichen Wildnis. Der Nördliche Velebit ist seit 1999 Nationalpark und seit 1978 ein Biosphärengebiet des UNESCO-Programms »Der Mensch und die Biosphäre«, mit welchem eine nachhaltige Entwicklung für Mensch und Natur angestrebt wird.

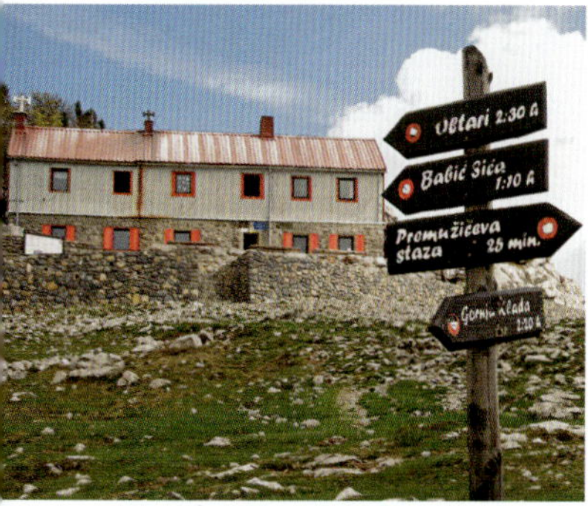

Berghütte Zavižan im Nationalpark Velebit.

Ausgangspunkt: Parkplatz unterhalb der Berghütte Zavižan (WC und Picknicktische). Anreise siehe Tour 1.
Höhenunterschied: 840 m.
Anforderungen: Gut markierte und größtenteils breite Wege. Robuste Wanderschuhe sind notwendig. Bei Nässe nicht zu empfehlen, da der Kalkstein dann glitschig ist. Der Schlussaufstieg zum Gromovača erfordert Trittsicherheit bei einer kurzen, aber ungefährlichen Kletterpassage. Genügend Wasser mitnehmen. Wanderstöcke nach Bedarf.
Beste Jahreszeit: Mai bis Oktober, bis Mai kann noch Schnee liegen.

Einkehr: Saisonal in der Berghütte Zavižan, Getränke und einfache Verpflegung zu kaufen, mit Übernachtungsmöglichkeit (bewartete Selbstversorgerhütte; siehe Tour 1). Unterkünfte in Krasno Polje oder an der Küste in Sv. Juraj oder Senj.
Variante: Rückweg wie Hinweg; ca. 45 Min. kürzer.
Hinweis: Infos bei Eingangsschranke zum Nationalpark (vgl. Anfahrt Tour 1) oder beim Nationalpark Sjeverni Velebit: Tel. +385/53/66 53 80, E-Mail: npsv@np-sjeverni-velebit.hr, np-sjeverni-velebit.hr/www/de/park. Vor Ort beim Verwaltungszentrum in Krasno oder Tourismusbüro in Senj.

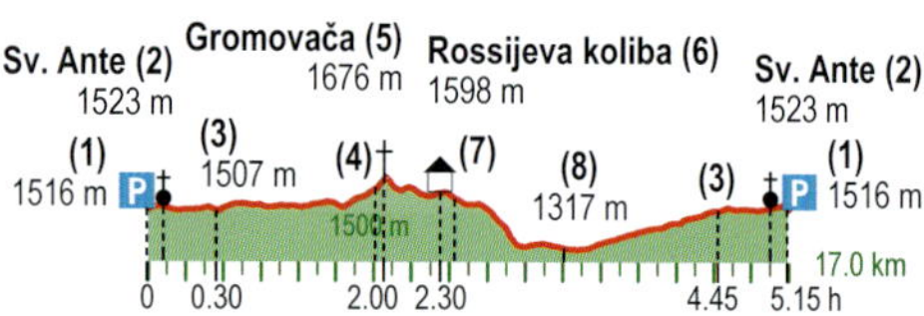

Vom **Parkplatz (1)** unterhalb der Berghütte Zavižan gelangen wir auf dem Fahrweg Richtung Südwesten entsprechend dem Wegweiser »Premužićeva staza« in wenigen Minuten zur Kapelle **Sv. Ante (2)**. Hier bei der Gabelung geht es links weiter und in der Folge am Botanischen Garten vorbei (Picknickplatz/WC). An der Abzweigung mit der Tafel »Premužićeva staza« biegen wir dann nach rechts ab **(3)**. Dieser bestens ausgebaute und markierte Weitwanderweg führt teils durch Mischwald an vielen Dolinen und imposanten Felsabbrüchen vorbei. Er bietet Ausblicke in alle Himmelsrichtungen, immer wieder auch auf das Meer. Nach rund 2 Std. durch urtümliche Landschaft gelangen wir am Ende einer sanften Steigung zu einer Abzweigung **(4)**, an der ein Pfad nach rechts zum Gipfel des Gromovača hochführt. Anfangs steigen wir steil durch Wald und Zwergföhren auf. Nach rund 20 Min. und einer kurzen, ungefährlichen Kletterei erwartet uns auf dem Gipfel des **Gromovača (5)**, 1676 m, ein Panoramablick auf die Inselwelt von Nordkroatien mit Mali Losinj, Krk, Rab und Pag.

Wieder zurück bei der Abzweigung folgen wir nach rechts abbiegend weiter dem Höhenweg. Bei der nächsten Abzweigung empfiehlt sich ein fünfminütiger Abstecher zu der idyllisch gelegenen, unbewirtschafteten Berghütte **Rossijeva koliba (6)**, 1598 m, mit Meeresblick. Die südwärts im Naturschutzgebiet Rožanski auszumachenden Gipfel sind meist nur für geübte Bergwanderer mit Kletterausrüstung begehbar. Wer noch Energie hat, kann aber weiter dem Höhenweg folgen, der in gut 15 Min. in einen der spektakulärsten Teile des Parks führt.

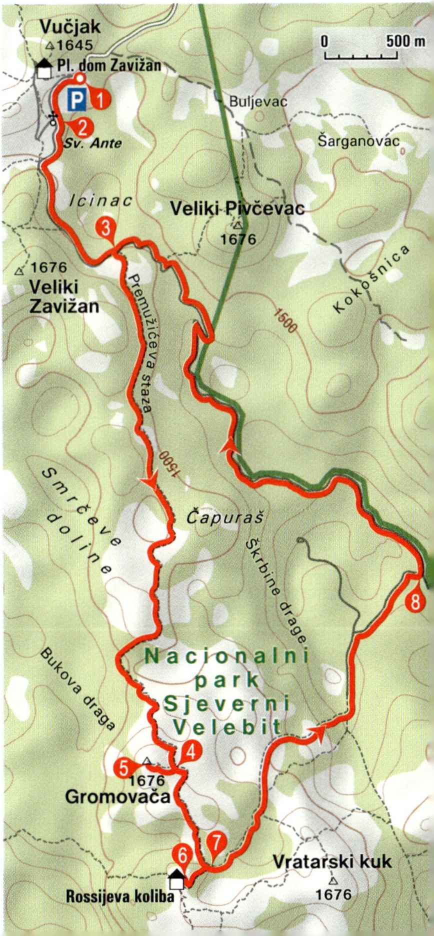

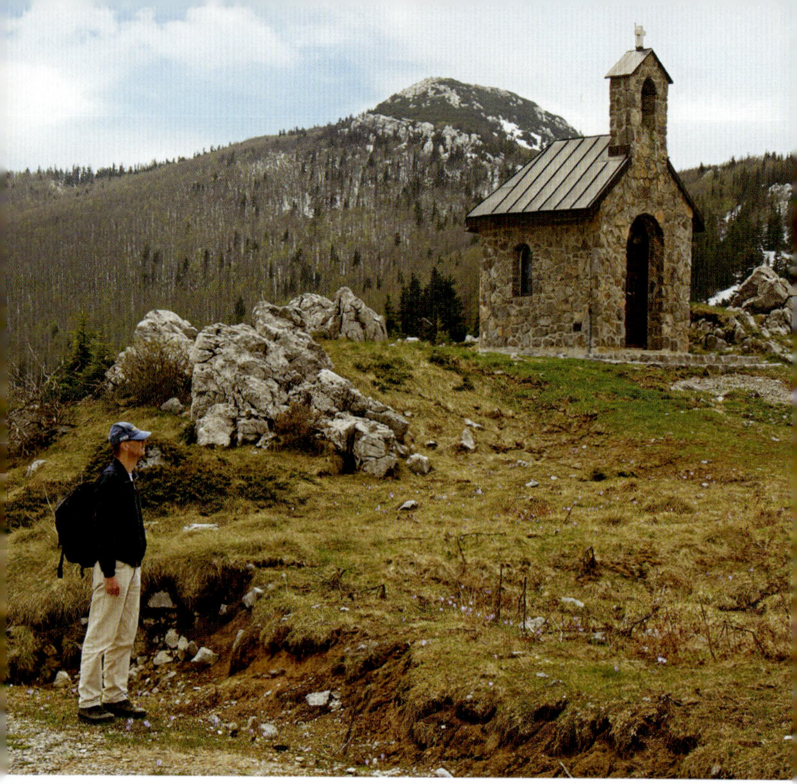

Kapelle Sv. Ante, erbaut auf karstigem Untergrund.

Wir gehen aber von der Hütte wieder zurück zur letzten Abzweigung. Hier verlassen wir den Höhenweg und zweigen nach rechts hinunter ab **(7)**. Der Pfad führt vorerst durch Buchenwald steil hinunter. Nach 15 Min. Abstieg geht es für kurze Zeit wieder hinauf, worauf wir bei einer flacheren Passage bei der Gabelung mit einer Markierung nach links hinunter Richtung »Škrabina draga« gehen. Wir folgen dem markierten Pfad und passieren rechter Hand eine mit Kalkgeröll durchsetzte tiefe Senke. Am Ende des Abstieges bei der Gabelung links weiter, die folgenden Abzweigungen ignorieren wir. In der Folge mündet unsere Route in eine breite Naturstraße **(8)** ein, wo wir nach links abzweigen. Durch ein ausgedehntes Waldgebiet, gegen Schluss wieder am Botanischen Garten vorbei, gelangen wir zurück zum **Parkplatz (1)**.

4.00 Std.

Nationalpark Velebit: Auf den Mali Rajinac, 1699 m

3

Auf einsamen Pfaden zum höchsten Gipfel des Nord-Velebit

Mit seinen 1699 Metern ist der Gipfel von Mali Rajinac der fünfthöchste Berg in Kroatien. Dorthin gelangt man über eine weitläufige Hochfläche, was für Kroatien eine Rarität ist. Die Szenerie erinnert an europäische Mittelgebirge wie den Jura. Wie dieser ist auch der Nationalpark »Nördlicher Velebit« durch das ausgeprägte Karstrelief gekennzeichnet, dazu gehören die Karren und Dolinen, Letztere sind trichterförmige Vertiefungen. Während der Küstenstreifen durch mediterrane Vegetation geprägt ist, wächst auf den Höhen submontaner Buchen- und Bergahornwald. In den höchsten Lagen trifft man Krummholzkiefern an, die aufgrund der extremen Klimabedingungen mit ihren knorrigen Ästen fast am Boden liegen und als Gestrüpp wachsen.

Ausgangspunkt: Parkplatz unterhalb der Berghütte Zavižan (WC und Picknicktische). Anreise siehe Tour 1.
Höhenunterschied: 630 m.
Anforderungen: Teils markierte, meist gut erkennbare Pfade. Robuste Wanderschuhe und genügend Wasser mitnehmen. Bei Regen und Nebel wird eine Begehung nicht empfohlen. Viehtritte können die Sichtbarkeit der Pfade erschweren, besonders hinüber zum Seelein (6). Wanderstöcke nach Bedarf.
Beste Jahreszeit: Mai bis Oktober, bis Mai kann noch Schnee liegen.
Einkehr: Saisonal in der Berghütte Zavižan, Getränke und einfache Verpflegung zu kaufen, mit Übernachtungsmöglichkeit (bewartete Selbstversorgerhütte; siehe Tour 1). Unterkünfte in Krasno Polje oder an der Küste in Sv. Juraj oder Senj.
Variante: Auf dem Rückweg vom Wegpunkt 4 nach links und bei der folgenden Gabelung nach rechts hinüber zum Wegpunkt 3 bei Buljevac.
Hinweis: Informationen an der Eingangsschranke zum Nationalpark (vgl. Anfahrt Tour 1) oder beim Nationalpark Sjeverni Velebit: Tel. +385/53/66 53 80, E-Mail: npsv@np-sjeverni-velebit.hr, np-sjeverni-velebit.hr/www/de/park. Vor Ort beim Verwaltungszentrum in Krasno oder Information beim Tourismusbüro in Senj.

Die Pferdezucht verzeichnet einen Aufschwung im dalmatinischen Hinterland.

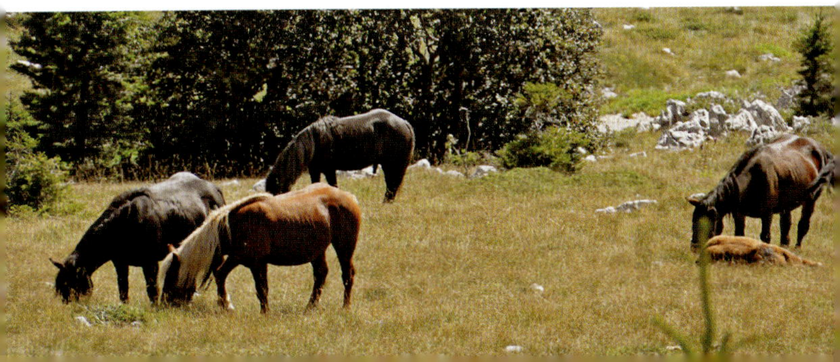

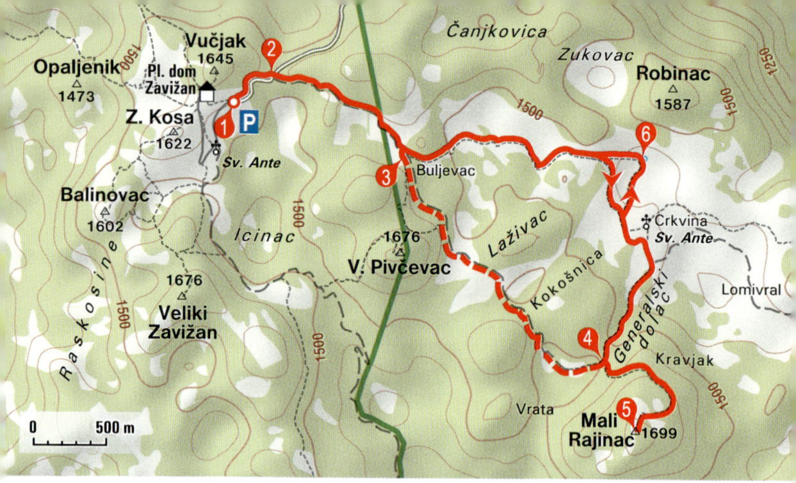

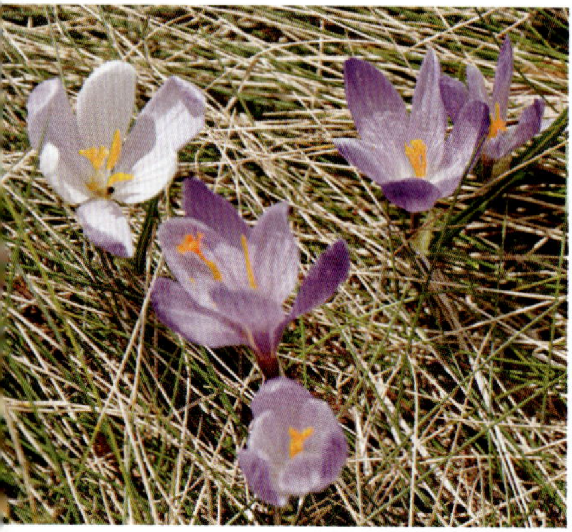

Kaum ist der Schnee weg, sprießen die Krokusse.

Vom **Parkplatz (1)** unterhalb der Berghütte Zavižan gehen wir ein Stück zurück auf der Straße in Richtung Oltare und biegen entsprechend dem Wegweiser »Jezero« (See) und »Mali Rajinak« nach rechts auf den Wanderweg ab **(2)**. Es folgt ein Auf und Ab größtenteils im Wald bis zur Verzweigung bei **Buljevac (3)**, wo wir nach links weitergehen. Vom Übergang zu einem Plateau fällt der Blick rückwärts schauend auf die Berghütte Zavižan. Unsere meist rot-weiß markierte Route führt nun geradeaus über die grasbewachsene Hochebene bis zum Fuße des Rajinak. Auf den Matten im klassischen Karstgelände, die mit Baumgruppen und Dolinen durchsetzt sind, lässt es sich gut picknicken. Im Frühjahr sprießen hier nach der Schneeschmelze unzählige Krokusse.

Nachdem wir uns bei der Gabelung nach rechts gewendet haben, immer noch im ebenen Gelände, tauchen wir in den Wald ein, hier verläuft die Route südwärts. Bei der markanten Verzweigung **(4)**, vgl. Variante, geht es nach

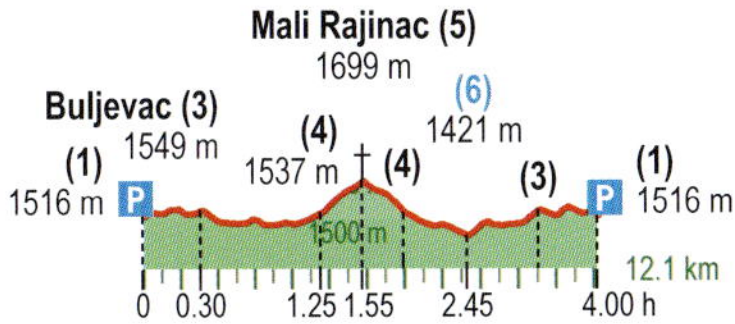

links weiter, nunmehr ansteigend, immerzu den Richtungsweisern »Mali Rajinac« nach. Bei allen weiteren Verzweigungen halten wir uns an die Richtungsweiser »Mali Rajinac«. Beim Schlussaufstieg durchschreiten wir lichteren Wald, das Gelände wird steiniger.

Vom **Mali Rajinac (5)**, 1699 m, beeindruckt der Ausblick westwärts auf die Anhöhen des Balinovac, Veliki Zavižan sowie Gromovača, nordwestwärts bei klarer Sicht bis zum Učka-Gebirge in Istrien und im Südosten bis hin zum höchsten Gipfel des Velebit-Gebirges, den Vaganski vrh im Paklenica-Nationalpark.

Beim **Rückweg**, der ansonsten gleich wie der Hinweg verläuft, gehen wir eine Schlaufe hinüber zum **Jezero / Seelein (6)**, das ab dem Hochsommer nur wenig Wasser hat.

Blick von der Berghütte Zavižan in Richtung Mali Rajinac.

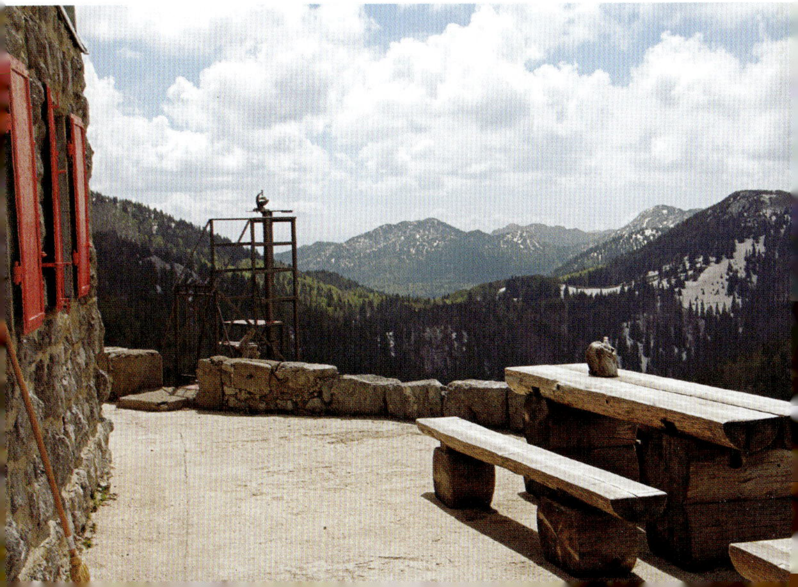

4 Insel Rab: Auf den Kamenjak, 408 m

3.30 Std.

Abwechslungsreiche Runde mit überraschendem Ausblick

Im Unterschied zum manchmal rauen Velebit sonnt sich die Insel Rab im milden Klima der dalmatinischen Küste. Attraktive Strände bieten ausgiebiges Badevergnügen, aber auch die Wandernden kommen auf ihre Kosten: die strenge Einöde des Kamenjak, die Aussicht auf Inseln im Zauberlicht oder auch fruchtbare Ebenen. Weiße Stadt unter roten Dächern: Abends fasziniert das historische Zentrum von Rab mit seinem mediterranen Charme. Auch das Waldschutzgebiet Kalifront im Südwesten oder die Buchten auf der Halbinsel Lopar sind sehenswert.

Ausgangspunkt: Nördliche Ecke des Hafenbeckens bei der Altstadt von Rab. Gebührenpflichtige Parkplätze beim Hafenbecken. Busbahnhof nach 5 Min. entlang der Route.
Anreise zur Insel Rab: Fährverbindung von Stinica auf dem Festland nach Mišnjak oder von Valbiska (auf Krk) nach Lopar: www.jadrolinija.hr/de.
Höhenunterschied: 480 m.
Anforderungen: Einfache, rot-weiß markierte Wanderung. Für die obersten Passagen sind Trekkingschuhe empfohlen.
Einkehr: Gasthaus Kamenjak rund 750 m unterhalb des Gipfels, nicht weit von der Fahrstraße.
Varianten: Aufstieg wie Abstieg; ca. 15 Min. kürzer.
Hinweise: Gatter sind jeweils zu schließen. Vom Kamenjak aus gibt es Wanderrouten einerseits nordwärts nach Lopar (knapp 11 km, 600 m Aufstieg, 205 m Abstieg), anderseits südwärts zum Fährhafen Mišnjak (knapp 12 km, 450 m Aufstieg, 850 m Anstieg).

Aussicht vom Kamenjak auf Rab und Umland.

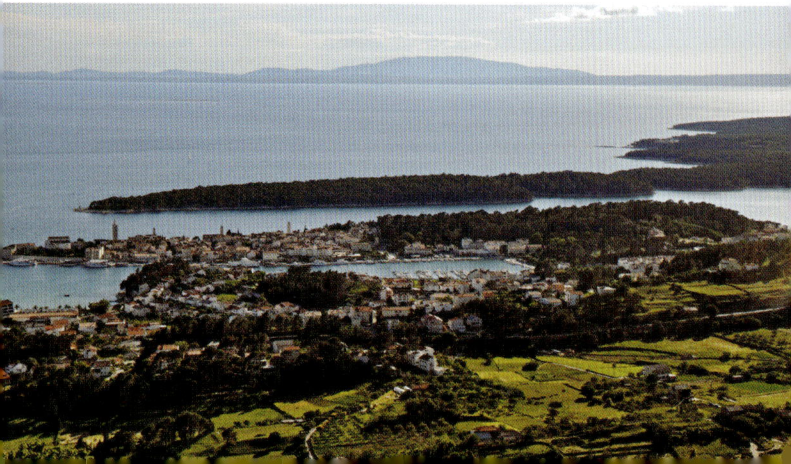

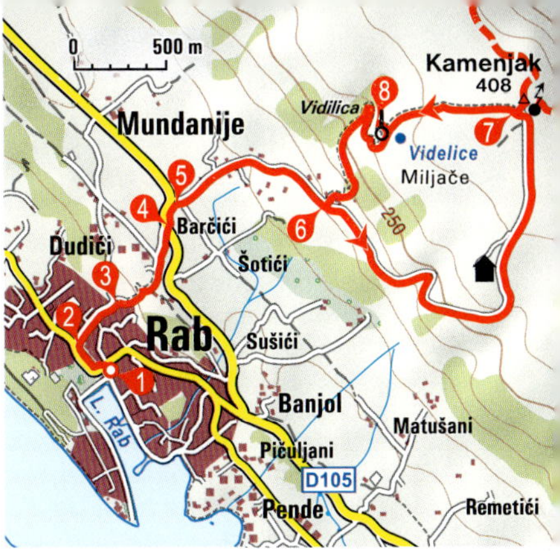

Die nördliche Ecke des Hafenbeckens von **Rab (1)** lassen wir hinter uns, um beim gleich folgenden Kreisel links abzubiegen. Am Busbahnhof vorbei, neben dem sich die Tourismusinformation befindet, gelangen wir zu einer Straßengabelung **(2)**, wo es nach rechts auf der Straße weitergeht. Nach wenigen Minuten bei der nächsten Straßengabelung **(3)** wiederum rechts halten, worauf in gerader Richtung der steingepflasterte Fußweg auf eine erste Höhenstufe hochführt (rot-weißer konzentrischer Kreis an der Steinmauer). Alsbald stoßen wir auf die **Hauptstraße Rab–Lopar (4)**. Nach links abbiegend folgen wir dieser für ein ganz kurzes Stück. Nach der Rechtskurve folgt die Abzweigung **(5)** nach rechts, entsprechend dem Schild Richtung Kamenjak, der sich vor uns auftürmt. Das Sträßchen führt uns anfänglich durch die Felder von Mundanije und dann in einem Rechtsbogen bis zur letzten Häusergruppe der Streusiedlung.

Hier zweigt der Fußpfad **(6)** nach links hinauf zum Gipfel ab, wo wir beim Abstieg herunterkommen (Pfeil und konzentrischer Kreis). Beim Aufstieg wählen wir aber nun das wenig befahrene Sträßchen, welches uns weiter aufwärtsführt. Von der Abzweigung zum Gasthaus Kamenjak ist es nicht mehr weit bis zum Gipfel des **Kamenjak (7)**, 408 m. Im Süden erstreckt sich die Insel Pag mit dem Sv. Vid, gegenüber von Rab der Küstensaum des Festlandes und darüber das Velebit-Gebirge. Auf der anderen Seite sticht die Altstadt von Rab ins Auge.

Wie schon beim Schlussaufstieg ist das Gelände zu Anfang des Abstiegs karg und steinig. Es folgen Gatter auf Gatter, die auf Schafzucht hinweisen. Die Route ist gut markiert, der Abstecher zum Befestigungsturm **Vidilica (8)**, der heutzutage als Ausguck dient, lohnt sich. Zuletzt führt der Pfad entlang einer Rinne und durch Kiefernwald hinab zum Sträßchen **(6)**.

Von hier geht es auf derselben Route zurück zum Ausgangspunkt am Hafenbecken in **Rab (1)**.

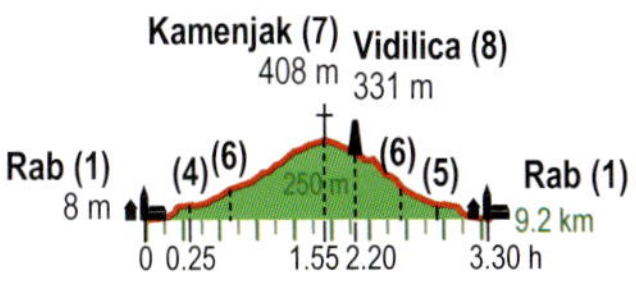

5 Insel Rab: Im Waldschutzgebiet Kalifront und Dundo

4.30 Std.

Schattiger Wald, verträumte Buchten

Im Windschatten des kargen Kamenjak hat sich dichter Steineichenwald und üppigste Vegetation entwickelt, durch die wir zu etlichen hübschen Kiesbuchten gelangen. So viel Wald auf den dalmatinischen Inseln ist selten – ein Genuss. Steineichen sind immergrün und erreichen erst nach 20 Jahren eine Höhe von 4 bis 5 Metern. Im Mittelmeerraum findet man hinsichtlich Umfang, Größe und Alter selten vergleichbare Exemplare. Ebenso ein Genuss sind die außerhalb der Hochsaison wenig besuchten Buchten entlang der Südküste der Halbinsel Kalifront. Mit etwas Glück lassen sich Rotwild oder Hasen beobachten, Eidechsen, Schmetterlinge und Heuschrecken bieten bunte Unterhaltung und zwitschernde Vögel sorgen für die Begleitmusik.

Ausgangspunkt: Waldparkplatz bei Šurline. Autoanfahrt: Von Rab Richtung Kampor, bei der Abzweigung nach Suha Punta links abzweigen. Bereits im Wald beim Schild »Dundo« und der Übersichtstafel nach rechts. Alle folgenden Abzweigungen ignorieren. Vor der Barriere auf der linken Seite größerer Parkplatz. Autobusanreise: Bis Suha Punto und auf der Straße zurückgehen bis zur Abzweigung und von dort zu Fuß wie bei der Autoanfahrt.
Anreise zur Insel Rab: Fährverbindung von Stinica auf dem Festland nach Mišnjak oder von Valbiska (auf Krk) nach Lopar: www.jadrolinija.hr/de.
Höhenunterschied: 360 m.
Anforderungen: Orientierungssinn im Waldgebiet ist von Vorteil, die Routen sind aber gut beschildert. Bei trockenem Wetter genügt leichtes Schuhwerk.
Einkehr: Unterwegs keine. Bei Variante 1 in Suha Punta.
Varianten: 1a) Mit Bus von Rab nach Suha Punta. Von dort zu Fuß auf der Straße zurück und dann weiter wie bei der Autoanfahrt bis zum Waldparkplatz (1). 1b) Von Suha Punta über die Jelenovica-Bucht bis ans Ende der Gožinka-Bucht und von dort Richtung Norden zur Straße, welche nach links zum Waldparkplatz (1) führt.
2) Vom Gitterzaun (2) nach rechts auf die Routen mit den Nummern 3 und 9 abbiegen, welche auf der Nordseite der Kalifront-Halbinsel westwärts bis zur Kreuzung (4) kurz vor der Pošta-Bucht führen.
3) Beim Wegpunkt 3 (Abzweigung Bucht Sv. Mara) auf der Route Nr. 9 direkt zur Bucht hinüber.
Hinweise: Die Routen-Nummern unterwegs sind etwas inflationär angegeben und machen nur Sinn in Zusammenhang mit einer Papierkarte (Smand 20a, Otok Rab). Teils handelt es sich auch um Zuwege zu den eigentlichen Routen.

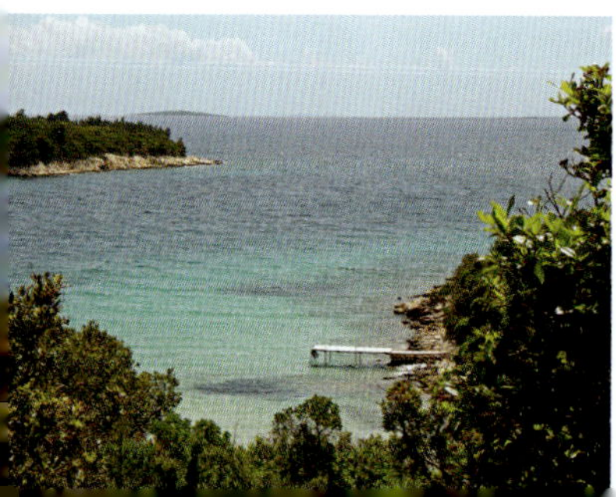

Eine der vielen bezaubernden Buchten im Waldschutzgebiet Dundo.

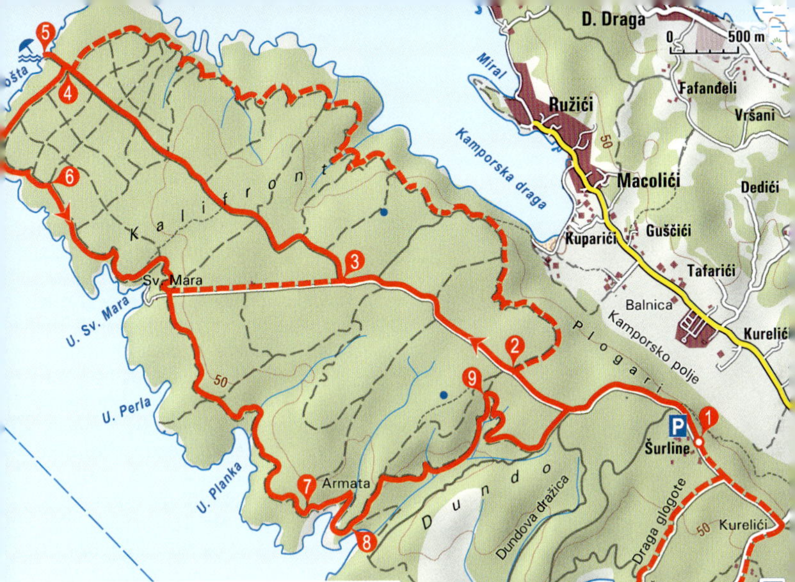

Wir beginnen die Wanderung beim **Waldparkplatz (1)**. Die Schranke, welche je nach Saison geschlossen ist, markiert die Grenze zum Waldpark Šuma Dundo. Das geteerte Sträßchen führt westwärts bis zur nächsten Schranke. Linker Hand erkennen wir an einem Baum ein Wegzeichen zu den Routen 9 und 10, die wir ignorieren. Gleich darauf passieren wir ein Haus und es folgt eine weitere Schranke, wo es kein Weiterkommen mit dem Auto gibt. Auf dem weiterhin geteerten Sträßchen beachten wir keine der folgenden Abzweigungen und erreichen so einen Gitterzaun **(2)**, der durch ein Türchen auf der linken Seite passiert werden kann.

Weiterhin ignorieren wir alle Abzweigungen, die weg vom Sträßchen führen. Das bereits zweite Biotop (Tümpel) bereichert diesen Wegabschnitt, umgeben vom vielfältigen Wald. Es geht nun leicht hinunter, worauf eine Abzweigung nach links zu den Buchten Planka und Perla folgt. Wir halten die Richtung und bleiben auf dem Sträßchen, welches alsbald in einen nicht asphal-

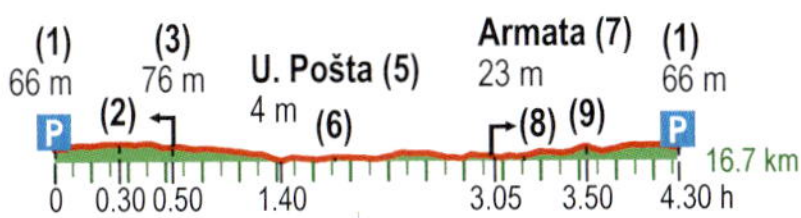

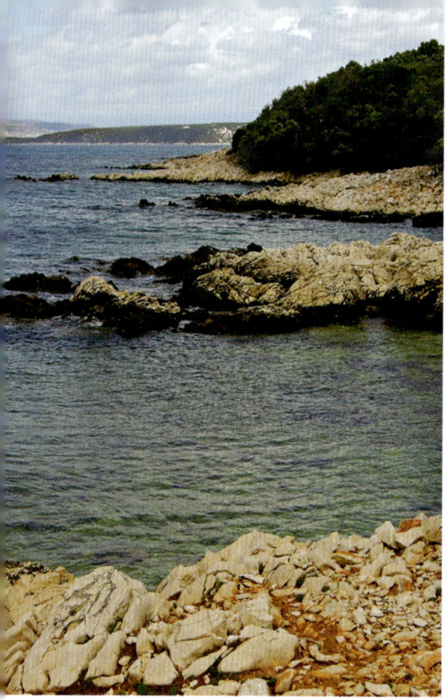

An der Pošta-Bucht.

tieren Naturweg übergeht. Es folgt die Abzweigung **(3)** zur Bucht Sv. Mara (siehe Variante 3). Die weitere Route macht in der Folge einen Bogen nach links, bevor wir an eine Kreuzung gelangen, hier ebenfalls geradeaus weiter. Bald queren wir zwei weitere Wege. Wo in Gehrichtung das Meer durch die Bäume durchschimmert, stoßen wir an eine letzte Kreuzung **(4)**, an welcher wir beim Rückweg abbiegen werden. Vorerst geradewegs weiter und schon stehen wir am Ufer der **Pošta-Bucht (5)**. Hier am nördlichsten Punkt der Halbinsel Kalifront lässt es sich ausgezeichnet rasten und schwimmen. Richtung Norden fällt der Blick auf die Insel Krk, Richtung Westen auf Cres, die beiden größten Inseln der Kvarner-Bucht.

In wenigen Minuten sind wir zurück bei der letzten Kreuzung **(4)**, wo wir nach rechts abbiegen. Bei einem Ausguck geht es bei der Gabelung **(6)** nach rechts weiter. Die Route 4 führt hier immerzu in südöstlicher Richtung weiter; alle folgenden Abzweigungen lassen wir hinter uns. Wo die Straße herunterkommt, passieren wir die Bucht Sv. Mara (siehe Variante 3). Ab hier wandern wir entlang der Buchten, welche unseren Blicken verborgen bleiben, von Zeit zu Zeit hören wir das Meeresrauschen. Schmale Pfade führen in wenigen Minuten zu den Buchten, wie beispielsweise zu Perla und Planka, und dann die Abzweigung **(7)** nach rechts hinunter zur Bucht **Armata** (0,5 km). Der in diesem Abschnitt kurvenreiche, kupierte Wegverlauf der Route 4 führt uns zum Gitterzaun **(8)**, den wir mithilfe einer Leiter übersteigen. Gleich dahinter verläuft die Route 4 nach links hinauf, vorerst dem Zaun nach, weiterhin im Dundo-Wald. Beim Pfosten, auf welchem die Route 4 vermerkt ist, verlassen wir den Zaun an der Abzweigung nach rechts. Nach einem Aufstieg nehmen wir bei der Gabelung **(9)** die Route nach rechts, welche später auf die uns vom Hinweg bekannte Straße einmündet. Dieser folgen wir nach rechts und kommen so zurück zum Ausgangspunkt, dem **Waldparkplatz (1)**.

3.00 Std.

Insel Rab: Rund um die Halbinsel Lopar

6

Über Stock und Stein, im Auf und Ab, von Bucht zu Bucht

Rab als »grüne« Insel macht auf dieser Wanderung ihrem Namen alle Ehre. Mediterrane Gewächse, so weit das Auge reicht: Olivenhaine, Feigen, Kakteen, Zypressen, Kiefern, aber auch Gemüsefelder oder Weinreben und abschnittsweise Schilf direkt am Meer. Verschlungene Pfade mit zwitschernden Vögeln im Schatten spendenden Wald lassen wechselnde Ausblicke zu: auf den Kamenjak, den imposanten Höhenzug des Velebit auf dem Festland oder auf die Insel Krk in der Kvarner-Bucht. Unterwegs laden die teils noch unerschlossenen Buchten zum Baden ein.

Ausgangspunkt: Beim Tourismusbüro in Lopar, gleich neben der Bushaltestelle der Linie Rab-Stadt–Lopar. Parkplätze zwischen Tourismusinformation und Fähranlegeplatz, in der Hochsaison gebührenpflichtig.
Anreise zur Insel Rab: Fährverbindung von Stinica auf dem Festland nach Mišnjak oder von Valbiska (auf Krk) nach Lopar: www.jadrolinija.hr/de.
Höhenunterschied: 300 m.
Anforderungen: Zwischendurch ist die Signalisierung teils ungenügend, deshalb ist Orientierungssinn von Vorteil.
Einkehr: Anfangs beim Fähranlegeplatz und gegen Ende saisonal im Ferienresort und Campingplatz San Marino.
Varianten: 1) Von Wegpunkt 4 direkt zu Wegpunkt 6. Zeitersparnis rund 30 Min.
2) Von der Sturić-Bucht (5) meist dem Ufer nach bis zur Sahara-Bucht (10). Unterwegs wird eine Landzunge geschnitten. Zeitersparnis rund 1 Std.
Hinweis: Übersichtskarten zu Rab und Lopar erhältlich bei den Tourismusbüros in Rab und Lopar.

Unterwegs lädt die kunstvoll gefertigte Sitzbank zur Rast ein.

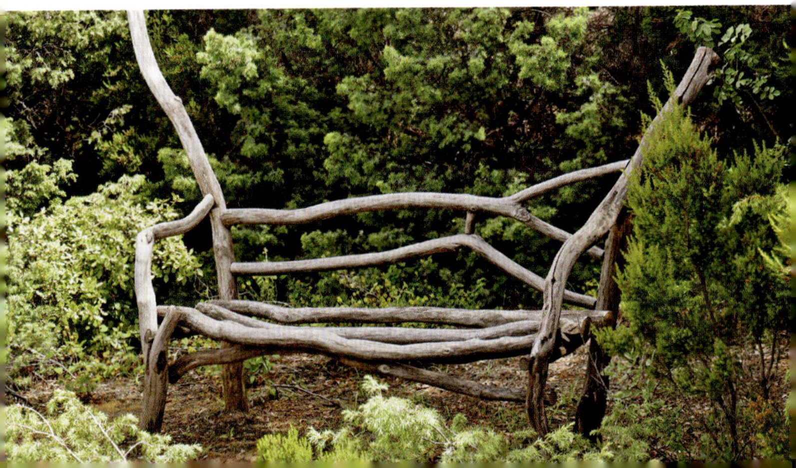

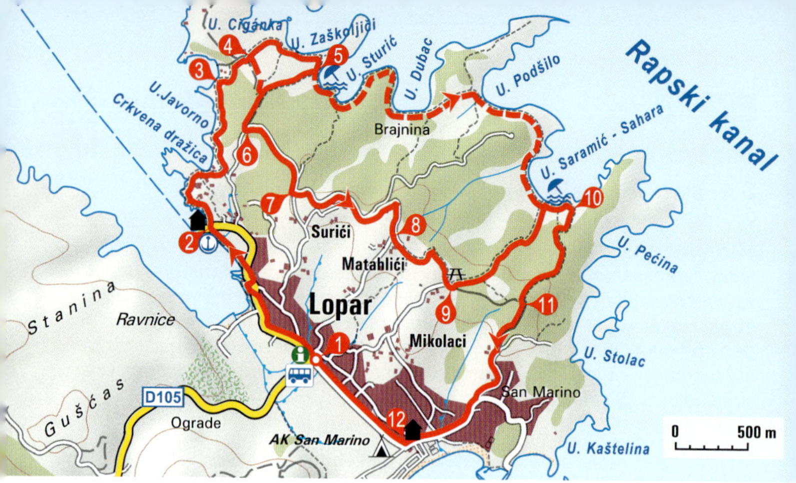

Ausgangspunkt ist die Tourismusinformation in **Lopar (1)**, wo die von Rab herkommende Autostraße in eine Querstraße einmündet. Hier wenden wir uns nach links und spazieren der Küste nach bis zum **Anlegeplatz (2)** der Fähre Rab–Krk. Entlang der Uferpromenade flanieren wir weiter in Richtung Norden. Wir passieren die erste von mehreren Informationstafeln zum Geopark. In Gehrichtung fällt der Blick auf Krk und Istrien. Bei einer Steintreppe geht es nach rechts hinauf, bei den folgenden zwei verfallenen Gebäuden bei der Pfadkreuzung inmitten der mediterranen, immergrünen Vegetation geradeaus weiter. Wir folgen bald wiederum der Küste auf einem gut ersichtlichen Fußpfad. Bevor die Route nach wenigen Minuten zum Strand hinunterführt, halten wir uns nach rechts, immerzu rund 20 m oberhalb der Bucht Crkvena dražica. In nun schmalem Abstand zur Küste wenden wir uns bei den folgenden Häusern landeinwärts, worauf nach einigen Metern ein betonierter Weg nach links weiterführt, welcher von Laternen gesäumt ist. Olivenhaine wechseln sich hier mit Häusergruppen ab. Die Route verläuft dicht an der Küste, ohne Markierungen, aber gut erkennbar. Direkt am Meer wenden wir uns in einem rechten Winkel nach rechts **(3)** und folgen der Mauer, welche ein Anwesen umfasst. Nach ca. 1 Min. schwenken wir in einem rechten Winkel nach links, bis der Pfad auf ein Natursträßchen einmündet, wo es nach rechts weitergeht. In einer Rechtskurve biegen wir links von der Übersichtstafel **(4)** zur Halbinsel Lopar (vgl. Variante 1) in einem spitzen Winkel

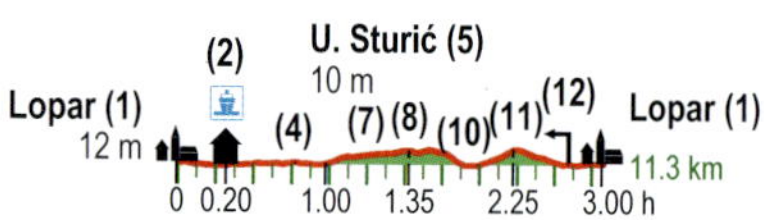

meerwärts nach links ab (Achtung: nicht den Weg rechts der Tafel nehmen!). Bald erreichen wir die Badebucht U. Zaškoljići, welcher wir nach rechts folgen. Vor uns türmt sich der imposante Höhenzug des Velebit jenseits des Meereskanals auf. Über einen Aussichtspunkt erreichen wir die nächste Bucht, die **U. Sturić (5)**, wo wir den ersten Pfad nach rechts landeinwärts nehmen.

In der Folge halten wir uns westwärts und nehmen die Pfadspuren als Richtungsweiser. Es geht eine Treppe hinauf, worauf wir uns mit »try and error« eine Route südwärts durch die lauschige und teils dichte Vegetation aussuchen. Nach kurzer Zeit stoßen wir auf eine Übersichtstafel, welche darauf hinweist, dass wir uns hier in einem Naturschutzgebiet befinden (Piroda = Natur). Dem hier durchführenden Naturweg folgen wir in dieser Richtung weiter. Kurze Zeit später stoßen wir auf eine Teerstraße **(6)**, wo es nach links weitergeht. Bei der darauf folgenden Verzweigung **(7)** geht es wiederum nach links weiter. Wir bleiben auf der Anhöhe, bei einem Anwesen müssen zwei Zauntore **(8)** passiert werden. Die Route führt schön angelegt über den bewaldeten Kamm mit prächtigem Ausblick Richtung Osten.

Bei der Sitzbank **(9)** folgen wir nach links abzweigend dem breiten Weg (Schild »Sahara«), welcher Richtung Nordosten zu besagter Bucht hinabführt, wo wir nach rechts dem Ufer folgen. Das Schild **(10)** mit der Aufschrift »Lopar« zeigt, dass wir richtig sind. Der Pfad führt nun landeinwärts, im Wald folgen hin und wieder Täfelchen mit der Anzeige »Sahara« und »Lopar«. Bei den folgenden Abzweigungen gilt es immer die Route Richtung Lopar und San Marino zu nehmen. Bei der markanten Gabelung nach links weiter, worauf unsere Route in ein Fahrsträßchen einmündet **(11)**. Hier geradeaus weiter, den Ausblick auf den Kamenjak und das Velebit-Gebirge genießend. Entlang verschiedener Ferienresidenzen und Hotelanlagen gelangen wir schlussendlich zur Abzweigung Autokamp **(12)**, wo die Straße nach rechts zum Ausgangspunkt bei der Tourismusinformation von **Lopar (1)** hinüberführt.

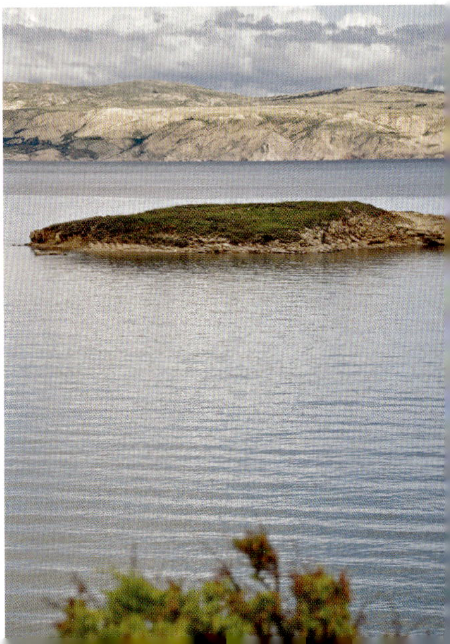

Eiland zwischen Rab und Festland.

TOP **7**

Nationalpark Plitvicer Seen: Oberer Teil

2.45 Std.

Durch die obere Seenplatte im UNESCO-Weltnaturerbe

Die Wasserfälle und die durch Kaskaden getrennten Burgeti-Seen und weiter oben die Seenplatten machen diese Wanderung zu einem kompletten Sinnenschmaus: schäumende Kaskaden, knorrige Baumstämme, die im Wasser die absonderlichsten Formen bilden, Flechten und Pilze sowie mannigfaltige Pflanzenarten wie zum Beispiel Farne und Orchideen. Überall rauscht das Wasser und in der weiteren Umgebung leben Bären, Wölfe, Luchse oder auch Wildkatzen.

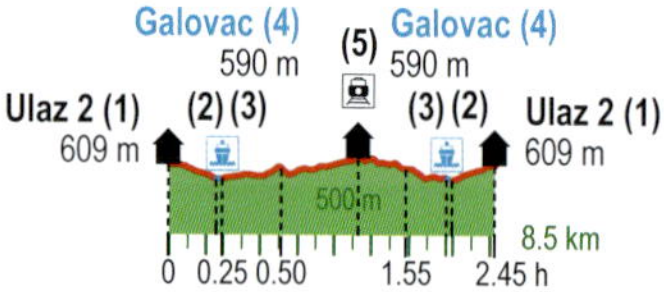

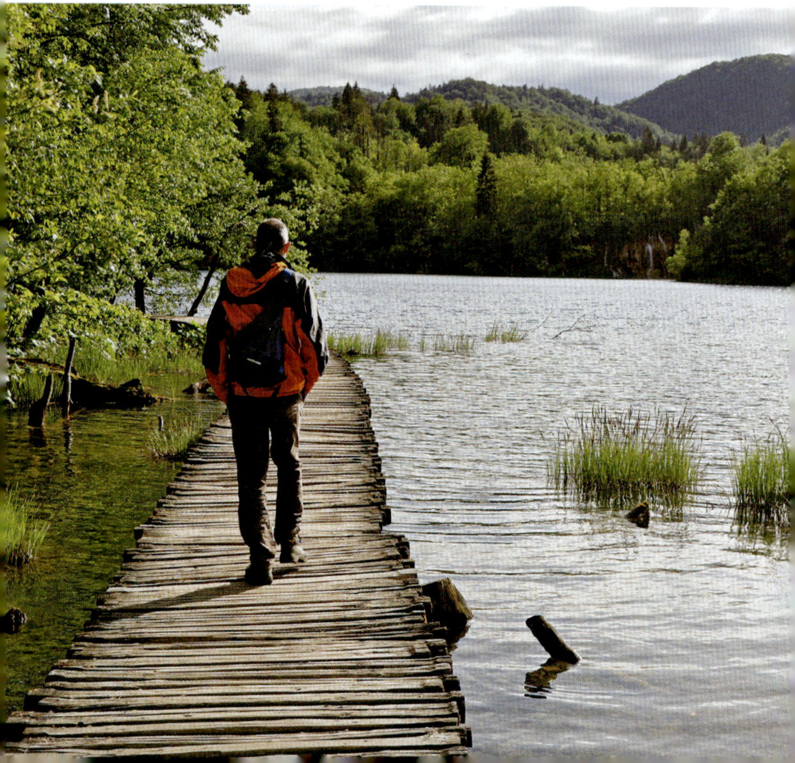

Ausgangspunkt: Eingang 2; Parking 2 in der Nähe. Bushaltestelle bei der Hauptstraße Zagreb/Karlovac–Zadar/Split.
Höhenunterschied: 400 m.
Anforderungen: Einfache Wanderung auf guten Wegen, die nicht verlassen werden dürfen.
Einkehr: An den Eingängen, in der Hochsaison auch in diversen Restaurants unterwegs.
Varianten: 1) Rot-weiß markierte Höhenwanderung: Vom Gradinsko jezero rechts hinauf, obendurch und hinab zum Ciginovac-See.
2) Zwischen dem Malo und Veliko jezero hinüber zum Wegpunkt 6.
3) Von der Bahnstation ST 4 mit Panoramazug zu ST 2 und zu Fuß zurück zum Eingang 2.
Hinweise: Informationen und Übersichtsplan bei den Eingängen 1 und 2. Für die Begehung des Nationalparks sind Eintrittskarten zu lösen. Es empfiehlt sich, dies vorab online zu tun: ticketing.np-plitvicka-jezera.hr/Index.aspx?l=DE, support@np-plitvicka-jezera.hr. Der Park ist stark frequentiert, die Besucherzahl begrenzt. An den Eingängen vor Ort können deshalb nur Tickets gekauft werden, wenn sie nicht schon ausverkauft sind.

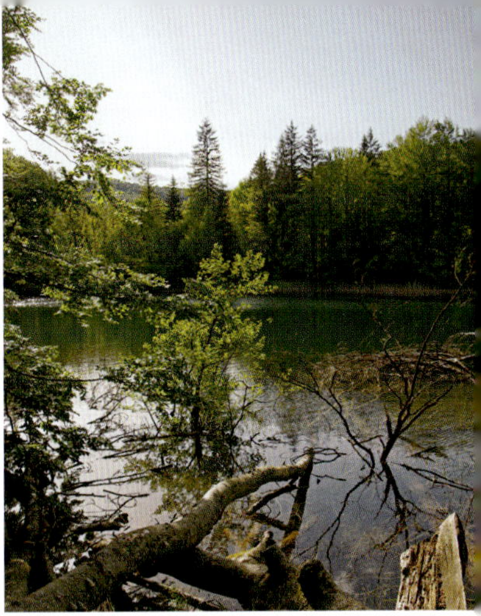

Totholz im Nationalpark Plitvicer Seen.

Preise: Je nach Saison: 10–40 € pro Erwachsener. Die Benützung des »Panoramazugs« (Bus) und der Elektroboote sind darin inbegriffen.
Aufgrund der Minengefahr in der weiteren Umgebung dürfen die Wege nicht verlassen werden.

Wir starten beim Parking 2 und **Eingang (Ulaz) 2 (1)**. Die Hauptstraße überqueren wir auf einer Fußgängerbrücke. An Einkehrmöglichkeiten vorbei geht es entsprechend den Schildern nach rechts hinunter zu den Seen. Dabei passieren wir die Bahnstation ST 2 und die Ticketkontrolle. Von der **Schiffsanlegestelle P 1 (2)** führt das Schiff hinüber zur **Schiffsanlegestelle P 2 (3)**. 20 m weiter nach rechts, dann auf Holzstegen quer durch die schäumenden Kaskaden. Beim

Wegabschnitt beim Proščansko jezero.

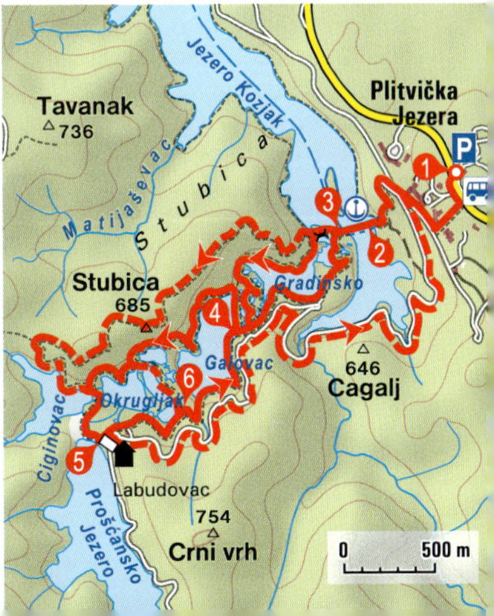

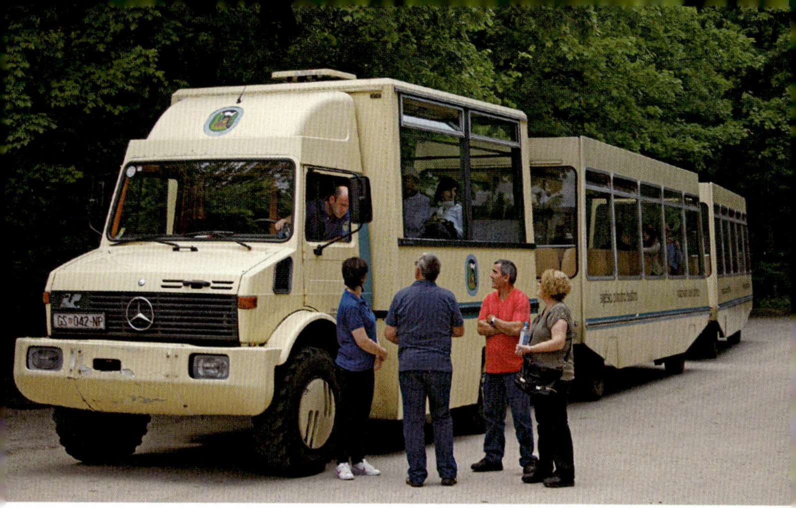

Mit dem »Panoramazug« lassen sich die Gehzeiten abkürzen.

Gradinsko-See tauchen wir in eine neue Welt ein: Stille und eine glatte Seeoberfläche empfangen uns. Am Ende des Sees erneut eine kontrastierende, wilde Szenerie: Die Gischt der Wasserfälle spritzt uns ins Gesicht, Urwald, wo wir hinschauen, und die Farbtöne des Sinterkalks vermengen sich mit den Ockertönen der faulenden Baumstämme im Wasser. Am Ufer des **Galovac-Sees (4)** angelangt, rechts weiter, worauf wir den Veliko jezero passieren. Über Holzstege weiter zum Malo jezero und dem Okrugljak jezero, der auf der rechten Seite umgangen wird. Bald erreichen wir die nächste Stufe, den Ciginovac jezero, der von Mischwald mit Erlengebüsch, Weiden und Bergahorn umsäumt ist. Am Anfang des Proščansko jezero führt der Weg über einen Holzsteg durch ein kleines Riedgebiet und weiter bis zur **Bahnstation ST 4 (5)**, wo wir eine Einkehrmöglichkeit und Sitzbänke für ein Picknick vorfinden.
Auf einen Pflasterweg folgt ein Naturweg, der rechts eines Wasserfalles weiterführt. Beim Ufer des Batinovac-Sees angelangt, folgen wir vorerst den Schildern P 2, hierauf geht es bei der Verzweigung rechts weg **(6)**. Es folgt eine Kaskade, welche zum Galovac-See überleitet, worauf wir uns bei der nächsten Verzweigung **(4)** rechts Richtung Schiffsanlegestelle P 2 orientieren. Etwas weiter vorne wiederum rechts halten und rechter Hand des Gradinsko- und Burgeti-Sees hinunter zu **P 2 (3)**. Von hier mit dem Schiff hinüber zu **P 1 (2)** und zu Fuß zum **Eingang (Ulaz) 2 (1)** zurück.

Einer der vielen prächtigen Wasserfälle.

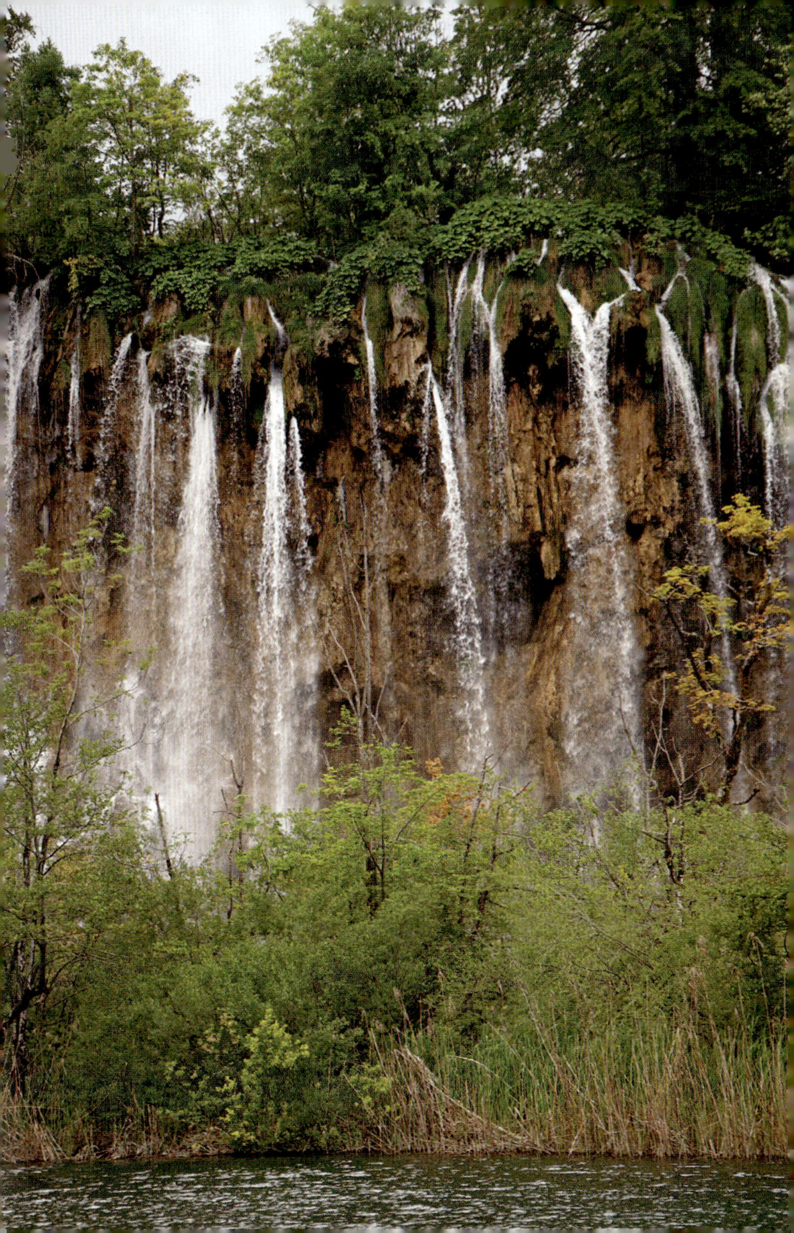

8 Nationalpark Plitvicer Seen: Unterer Teil

3.15 Std.

Türkisblaue Seen, schäumende Kaskaden und imposante Wasserfälle

Wechselnde Blickwinkel auf Seenplatten und Wasserfälle. Verschiedene Blau- und Grüntöne je nach Wetter, Jahreszeit und Seengrund ziehen die Augen in den Bann. Der Kozjak-See verdankt seinen Namen einer Legende, die besagt, dass dort einst 30 Ziegen ertrunken sind, als sie vor Wölfen über brüchiges Eis vom Ufer zu einem Inselchen flohen. Das eine Ufer ist gut erschlossen, das andere ist weniger begangen, hier sind mit ein wenig Glück Amphibien oder Wasserschildkröten anzutreffen.

Ausgangspunkt: Eingang (Ulaz) 2; Parking 2 in der Nähe. Bushaltestelle bei der Hauptstraße Zagreb/Karlovac–Zadar.
Höhenunterschied: 490 m.
Anforderungen: Einfache Wanderung auf breiten Wanderwegen, die nicht verlassen werden dürfen.
Einkehr: An den Eingängen, in der Hochsaison auch in diversen Restaurants unterwegs.

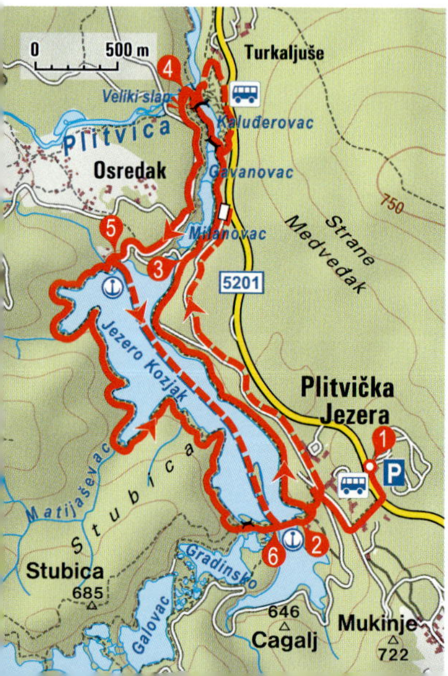

Varianten: 1) Von der Station 2 mit dem Bähnchen zur Station 1.
2) Auf der Höhe des Gavanovac-Sees nach rechts hinauf, an der Grotte Šupljara vorbei, weiter hoch zum Panoramaweg und links weiter. Nach 10 Min. nicht zum Eingang 1 weiter, sondern links hinunter und hinüber zum Wegpunkt 4.
3) Von der Schiffsanlegestelle P 3 per Schiff über den Kozjak-See via Anlegestelle P 2 zur Anlegestelle P 1. Von dort zurück zum Eingang 2.
Hinweise: Siehe Tour 7.

Vom Parking 2 und **Eingang (Ulaz) 2 (1)** gelangen wir über eine Holzbrücke und in der Folge an Hotels vorbei zu den Seen hinab. Von der Schiffsanlegestelle **P 1 (2)** geht es auf dem reizvollen Uferweg den Kozjak jezero entlang Richtung Eingang 1. Nach geraumer Zeit stoßen wir auf eine Straße, die bald wieder verlassen wird, indem wir auf einen Fußweg abbiegen **(3)**. Dieser führt zum Milanovac jezero und in der Folge zu kleineren Seen, welche durch rauschende Kaskaden getrennt sind.
Vor dem Kaluđerovac-See biegen wir nach links ab und gelangen über Holzstege auf die andere Seite der

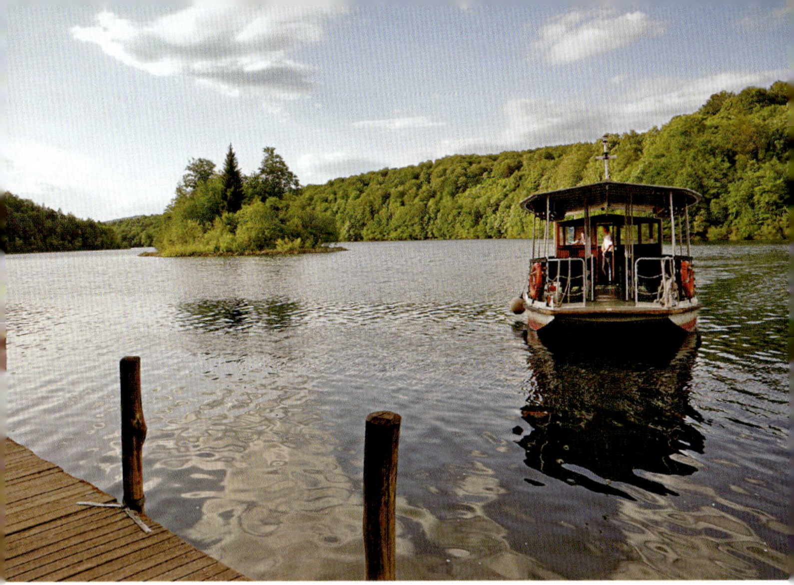

Schiffsfahrten eröffnen neue Perspektiven auf die Seenlandschaft.

Seenplatte, von wo wir rechts haltend alsbald den **Veliki slap (4)** aus der Nähe bewundern können. Gleich vor dem imposant aus der Höhe herabstürzenden Wasserfall steigen wir auf dem in Serpentinen verlaufenden Pfad aufwärts. Beim folgenden Aussichtsplatz erwartet uns ein grandioser Ausblick auf weitere Wasserfälle. Weiter führt der lohnende Panoramaweg die Anhöhe entlang, an verschiedenen Aussichtspunkten vorbei, bis wir auf die von Poljanak herführende Straße treffen. Nach kurzer Zeit bei einer Abzweigung links abwärts zur **Schiffsanlegestelle P 3 (5)**.
Von hier gehen wir direkt am Ufer des Kozjak-Sees entlang Richtung Schiffsanlegestelle P2. Dieses eher selten begangene Seeufer ist Lebensraum einer vielfältigen Fauna wie Salamander, Smaragdeidechsen oder Frösche. Der idyllische Uferweg führt an Buchten vorbei, in die Bäche einmünden. Gut 1.15 Std. nach der Anlegestelle P 3 erblicken wir vor uns die Wasserfälle und Kaskaden von Burgeti, gleich links davon befindet sich die **Schiffsanlegestelle P 2 (6)**. Von hier mit dem Schiff hinüber zu **P 1 (2)** und auf derselben Route wie beim Hinweg zurück zum Parking und zum Ausgangspunkt am **Eingang (Ulaz) 2 (1)**.

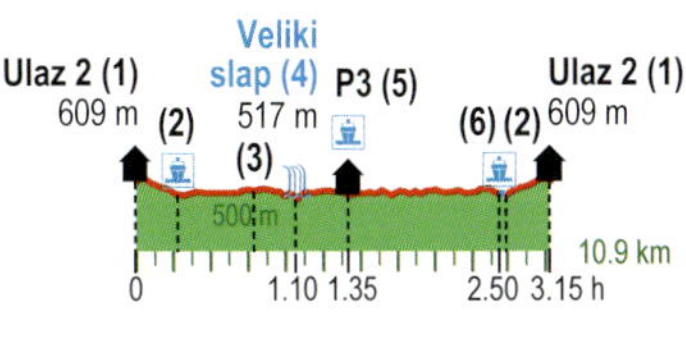

9 Naturpark Dabarski kukovi: Auf dem Höhenzug Ljubičko brdo, 1320 m

3.15 Std.

UNESCO-Biosphäre Velebit: Kulturlandschaft, Wald, zwei Aussichtsgipfel

Das seit geraumer Zeit geschlossene Hotel Velebno mit seiner eigenwilligen Architektur bildet den unübersehbaren Ausgangspunkt dieser Wanderung. Die Gebirgskulisse rund um das Hochplateau gehört zum Feinsten, was das UNESCO-Biosphärenreservat Velebit zu bieten hat. Eindrucksvoll ist das lang gezogene, von Norden nach Süden führende zerklüftete Felsband der Dabarski kukovi mit Dutzenden von Gipfeln. Die Luft ist klar, der Horizont weit, das Meer nah und die Sonnenuntergänge über den vorgelagerten Inseln sind einzigartig. Unterwegs laden Bäche und Graskämme zum Verweilen ein.

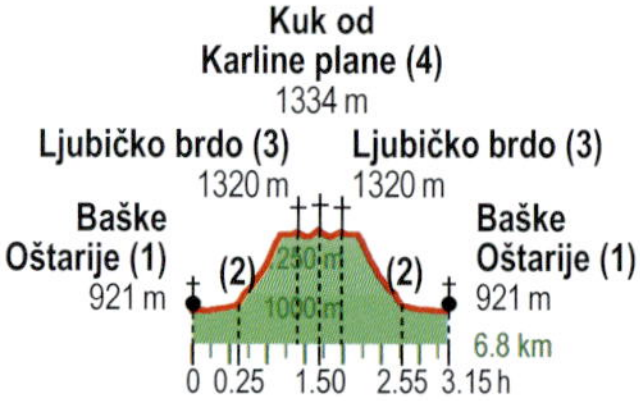

Aussicht vom Ljubičko brdo Richtung Südosten.

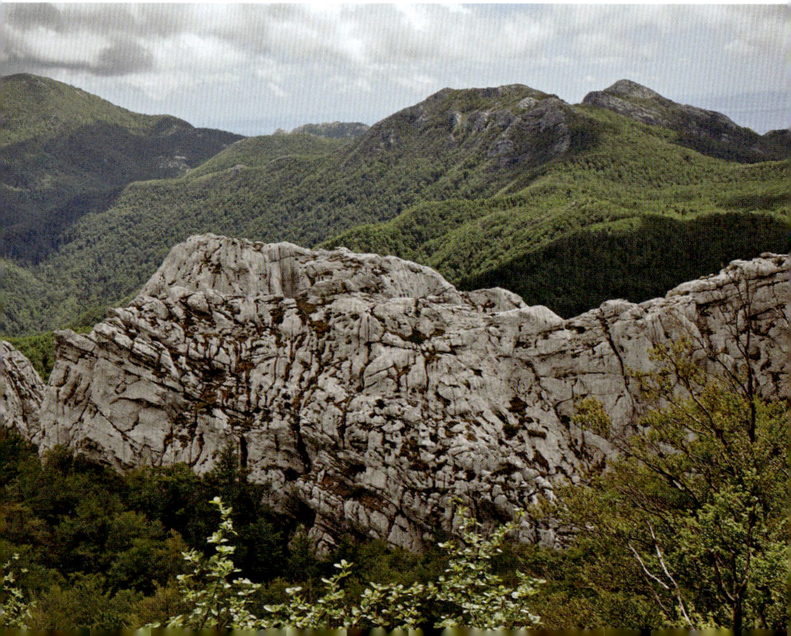

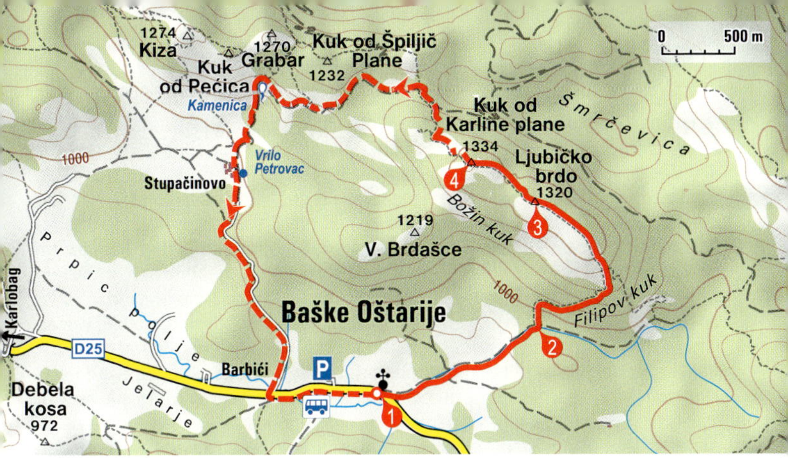

Ausgangspunkt: Kirche in Baške Oštarije, gut 200 m östlich des Parkplatzes des seit 2014 geschlossenen Hotels Velebno. Busverbindung von Karlobag und Gospić.
Höhenunterschied: 500 m.
Anforderungen: Gut markierte Wege, bis zum Ljubičko brdo auch für Familien geeignet. Wanderschuhe empfohlen und Wanderstöcke nach Bedarf. Das Wegstück zwischen den zwei Gipfeln ist etwas ausgesetzt. Bei Nässe schwierig zu begehen.
Beste Jahreszeit: April bis Oktober. Bis April kann Schnee liegen.
Einkehr: Keine.
Variante: Nur für erfahrene Wanderer mit gutem Orientierungssinn. Vom Kuk od Karline plane Richtung Nordwesten absteigen. Anfangs sind kurze Klettereien nötig. Auf die Kalkfelsen folgt lichter Buchenwald, der bald in eine Wiese mündet, worauf wieder ein Buchenwald folgt. Bei der Schotterstraße nach links und weiter vorne bei der Gabelung wiederum links. Folgende Abzweigung ignorieren bis zur Abzweigung rechts zum Kiza (Wegpunkt 3 der Tour 10). 2 Std. bis hierher. Weiter nach Baške Oštarije wie bei Tour 10.
Hinweise: Baške Oštarije ist ein guter Ausgangspunkt für weitere Touren. Entlang des Höhenwegs Premužićeva staza (siehe Tour 2) ist eine mehrtägige Wanderung Richtung Norden mit Übernachtung in nicht bewarteten Berghütten möglich (bewartet ist erst wieder die Berghütte Zavižan, siehe Touren 1–3). Smand-Wanderkarten zu dieser Region sind eventuell beim Nationalpark-Zentrum in Starigrad Paklenica erhältlich oder online im Reisebuchhandel.

Bei der Kirche in **Baške Oštarije (1)** entsprechend der Wegbezeichnung »Ljubičko brdo« das anfangs geteerte Sträßchen nehmen, das zunächst an Bauernhöfen und Schafweiden vorbeiführt. Nach dem letzten Hof gehen wir an der Gabelung nach links weiter. Die Szenerie aus Wiesen, Baumgruppen sowie den mit Feuchtgebieten durchzogenen Alpweiden erinnert an westeuropäische Mittelgebirge. Spektakulär – auch in dieser Region – sind die hoch aufschießenden bizarren Felsformationen in Form von Riffen, Türmen, Nasen oder Köpfen. Links oberhalb des von Holundersträuchern flankierten

Naturwegs entspringt eine Quelle, eine seltene Erscheinung in Karstgebieten. Kurze Zeit, nachdem wir in den Wald eingetaucht sind, führt bei der ersten Abzweigung **(2)** ein Pfad nach links hinauf. Gleich nachher geht es bei der Verzweigung nach rechts in gerader Steiglinie weiter. Der gut markierte Pfad zieht anfänglich steil durch Buchenwald aufwärts, dann folgt ein flacheres Teilstück. Oben im Wald wird es bei einem Felsentor wieder steiler. Im folgenden offenen Grasgelände steigen wir entsprechend den Markierungen geradeaus steil aufwärts. Auf dem Bergrücken angekommen, erblicken wir vor uns das Gipfelkreuz des **Ljubičko brdo (3)**, das wir in rund 15 Min. erreichen. Der höchste Punkt bietet eine umfassende Aussicht auf die wie an einer Perlenschnur aneinandergereihten Gipfel des Velebit und auf die Kvarner-Bucht bei Rijeka mit den vorgelagerten Inseln, weiter südwärts auf Pag.
Der markierte Pfad entlang des Gratzugs zum **Kuk od Karline plane (4)**, 1334 m, verläuft abwechslungsreich und für eine kurze Passage etwas ausgesetzt. Der Gipfel steht in scharfem Kontrast zum vorherigen Grasgipfel: Wir rasten inmitten von Felsblöcken, die spektakuläre Aussicht lässt wiederum keine Wünsche offen. Von hier verläuft eine markierte Route weiter, sie ist jedoch trittsicheren, mit unwegsamem Gelände vertrauten und orientierungssicheren Wanderern vorbehalten (vgl. Variante).
Für den **Rückweg** bis Baške Oštarije nehmen wir dieselbe Route wie beim Hinweg.

Kirche in Baške Oštarije.

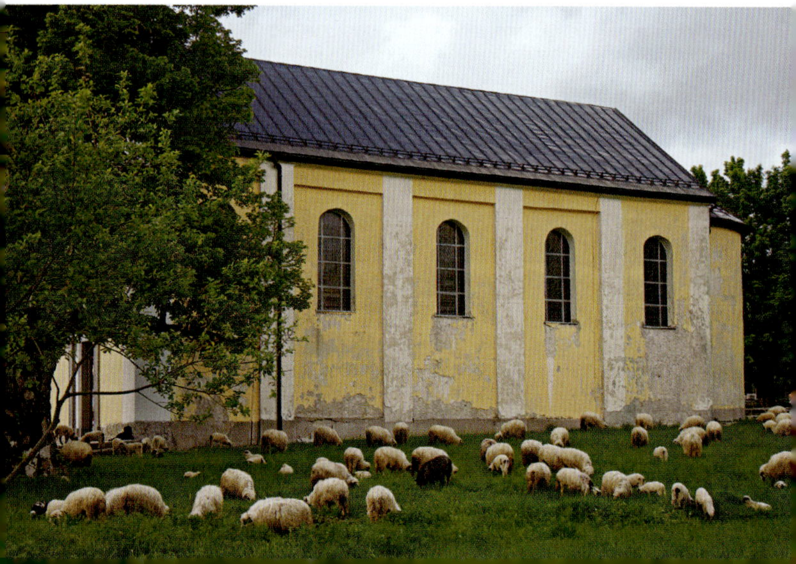

2.50 Std.

Naturpark Dabarski kukovi: Auf den Kiza, 1212 m

10

Zu bizarren Felsgebilden in der Biosphäre Velebit

Die Dabarski kukovi sind eine unwegsame und wilde Karstgebirgslandschaft unweit der Küste. Mit dem UNESCO-Programm »Der Mensch und die Biosphäre« strebt die Velebit-Region eine nachhaltige Entwicklung für Mensch und Natur an, was auch für den Tourismus gilt. Die meist bewaldeten Kuppen und Felstürme bilden eine imposante Kulisse für Wanderungen, die verhältnismäßig einfach sind und doch alle Qualitäten einer rassigen Bergtour aufweisen. Um auf den obersten Punkt des Kiza, eines der Gipfelpunkte in der Gratkette, zu gelangen, muss etwas Kletterei in Kauf genommen werden. Einsame Wälder und eine subalpine, vielfältige Vegetation bereichern diese Wanderung abseits der Touristenpfade.

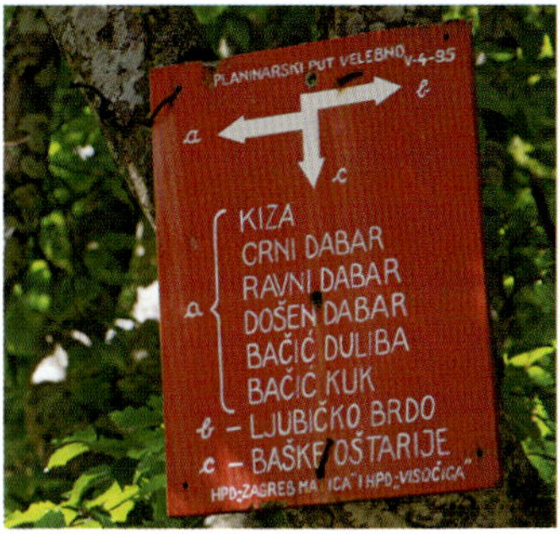

Wanderziele im waldreichen Karstgebirge.

Ausgangspunkt: Kirche in Baške Oštarije, gut 200 m östlich des Parkplatzes des seit 2014 geschlossenen Hotels Velebno. Busverbindung von Karlobag und Gospić.
Höhenunterschied: 300 m.
Anforderungen: Gut markierte Fahrwege und Pfade, Wanderschuhe empfohlen und Wanderstöcke nach Bedarf. Bei Nässe ist diese Tour nicht zu empfehlen, da der Kalkstein dann glitschig ist. Die Gehzeit ist ohne die Gipfelbesteigung gerechnet, welche Kletterei erfordert.
Beste Jahreszeit: April bis Oktober. Bis April kann Schnee liegen.
Einkehr: Keine.
Varianten: 1) Kurz unterhalb des Kiza südwärts absteigen, um dann bei Stupačinovo zum Fahrsträßchen zu gelangen. Achtung: Zu Beginn des Abstiegs steile Passage mit schlechter Wegebeschaffenheit.
2) Erfahrene und trittsichere Bergsteiger gelangen beim Abstieg nach dem Sattel zwischen Kiza und Grabar bei der zweiten Abzweigung nach links auf den Grabar (1 Std. hin und zurück). Der Aufstieg erfolgt anfänglich geradeaus durch bewaldetes Gelände, der Pfad ist teils nicht gut erkennbar. Bei einer Abzweigung geradeaus weiter aufsteigen, am Schluss ein wenig ausgesetzt über einige Felsblöcke zum spektakulären Gipfel, 1270 m.
3) Siehe Variante Tour 9, umgekehrte Richtung. Ab Abzweigung Quelle (3) bis Ljubičko brdo 2.15 Std., nur für erfahrene Wandernde.
Hinweise: Siehe Tour 9.
Rund die Hälfte der Straße bis zur Abzweigung auf den Kiza (3) ist geteert. Es ist möglich, bis zum Ende der Teerstraße oder auf Schotter bis zum Wegpunkt 3 zu fahren, die Parkmöglichkeiten sind jedoch begrenzt.

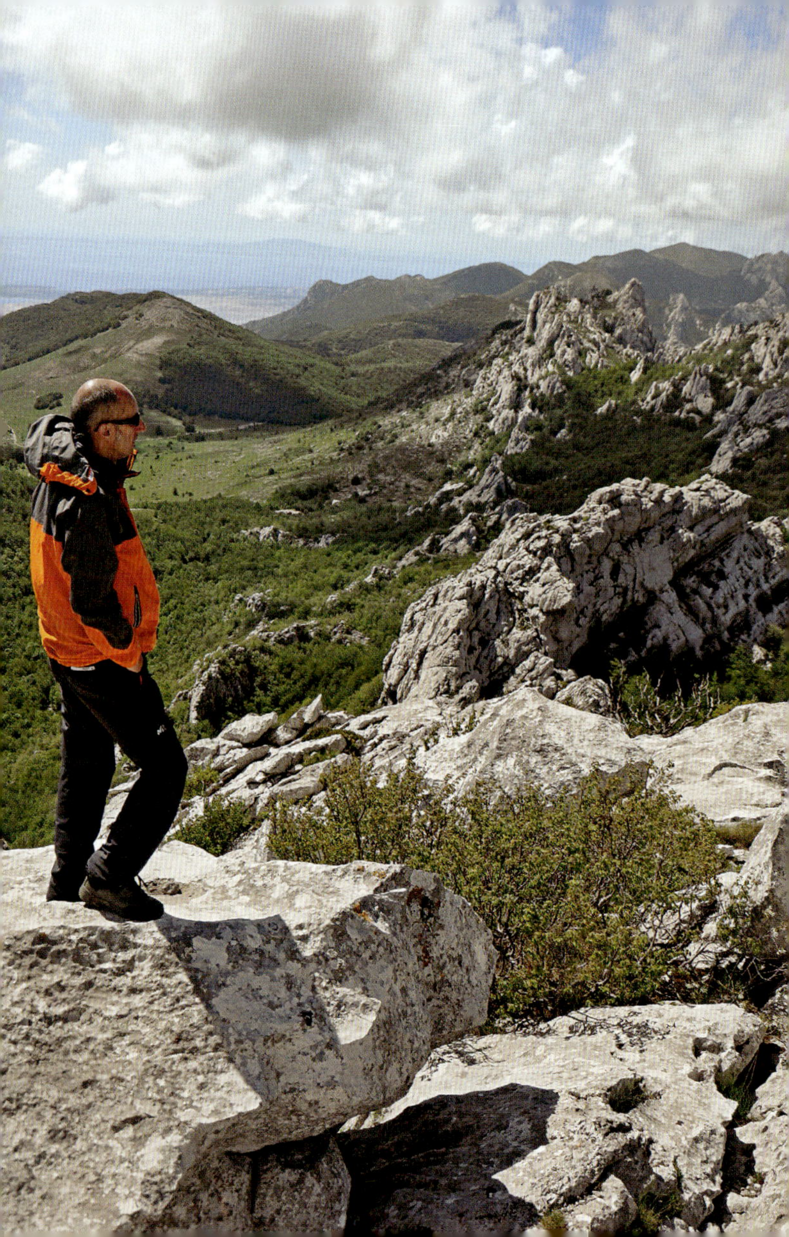

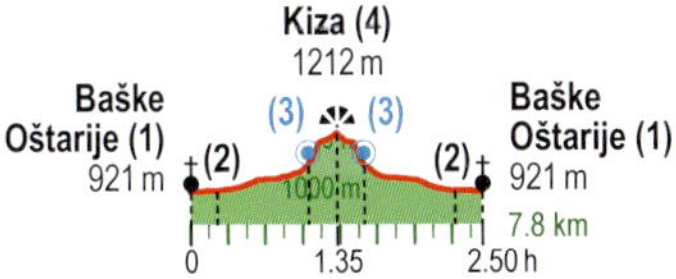

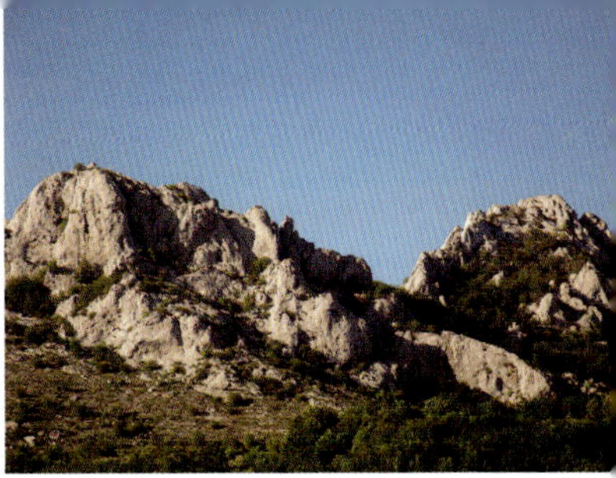

Blick auf die Kiza-Gipfelkette.

Von der Kirche in **Baške Oštarije (1)** auf der Hauptstraße westwärts Richtung Karlobag und bei der ersten Abzweigung gemäß dem Schild Stupačinovo und rot-weißen Markierungen nach rechts **(2)**. Alsbald leitet rechts ein Pfad vom Fahrsträßchen weg, um am Ende der Wiesenfläche wieder zurückzuführen. Nach rechts auf dem Sträßchen weiter, an der Streusiedlung Stupačinovo vorbei, bis zur Quelle Kamenica bei einer Rechtskurve. Hier biegen wir der Beschilderung folgend nach links hinauf Richtung Kiza ab **(3)**. Der Pfad führt im Wald zwischen zwei Felswänden hinauf, anfänglich auf einem alten Kulturweg. An den Abzweigungen nach Alaginac und später zu den Gipfeln des Grabar und Kuk od Pećica jeweils geradeaus vorbei, am Schluss direkt in der Steiglinie auf einer Grasflur bis hinauf zum Sattel zwischen dem Grabar rechts und dem Kiza links. Im Wald geht es auf der rechten Seite einer steil abfallenden Felswand weiter.

Zuletzt führt der problemlose, gut markierte Aufstieg über Grasflächen zum **Aussichtspunkt (4)**, 1212 m, unterhalb des **Kiza-Gipfels**. Spektakulär geformte Felsnasen, -nadeln und -türme prägen hier die Szenerie. Zwischen den Felsbändern schimmern Pflanzengesellschaften in braunen, grünen, gelben, rötlichen und gemischten Farbtönen. Die Aussicht auf die Insel Pag und die Kvarner-Bucht sowie auf die Ketten und Gipfel des Velebit-Gebirges ist beeindruckend.

Auf demselben Weg gehen wir zurück nach **Baške Oštarije (1)**.

Das Velebit-Gebirge ist geprägt durch die weißen Kalkfelsformationen, die Kukovi, wie hier zwischen dem Kuk od Karline plane und dem Gipfel des Kiza.

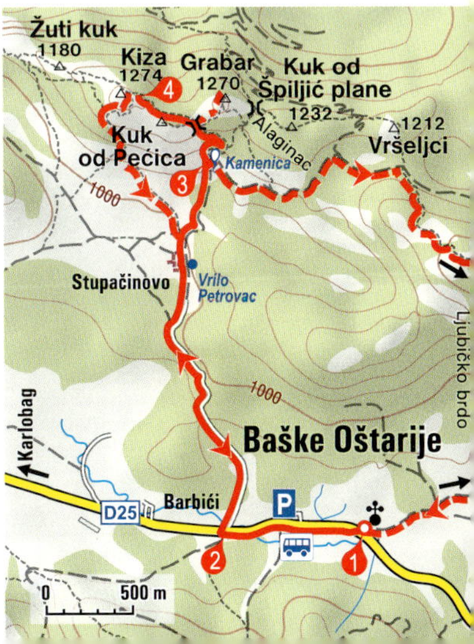

11 Nationalpark Paklenica: Große Paklenica mit Grottenbesichtigung

6.15 Std.

Durch eine grandiose und mannigfaltige Canyon-Welt

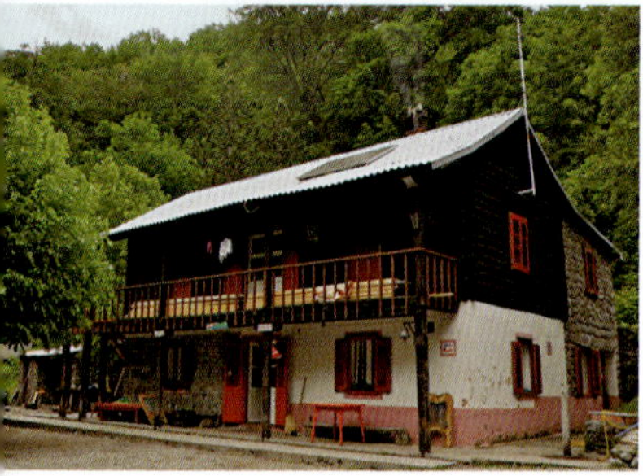

Berghütte Dom Paklenica.

Die Schluchtenlandschaft der Paklenica ist der spektakulärste Teil des südlichen Velebit-Gebirges. Gleich am Eingang des Nationalparks beeindrucken senkrecht aufragende, bis zu 700 Meter hohe Felswände, ein El Dorado für Kletterfreaks. Die am Anfang der Schlucht steil aufragenden Felsen sind der prägnanteste Teil. Die Velika (Große) Paklenica wird auf einem alten Kulturweg, der ehemals von Pferdefuhrwerken hinüber in die Lika-Region befahren wurde, begangen. Ein Försterhaus und eine Berghütte (Dom) am Wegrand laden zur Einkehr ein. Lohnend ist auch ein Besuch von Parići oder Ramići – frühere landwirtschaftliche Siedlungen, deren Steinhäuser heute teils für den Tourismus genutzt werden. Und last but not least die Tropfsteingrotte Manita Peć mit ihren Stalagmiten und Stalaktiten.

Ausgangspunkt: Kostenpflichtige Parkplätze am Straßenende, rund 2 km nach der Eingangspforte 1 in den Nationalpark, wo Tageskarten gelöst werden können. Autoanfahrt: Vom Zentrum von Starigrad Paklenica in Richtung Seline, beim Schild »Nationalpark« nach links abzweigen. Busverbindung von Rijeka und Zadar, Haltestelle in Starigad Paklenica, von dort hinauf bis zur Eingangspforte 1.
Höhenunterschied: 810 m.
Anforderungen: Einfache Wanderung auf breiten, gut markierten und ausgeschilderten Wanderwegen.
Beste Jahreszeit: April bis Oktober.
Einkehr: Starigrad. Unterwegs im »Försterhaus« (Lugarnica), in der Berghütte Dom Paklenica (auch Übernachtung, siehe Tour 12) sowie in Ramići und Parići (auch Übernachtung).
Variante: Hinauf auf den Anića kuk, 712 m, mit prächtigem Rundblick. Bei der beschilderten Abzweigung zwischen Wegpunkt 1 und 2 über den Bach und dann den Markierungen nach. Hin und zurück rund 2 Std., nur für erfahrene Bergwanderer.
Hinweise: Eintrittsgebühr Nationalpark 3–10 € pro Erwachsener für einen Tag je nach Saison, zu lösen bei den Eingangspforten 1 und 2 (siehe Ausgangspunkt/Anfahrt), wo es Informationsstellen gibt.
Öffnungszeiten der Höhle Manita Peć (Besichtigung nur mit Führung): April–September an unterschiedlichen Tagen je nach Saison (Information bei den Nationalpark-Informationsstellen).
Wanderkarten, teils auch für andere Regionen und Nationalparks, bei den Eingangspforten oder beim Nationalpark-Zentrum in Starigrad (andernorts kaum erhältlich!). Empfehlenswert: Paklenica planinarska karta 1:25.000 Astroida Verlag.

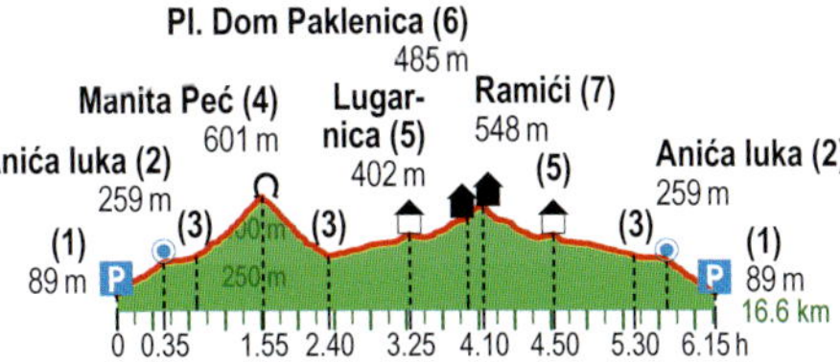

Wir starten beim **Parkplatz (1)** am Ende der Straße, rund 2 km nach der Eingangspforte 1 in den Nationalpark, wo ein Ticket gelöst werden kann. Die mächtige Schlucht der Velika Paklenica, deren Seitenwände sich immer höher vor uns auftürmen, ist beeindruckend. Weiter geht es auf dem gut ausgebauten Hauptweg, teils auf Pflastersteinen, an Quellen, Sitzbänken und an Informationstafeln vorbei. Das Rauschen vom Wasser des nahen Bachs stets im Ohr, erreichen wir den mit Flaumeichen- und Hainbuchengehölz bedeckten Talboden **Anića luka (2)**, wo Trinkwasser geschöpft werden kann.

Weiter das Tal entlang auf dem von Pferdehufen abgeschliffenen Weg. Am Horizont zeichnet sich die höchste Gipfelkette der Region ab. Bald stoßen wir auf die Abzweigung **(3)**, die links hinauf zur Grotte **Manita Peć (4)** führt. Den recht steilen Aufstieg bewältigen wir in rund 40 Min. Flankiert wird der Pfad durch Trümmergesteinshalden, wo Fensterglockenblumen, Alpenseidelbast oder Erdbeerfingerkraut zu finden sind. Beeindruckend sind die Karstformationen dieser typischen Tropfsteingrotte mit ihren Stalagmiten und Stalaktiten sowie den Wasserbassins.

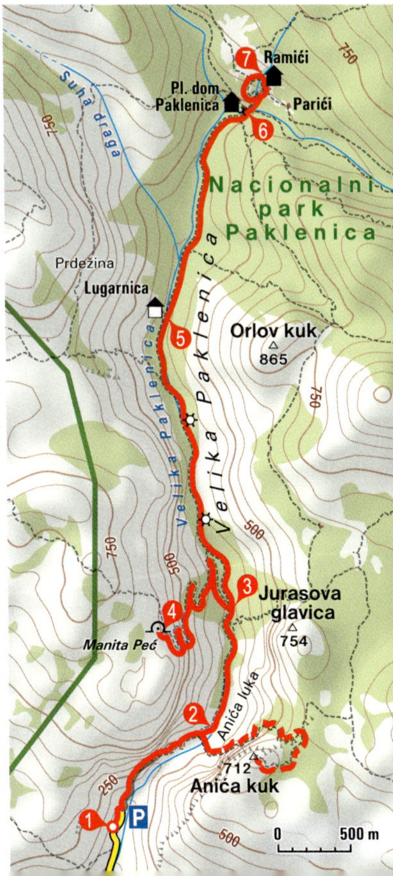

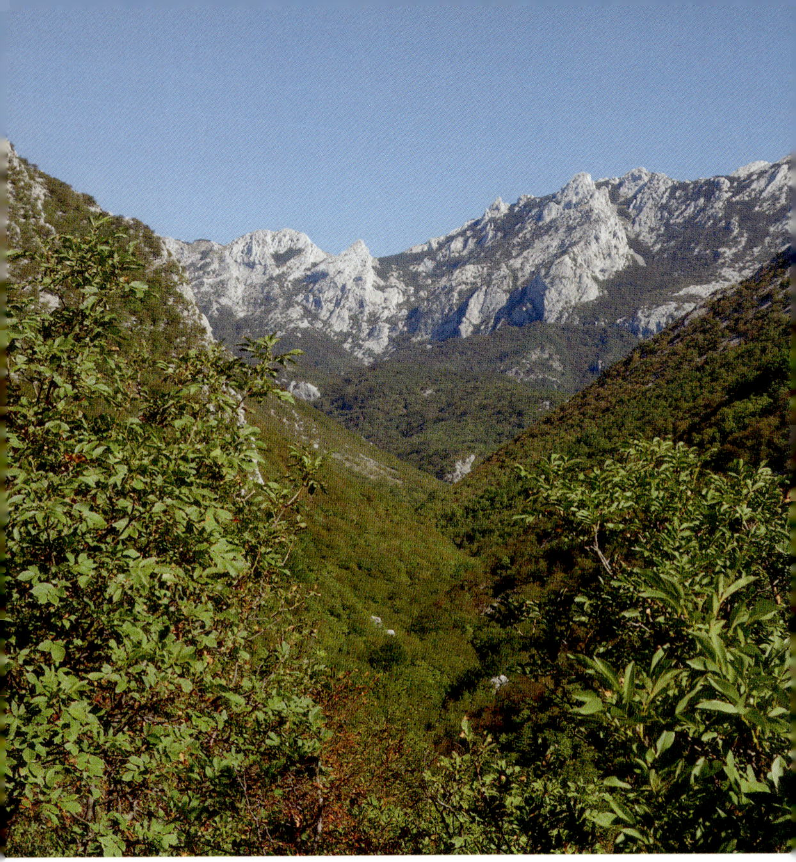

Ausblick auf dem Weg zur Grotte Manita Peć.

Zurück bei der Abzweigung **(3)** gelangen wir nach links abbiegend weiter oben zum sogenannten Försterhaus **Lugarnica (5)**, wo je nach Saison eingekehrt werden kann. Ein wenig weiter liegt linker Hand ein riesiger Findling. Nach einem steilen Schlussaufstieg erreichen wir über eine Brücke die fast immer bewartete Berghütte **Planinarski Dom Paklenica (6)**, mit schön angelegten Rastplätzen. Lohnenswert ist ein kurzer Abstecher (markiert) von der Hütte zur Siedlung **Ramići (7)**.
Von der Berghütte **Dom Paklenica (6)** geht es auf demselben Weg zurück bis zum **Parkplatz (1)**.

10.45 Std.

Nationalpark Paklenica: Auf den Vaganski vrh, 1757 m

12

Auf den höchsten Gipfel des Velebit-Gebirgszuges

Diese vielfältige, anspruchsvolle Bergtour führt in das Herz des Paklenica-Nationalparks. Die Landschaft präsentiert sich in den unterschiedlichsten Facetten: Schluchten, Bäche, Täler, Wald, Karst und die höchsten Erhebungen des gesamten Velebit. Hinzu kommen Berghütten am Wegrand, die zur Einkehr einladen. Der erste Teil des Aufstiegs erfolgt in der Schluchtenlandschaft der Paklenica, immerzu dem Bachverlauf nach. Der mittlere, steile Abschnitt ab der Berghütte Paklenica spielt sich überwiegend im Buchenwald ab, bevor wir im Schlussteil mit der Aussicht den Lohn einheimsen. Viele Tiere, insbesondere rund 200 Vogelarten und Reptilien, seltene Schmetterlinge und von den Säugetieren Marder, Fuchs, Wiesel, Braunbär und Wolf sowie Pflanzenfresser wie Wildschwein, Hirsch und Gämse haben im Nationalpark ihren Lebensraum.

Ausgangspunkt: Siehe Tour 11, ebenso die Anfahrt.
Höhenunterschied: 1750 m.
Anforderungen: Große Höhendifferenz, welche eine entsprechende Kondition erfordert. Genügend Wasser mitnehmen, gutes Schuhwerk, Wanderstöcke nach Bedarf. Nicht während oder nach Regenfällen begehen, weil der Auf- und Abstieg im Wald teils steil auf Erde und Steinen verläuft. Die Tour kann auch in zwei Tagen erfolgen, mit Übernachtung (siehe unten).
Beste Jahreszeit: Mai bis Oktober. Allenfalls auch April, sofern zuoberst kein Schnee liegt.
Einkehr: Starigrad. Unterwegs im »Försterhaus« (Lugarnica), in der Berghütte Paklenica (auch Übernachtung, dom.paklenica@gmail.com) oder saisonal in Ramići und Parići (auch saisonal Übernachtung, Stand 2023). Reservierung für Übernachtungen empfohlen, Information bei der Eingangspforte des Nationalparks.
Varianten: 1) Die Tour auf zwei Tage aufteilen (für diesen Fall kann der Hin- oder Rückweg auch über die Mala Paklenica genommen werden, vgl. Tour 13: bei der Kreuzung Njive Lekine abzweigen, von dort bis Berghütte Dom Paklenica: rund 2.30 Std.). – 2) Im Falle einer zweitägigen Wanderung Auf- oder Abstieg über den Babino jezero möglich (rund 1 Std. länger) oder westwärts in einem noch weiteren Bogen über Buljma und die Struge-Berghütte, rund 2 Std. länger.
Hinweise: Siehe auch Tour 11. Eintrittsgebühr Nationalpark 3–10 € pro Erwachsener für einen Tag je nach Saison.
Achtung: Auf dem Kamm der höchsten Gipfel, insbesondere nordwestlich des benachbarten Babin vrh, ist es zwingend notwendig, auf den markierten Pfaden zu bleiben und nicht vom Weg abzukommen – Minengefahr!

Das Gipfelplateau lädt zur Rast ein.

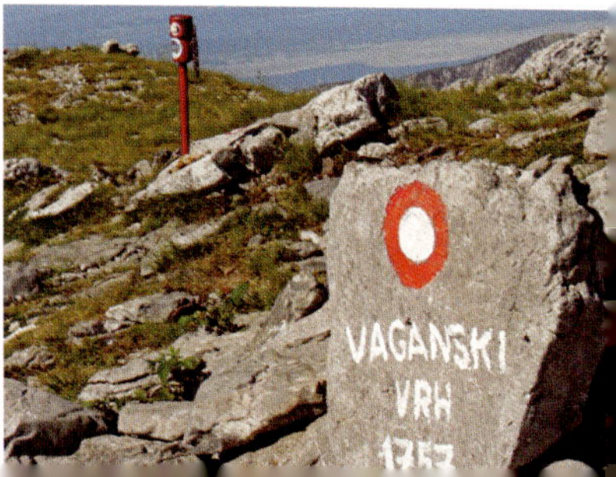

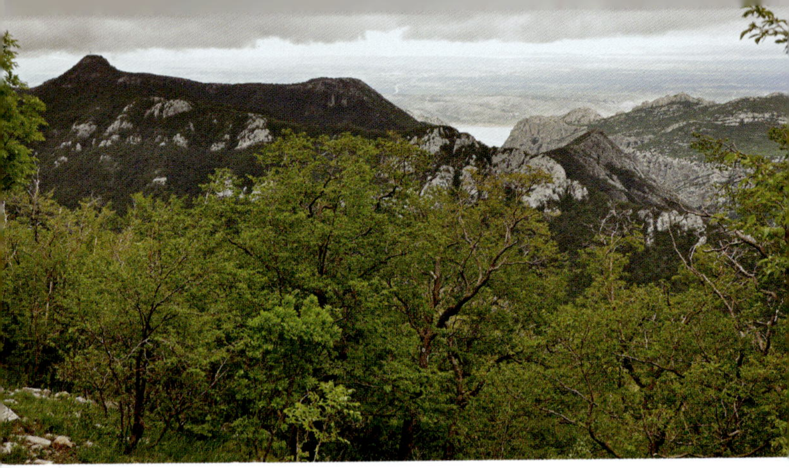

Panoramablick im Aufstieg auf das Meer und die Insel Pag.

Wir starten beim **Parkplatz (1)** am Ende der Straße, rund zwei Kilometer nach der Eingangspforte 1 in den Nationalpark, wo eine Tageskarte gelöst werden kann. Bis zur **Berghütte Planinarski Dom Paklenica (2)** nehmen wir dieselbe Route wie bei der Tour 11.
Bei der Berghütte halten wir uns an die Richtungsangabe »Vaganski vrh 5.30 Std.« (Zeitangabe bezieht sich nicht auf unsere Route!). Kurze Zeit später ist an einem Baumstamm mit einem Pfeil (»Vaganski«) gekennzeichnet, dass wir rechts hinauf abzweigen sollen. Wir passieren eine zweite Einkehr- und Unterkunftsmöglichkeit und gelangen in der Folge zur kleinen Siedlung **Ramići (3)**. Am Ende der Steinhäuser von Ramići zeigt ein – mit den wichtigsten Routenzielen – beschrifteter Stein die Abzweigung nach rechts an. Kurz danach gelangen wir zu einer Wegkreuzung **(4)**, wo drei Holzschilder die möglichen Routen auf den Vaganski vrh und weitere Gipfel anzeigen.

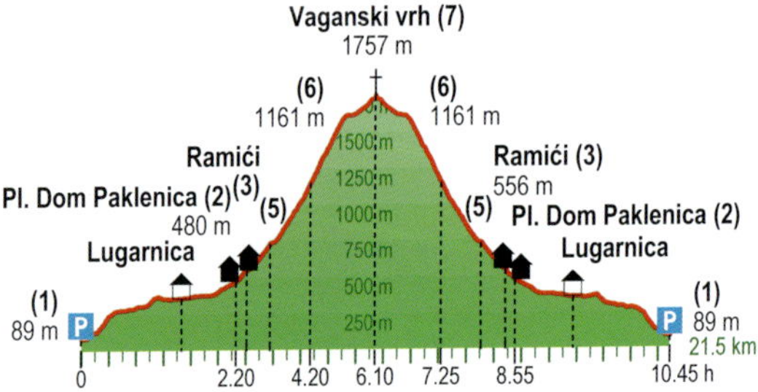

Unsere Route orientiert sich an der »Lipa staza« (Vaganski vrh, 4.30 Std., etwas zu viel gerechnet). Markierungen weisen die Route, die im Gelände ausreichend zu erkennen ist. Wir ignorieren die folgende Abzweigung **(5)** nach links, nunmehr im dichten Buchenwald, und bleiben auf dem Hauptweg. Im Kontrast zur nahen Mittelmeerküste erinnert hier die Vegetation an Mitteleuropa. Die gut gekennzeichnete Route steigt nun meist steil an.

Es folgt eine Gabelung **(6)**, wo wir nach links weiter aufsteigen. Für ein kurzes Teilstück erlaubt die Lichtung einen Weitblick auf die umliegenden Bergketten und das adriatische Meer sowie tief unten auf den Einschnitt der Velika Paklenica. Nach einer weiteren Passage im Wald schraubt sich die Route an Serpentinen entlang in einer Geröllrunse hoch. Die rot-weißen Markierungen leiten uns bis zur nächsten Stufe, wo auf einer Höhe von ungefähr 1600 m die Gipfelregion erreicht ist. Klassisches Karstgelände breitet sich vor unseren Augen aus. Der Schlussaufstieg hinauf zum **Vaganski vrh (7)**, 1757 m, verläuft sanft ansteigend und problemlos. Oben angekommen, bietet sich trotz des flachen Gipfelaufbaus eine imposante Weitsicht mit unzähligen Gipfeln und Hochflächen.

Der **Rückweg** erfolgt auf derselben Route wie der Aufstieg.

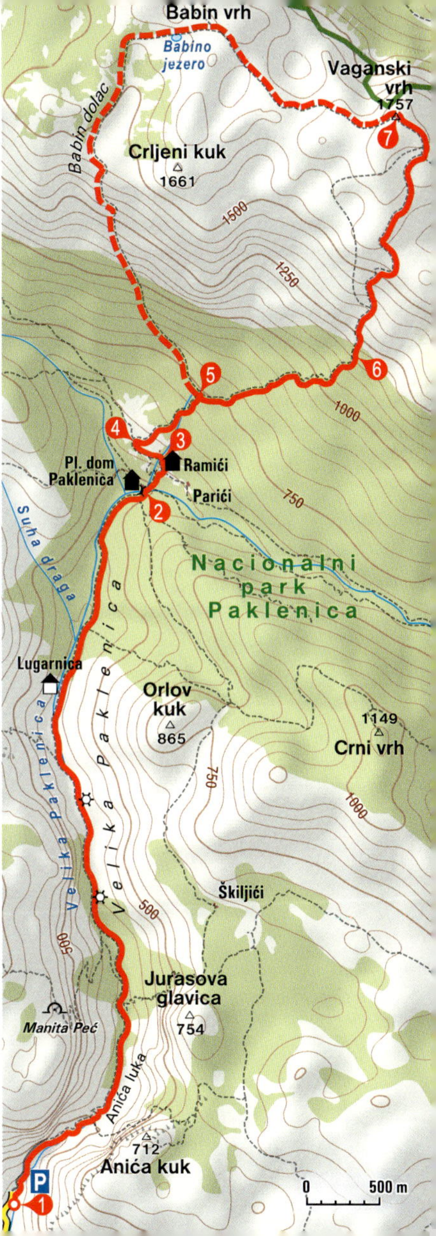

TOP **13**

Nationalpark Paklenica: Von der Mala Paklenica zur Velika Paklenica

6.30 Std.

Spektakuläre Durchschreitung der wilden Mala Paklenica

Die grandiose Schluchtenlandschaft des bereits 1949 gegründeten Nationalparks Paklenica bietet Lebensraum für eine vielfältige Tier- und Pflanzenwelt. Dabei weist die Mala Paklenica – wie schon ihr Name andeutet (mala = klein) – bescheidenere Ausmaße auf als ihre Namensschwester. Da diese Schlucht weniger begangen wird, nistet der Gänsegeier wieder an den unzugänglichen Felsen; er ist in dieser Klimazone der größte einheimische Vogel. Der Mensch ist hier ein seltener Gast, der eintaucht in eine Welt voller Sträucher und Büsche, Steinbrechgewächse, Wildbäche, Höhlen, bizarrer Karstformationen und riesiger Felsblöcke. Der aussichts- und im Frühjahr blumenreiche Übergang zur Velika Paklenica und die gut erschlossene Große Paklenica bieten einen reizvollen Kontrast zur abenteuerlichen Wildnis in der Kleinen Paklenica.

Ausgangspunkt: Eingangspforte 2 des Nationalparks, wo Parkplätze zur Verfügung stehen. Autoanfahrt: Von Starigrad Paklenica südostwärts nach Seline, hier links nach Jukići abzweigen und dort bei der Gabelung rechts weiter bis zur Eingangspforte in die Mala Paklenica. Autobus von Starigrad Paklenica bis Seline, von dort zu Fuß (ca. 30 Min.) auf derselben Route wie bei der Autoanfahrt.

Höhenunterschied: 850 m.

Anforderungen: Schwieriger, aber überwiegend gut markierter Aufstieg durch das wilde Flussbett der Kleinen Paklenica. Einige Felsblöcke müssen überstiegen werden – teils Fixseile vorhanden, teils können sie auch umgangen werden. Nur bei niedrigem Wasserstand begehbar (Information dazu bei den Eingangspforten), also nicht im Frühling nach der Schneeschmelze oder nach starken Regenfällen, weil das Bachbett mehrmals überquert werden muss. Gegen den Schluss der Mala Paklenica kann der Bach zu jeder Jahreszeit Wasser führen. Bei Regen wird von dieser Wanderung aufgrund der glitschigen Kalksteinplatten abgeraten. Bergerfahrung und Trittsicherheit werden vorausgesetzt, Erfahrung mit einfacher Kletterei von Vorteil. Robuste Bergschuhe mit gutem Profil und lange Hose (teils Gestrüpp) erforderlich. Wanderstöcke nach Bedarf.

Beste Jahreszeit: Mitte Mai bis Mitte Oktober.

Einkehr: Keine.

Variante: Die Tour kann gekürzt werden, indem wir bei der Kreuzung Njive Lekine (3) nach links abbiegend direkt nach Jukići (7) gehen. Dabei auf dem Hochplateau nicht Richtung Westen hinüber zur Velika Paklenica wechseln, sondern immerzu auf dem Routenverlauf Richtung Südwesten bleiben. Der gut markierte Weg führt durch eine ausgeprägte Karstlandschaft mit eindrücklichen Felsformationen, zeitweise mit tollem Meeresblick.

Hinweise: Tageskarte für den Nationalpark (3–10 € pro Erwachsener für einen Tag je nach Saison) beim Eingang 2, wo es auch eine Informationsstelle gibt.

Die Mala Paklenica ist nur in der trockenen Saison von etwa Mai bis Oktober begehbar.

Im Schluchtgelände der Mala Paklenica können vereinzelt Hornvipern vorkommen.

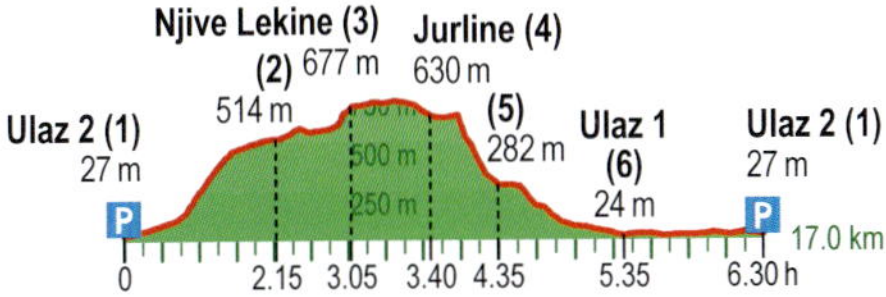

Los geht es bei der **Eingangspforte 2 (1)** des Nationalparks der Mala Paklenica. Anfänglich führt ein Weg entlang des Bachbettes bis zu einem Stauwehr. Es folgt eine kurze, durch Drahtseil gesicherte Kletterei über einen Felsblock. Schon am Anfang der Mala Paklenica sind wir in eine wilde Zauberwelt eingetaucht: Vogelgezwitscher empfängt uns, herrliche Ein- und Ausblicke öffnen sich, in den schattigen Abschnitten weht eine frische Brise, unzählige Insektenarten und Schmetterlinge schwirren umher, Kletterpflanzen ranken sich an den imposanten Felswänden hoch. Eine außergewöhnliche Zierde sind die Steinbrechgewächse, die mit ihren zarten Farben einen

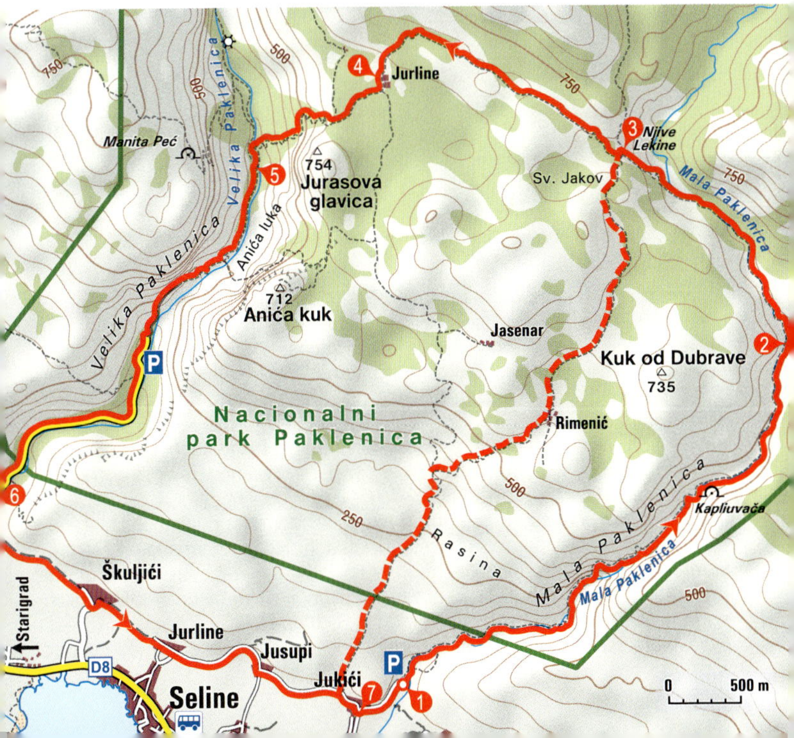

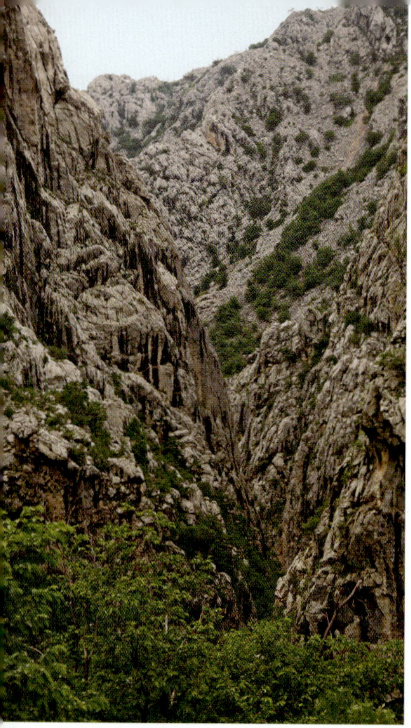

Wo der Mensch ein seltener Gast ist.

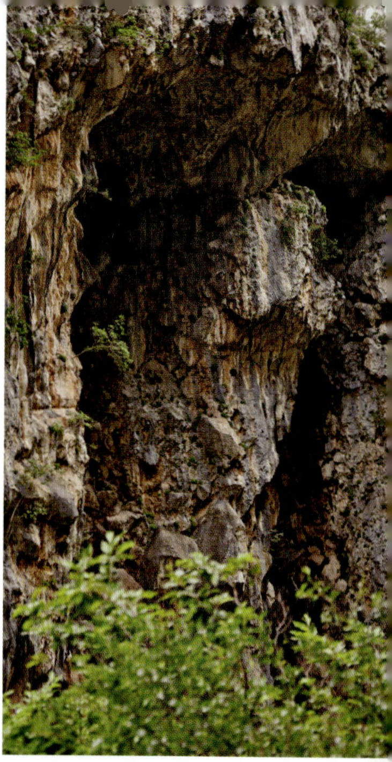

Verwitterte Felsformationen.

vollendeten Schmuck auf dem rauen Fels bilden. Ehrfurcht überkommt einen inmitten dieser Gebirgswelt, die Stille hüllt uns ein.
Abwechselnd überwinden wir steilere und flachere Aufstiege; die rot-weißen Markierungen weisen uns die Richtung. Zurückblickend sehen wir das Meer und die Inseln. Auf ein weiteres Hindernis, einen kleinen Felsriegel, hieven wir uns hinauf. Links und rechts öffnen sich Höhlen, wie rechter Hand die Kapljuvaća. Weiter oben werden die Streckenabschnitte flacher und breiter. Ab hier kommen wir schnell voran, denn der schwierige Teil mit den Felssperren liegt hinter uns.
Bei der ersten Schluchtgabelung **(2)** folgen wir dem Haupttal nach links weiter. Hier fließt bei tiefem Wasserstand, also im Hochsommer oder Herbst, zum ersten Mal Wasser im Bachbett. Vom Talboden wegführend, steigt der gut erkennbare Pfad aufwärts zur Wegkreuzung »**Njive Lekine**« **(3)** nördlich von Sveti Jakov. Hier halb links vorerst in Richtung Westen, dann nordwestlich weiter. Zu Anfang verläuft die Route entlang eines alten Gemäuers, das

eine ehemalige Kulturlandschaft umrahmt. Wir überschreiten in der Folge eine kleine Hochfläche mit dem höchsten Punkt der Tour bei 725 Metern, worauf wir in einem Linksbogen die Häuser bei **Jurline (4)** erreichen.
In Jurline geht es vorerst geradeaus weiter, um nach kurzer Zeit nach rechts auf einen Weg einzuschwenken. Bevor die hier wieder beschilderte Route in vielen Kehren steil hinunterführt, bei der Gabelung nach links. Imposante Ausblicke in die Velika Paklenica bieten sich hier. Auf dem Talboden angekommen, lassen wir Beine und Seele im kühlen Nass des Bergbaches baumeln. Kurze Zeit später beim Hauptweg **(5)** nach links bis zum Parkplatz und weiter zur **Eingangspforte 1 (6)** des Nationalparks. Kurz danach führt eine Abzweigung links über den Bach und weiter auf dem Poućna Staza (Educational path) über die Weiler Jurline und Jusupi bis zur Straßengabelung in **Jukići (7)**. Hier nach links hinüber und zurück zum Ausgangspunkt an der **Eingangspforte 2 (1)**.

Gewässer sind ein seltenes Phänomen im Karstgebirge.

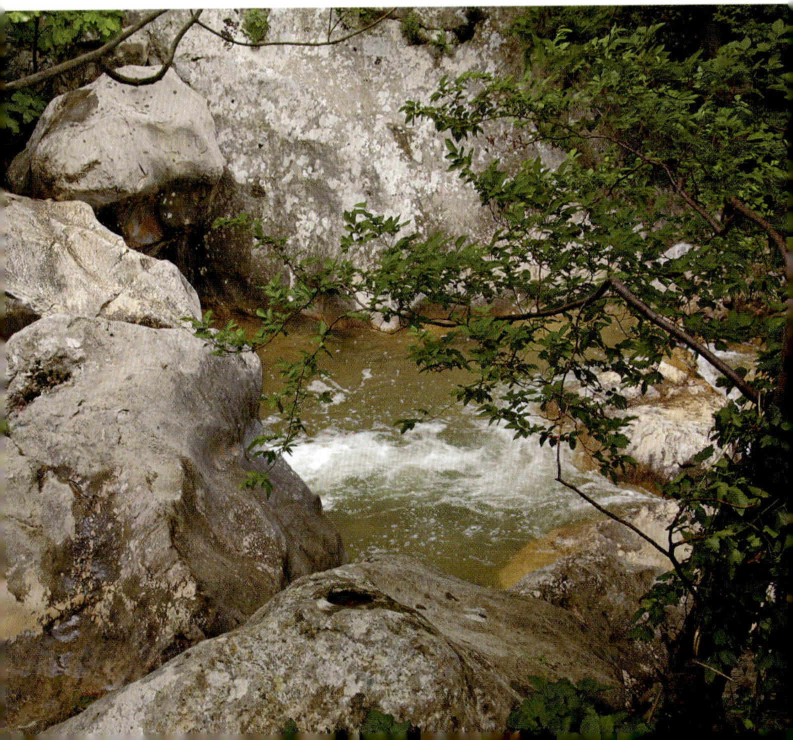

14 Paklenica: Über die Hochebene Rujno zur Kirche Sv. Bogorodica

3.30 Std.

Mystischer Wallfahrtsort in weitläufiger, abgeschiedener Karstlandschaft

Angrenzend zum Paklenica-Nationalpark durchstreifen wir abseits der Touristenströme eine fast vollständig von der Bewirtschaftung aufgegebene, von einem Bergkranz umgebene Hochfläche, welche bekannt ist für die im Frühjahr blühenden Orchideen. Das Plateau ist die ausgedehnteste Hochfläche im gesamten Velebit-Gebirgszug und war jahrtausendelang besiedelt. Bis in die 1960er-Jahre wurde die Ebene landwirtschaftlich genutzt, heutzutage zieht sie den Wanderer mit ihrer Stille in ihren Bann. Die Kirche beim Umkehrpunkt der Wanderung ist einer der Marienwallfahrtsorte von Kroatien, zu welchem jeweils zu Mariä Himmelfahrt, am 15. August, gepilgert wird. Picknicktische bei der Kirche laden zur Rast ein und machen die Tour zur perfekten Familienwanderung. Der Rückweg bietet im zweiten Teil prächtige Ausblicke auf Meer und Berge.

Idyllischer Picknickplatz bei der Kirche Sv. Bogorodica.

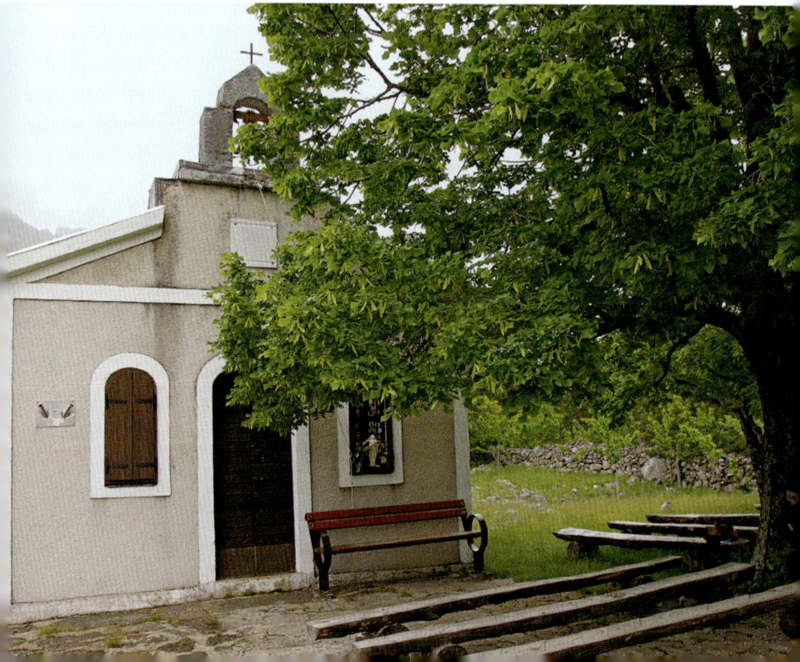

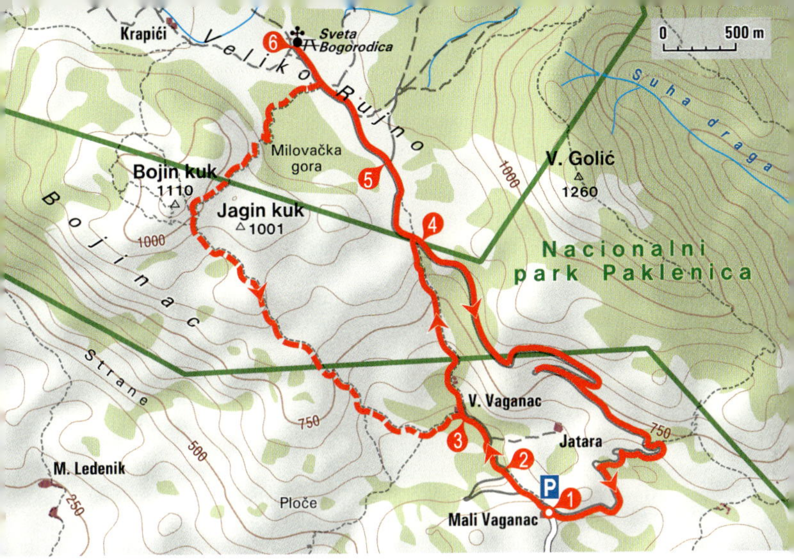

Ausgangspunkt: Parkplatz bei Mali Vaganac.
Autoanfahrt: Vom Nationalpark-Zentrum in Starigrad Paklenica auf der Küstenstraße nordwestwärts Richtung Karlobag. Nach rund 1 km beim Schild »Veliko Rujno« nach rechts abzweigen. Dann immerzu den Richtungsschildern nach über den Weiler Dokaze bergwärts bis zum Ende der Straße.
Höhenunterschied: 430 m.
Anforderungen: Beim Schlussaufstieg zur Hochebene Veliko Rujno ist etwas Orientierungssinn im unwegsamen Macchia-Gelände nötig. Der Pfad ist hier stellenweise nicht gut auszumachen. Genügend Wasser mitnehmen, gutes Schuhwerk, Wanderstöcke nach Bedarf. Die Rundwanderung verläuft beim Abstieg auf einem Fahrsträßchen, das angenehm zu begehen ist (kein Schotter).
Beste Jahreszeit: April bis November.
Einkehr: Keine.
Varianten: 1) Abstieg wie Aufstieg.
2) Achtung, für kleine Kinder nicht geeignet und erfahrenen Wandernden vorbehalten: Beim Rückweg ist nach einigen Minuten ab der Kirche rechts auf einem Stein das Kreuzungszeichen Bojinac zu beachten. Hier nach rechts, worauf die Route alsbald ins Unterholz eintaucht. Hinter dem Wald geht es eine steile Anhöhe hoch, mit tollem Ausblick. Von hier hinunter zur Grasebene bei Jagin kuk und von dort an spektakulären Felsgebilden vorbei über Veliki Vaganac zurück zum Parkplatz (ab Kirche rund 4 Std.).

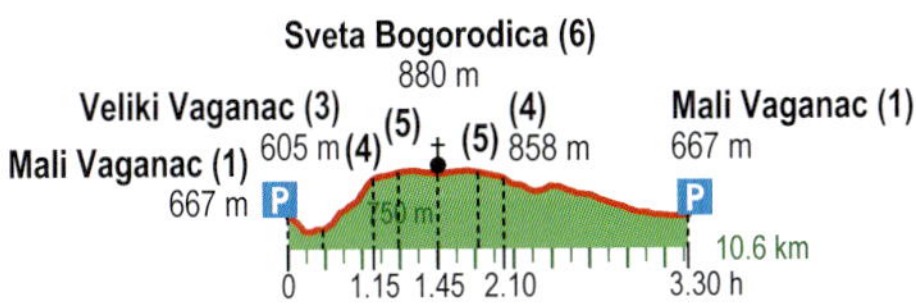

Wir starten am Anfang des Parkplatzes bei **Mali Vaganac (1)** und steigen gemäß dem Schild »Veliko Rujno« einige Meter hinab, wo wir auf eine Schotterstraße stoßen. Auf dieser geht es einige Meter links, worauf wir in der Nähe des Schildes »Jatara« auf den Pfad mit der gut ersichtlichen rot-weißen Markierung abzweigen. Durch die Macchia gelangen wir in rund 10 Min. zu einem Natursträßchen **(2)**, auf dem es rechts weitergeht. Wir ignorieren die folgende Abzweigung nach Jatara und steuern hier direkt auf den Bojin kuk zu.

Beim ersten Steinhaus von **Veliki Vaganac (3)** bleiben wir auf dem Natursträßchen (nicht Abzweigung links nach Bojinac) und durchschreiten in der Folge die Streusiedlung Richtung Veliko Rujno (Signalisierung). Wir passieren nun ein Schild »Nationalpark«, worauf ein Pfad durch Gebüsch und karstigen Untergrund hochführt, welcher nicht überall gut erkennbar ist. Ein Schrein mitten in der Wildnis vermittelt mit der Beschilderung von 30 Min. bis Veliko Rujno zeitliche und örtliche Orientierung. Zurückschauend erblicken wir den Parkplatz bei Mali Vaganac und das Meer dahinter. In Bälde mündet der Pfad nahe bei einer Schranke in ein nicht geteertes Fahrsträßchen ein **(4)**. Auf diesem nach links weiter, womit wir in Kürze auf der Hochfläche angelangt sind, welche sich ohne eigentlichen Passübergang vor uns ausbreitet. Bei der folgenden Verzweigung **(5)** geht es nach links Richtung Bojinac

Traditionelles Steinhaus auf der Hochebene Veliko Rujno.

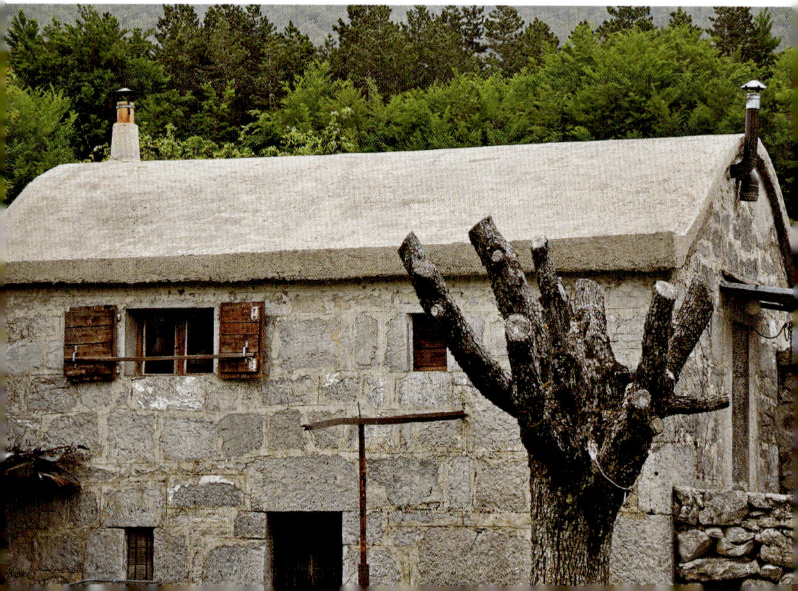

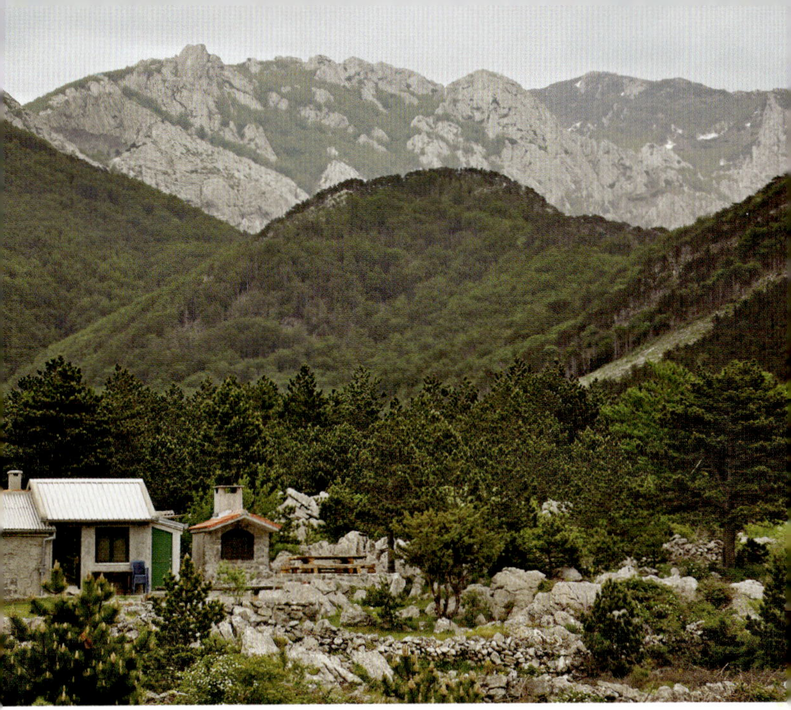

Aufziehendes Gewitter im südlichen Velebit-Gebirge.

sowie »Crkva« (= Kirche, unser Ziel) weiter. Wir ignorieren die folgenden Abzweigungen und gelangen im flachen Gelände an Wegmarkierungen entlang zum Tagesziel, der Kirche **Sveta Bogorodica (6)**, 880 m, die unweit von einigen Steinhäusern gelegen ist. Richtung Südwesten fällt der Blick auf das Bojinac-Massiv mit dem Bojin kuk; bei den Bänken unter einem Baum lässt sich bestens rasten.

Bis zur Schranke **(4)** nehmen wir dieselbe Route und gehen hier geradewegs auf der Naturstraße weiter. Der Blick fällt dabei auf das Meer und die Insel Pag, während im Südosten die beiden Einschnitte der Paklenica-Schluchten auszumachen sind. Die Grenze zum Nationalpark verläuft zeitweise exakt auf dieser ungeteerten Straße, die mit wenig Gefälle in lang gezogenen Schleifen abwärtsführt. Ganz unten angelangt, wählen wir bei der Gabelung die rechte Variante.

Wenige Meter weiter geht es nach links hinauf zum Parkplatz bei **Mali Vaganac (1)**, dem Ausgangspunkt unserer Runde.

15 Paklenica: In einer Schleife zur Felsnase des Bojin kuk, 1110 m

6.15 Std.

Grandiose Bergtour inmitten einer urtümlichen Felslandschaft

Das Bojinac-Massiv ist landschaftlich anders gegliedert, aber ebenso attraktiv wie die benachbarten Paklenica-Schluchten. Alle Eigenschaften, welche eine komplette Bergtour ausmachen, sind hier gegeben: Ganz zu Anfang für ein kurzes Stück durch Macchia, worauf sich liebliche Wiesengründe abwechseln mit Gebüsch und Wald, dann als erster Höhepunkt archaisch wirkende Felsgebilde. Die Umrundung des Bojin kuk führt durch eine abwechslungsreiche, alpin anmutende Szenerie. In der Folge führt ein Passübergang hinüber zum Schlussaufstieg, wo es Felsplatten zu traversieren gilt. Ganz zuoberst ist das Panorama mit Meer und Bergen unvergleichlich.

Kurz vor dem Gipfel fällt der Blick hinunter nach Starigrad Paklenica.

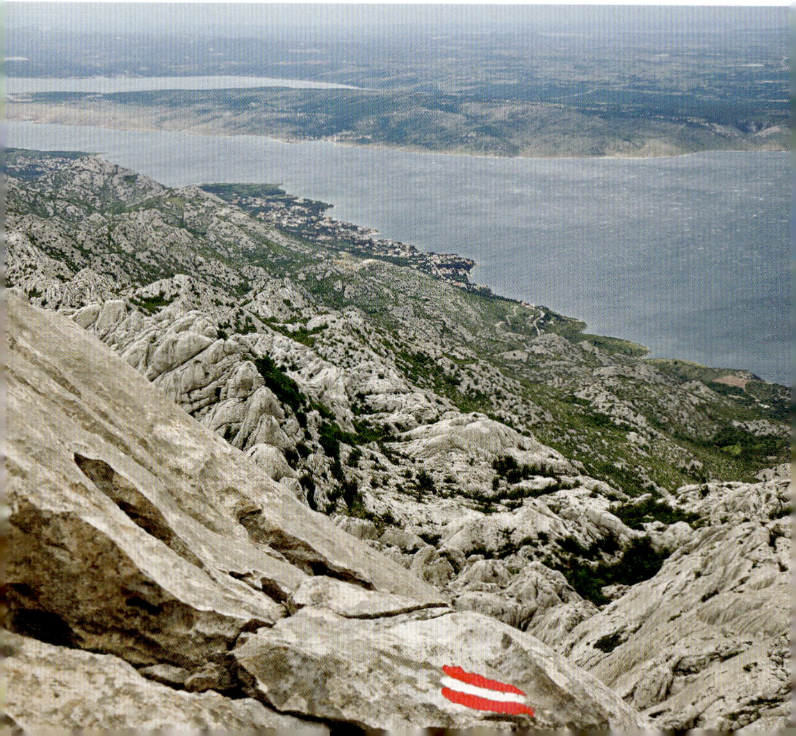

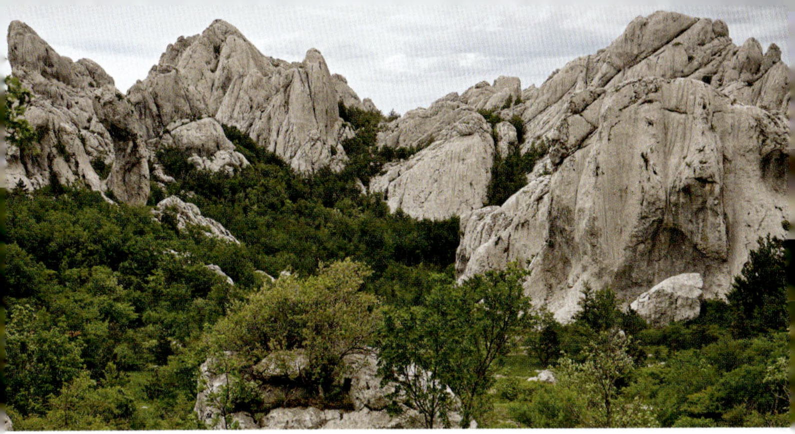

Wo die Wildnis allgegenwärtig ist.

Ausgangspunkt: Parkplatz bei Mali Vaganac. Autoanfahrt siehe Tour 14.
Höhenunterschied: 860 m.
Anforderungen: Passagenweise ist Orientierungssinn im unübersichtlichen Gelände von Vorteil, die Route ist aber größtenteils gut markiert. Erforderlich ist im Schlussaufstieg und insbesondere beim ersten Teil des Abstiegs Trittsicherheit und Schwindelfreiheit. Diese Passage auf Felsplatten zwischen Wegpunkt 10 und 11 ist ausgesetzt, aber mit Stahlseilen gesichert (nur für Geübte!). Wenn die Bora bläst, ist von einer Besteigung des obersten Teils abzuraten, ebenso bei Nässe. Genügend Wasser mitnehmen und gutes Schuhwerk ist selbstverständlich. Wanderstöcke nach Bedarf.
Beste Jahreszeit: Mai bis Oktober.
Einkehr: Keine.
Varianten: Im Gipfelbereich gibt es verschiedene Möglichkeiten, je nachdem, welche Strecken man lieber im Aufstieg und welche im Abstieg bewältigt:
1) Von Wegpunkt 5 nach links und kurze Zeit später nach rechts. Weiter oben rund 20 bis 30 m im Block- und Geröllgelände rechter Hand des Felsmassivs des Bojin kuk aufsteigen (gut markiert).
2) Abstieg wie Schlussaufstieg, also zurück zu Wegpunkt 8 (länger, aber einfacher, der ausgesetzte Abstieg zu Wegpunkt 11 wird damit umgangen).
3) Umgekehrte Reihenfolge von Auf- und Abstieg, so wird die ausgesetzte Passage im Aufstieg genommen (längere Variante).
4) Ohne Umrundung des Bojin kuk: Hinweg über Wegpunkte 11 und 9 auf den Gipfel und derselbe Rückweg oder wie Varianten 2 und 3 zu Wegpunkt 8.
Hinweis: Es können vereinzelt Hornvipern vorkommen, deshalb erhöhte Vorsicht, wohin man tritt oder greift.

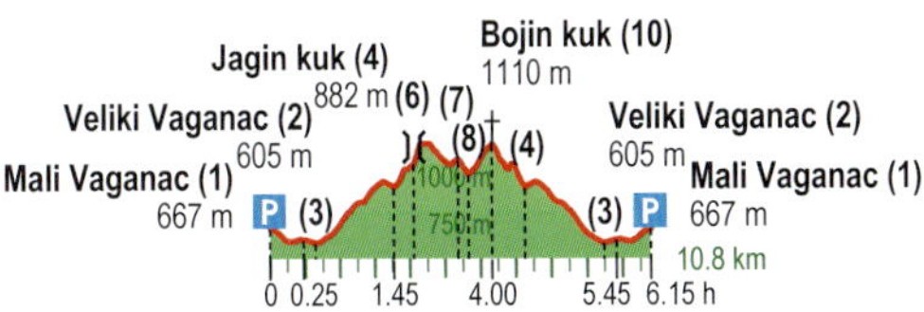

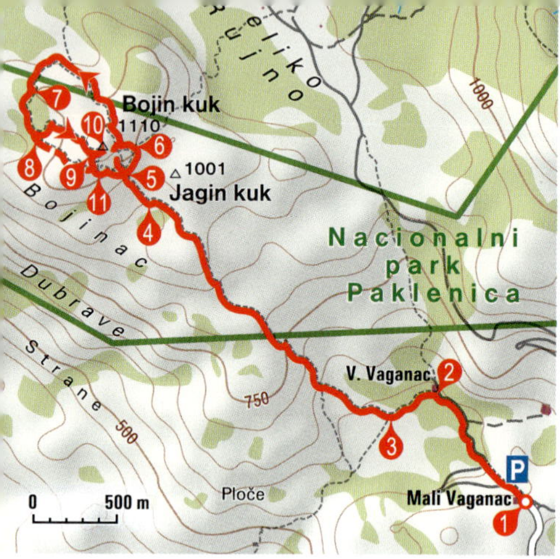

Wir starten am Anfang des Parkplatzes bei **Mali Vaganac (1)** und steigen gemäß dem Schild »Veliko Rujno« einige Meter hinab, wo wir auf eine Schotterstraße stoßen. Auf dieser geht es einige Meter links, worauf wir in der Nähe des Schildes »Jatara« auf den Pfad mit der gut ersichtlichen rot-weißen Markierung abzweigen. Durch die Macchia gelangen wir in rund 10 Min. zu einem Natursträßchen, auf dem es rechts weitergeht. Wir ignorieren die folgende Abzweigung nach Jatara und steuern hier direkt auf den Bojin kuk zu.

Beim ersten Haus von **Veliki Vaganac (2)** verlassen wir das Natursträßchen in einem rechten Winkel nach links (Schild Bojinac). Linker Hand von zwei Steinhäusern (das zweite davon ist verfallen) führt die Route einen Zaun entlang, um dann nach links in ein Wäldchen einzutauchen. Der nun gut erkennbare Pfad führt abwechslungsweise durch Wald, Wiesen und Gebüsch und ist von Zeit zu Zeit mit rot-weißen Kreisen markiert. Bei der folgenden Gabelung **(3)** geht es nach rechts weiter in Richtung Bojinac. Leicht ansteigend, teils durch Gebüsch halten wir uns an die Markierungen. Es folgt eine weitere Verzweigung, wo wir wiederum die rechte Variante wählen, geradewegs aufsteigend, ohne Signalisierung. Das Schild »Nationalpark Paklenica« weist darauf hin, dass wir diesen nun verlassen.

Eine unscheinbare Anhöhe markiert den Beginn einer Passage durch Gebüsch. Spektakulär mutet das nächste Teilstück an: Die Szenerie ist geprägt durch riesige Felsgebilde – wie wenn ein Riese überschüssige Kraft gehabt hätte. Nach der Fläche steigt der rot-weiß markierte Pfad wieder an. Rechter Hand eines Felsungetüms erreichen wir den nächsten kleinen Übergang, vor uns liegt die Wiesenfläche von **Jagin kuk (4)**, die von riesigen Felsformationen durchsetzt ist. Unsere Route führt in gerader Richtung weiter, bald einmal aufsteigend. Bei der folgenden Verzweigung **(5)** halten wir uns rechts Richtung Veliko Rujno (Route mit Signalisierungen »Bojin kuk« nach links und dann nach rechts ist schlecht markiert und deshalb schwierig begehbar, vgl. Variante 1). Einige Meter unterhalb des breiten Passüberganges **(6)** erspähen wir links oben eine rot-weiße Markierung auf einem Felsblock, den wir nun anpeilen.

Wir steuern nun auf das unübersehbare Felsmassiv des Bojin kuk zu. In gebührendem Abstand zur gewaltigen Felswand dreht die Route nach Nordwesten. Auf der folgenden Höhe haben wir einen Ausblick auf die nordwestliche Hälfte der Hochebene Veliko Rujno. In kupiertem Gelände umrunden wir Schritt für Schritt den Bojin kuk, mal in näherer, mal in weiterer Distanz. Die Route ist auch in diesem Abschnitt meist gut markiert, etwas weiter vorne ist auf einem Stein die Gehrichtung mit einem Pfeil »Bojinac« angegeben. Wieder nahe beim Felsmassiv, führt die Route bis zu einer Scharte hinauf **(7)**, welche eine erste Ahnung vom Panorama ganz zuoberst vermittelt. Von hier steigen wir durch ein Wäldchen kurz ab, rechter Hand ist die Szenerie mit Felstürmen gespickt. Auf einem Wiesengrund stoßen wir auf eine unscheinbare Gabelung **(8)**, wo wir uns nach links wenden. Die Signalisierung auf einem Stein »Bojin kuk« weist darauf hin, dass wir hier richtig sind, kurz darauf markiert eine Felsplatte den Einstieg in den Aufstieg, welcher ausreichend markiert ist. Weitere Felsplatten gilt es zu traversieren, danach führt eine Rille direkt Richtung Gipfel. Bei der Pfadgabelung **(9)**, wo es nach rechts hinuntergeht, halten wir uns links und schon sind wir auf dem Gipfel des **Bojin kuk (10)**, 1110 m. Der Blick fällt hinunter zur Küste, auf das Meer mit den vorgelagerten Inseln und auf Starigrad Paklenica. Gleich daneben sind die beiden Einschnitte der Paklenica-Schluchten auszumachen, während sich Richtung Nordosten die Hochebene Veliko Rujino erstreckt. Zurück bei der Pfadgabelung **(9)** folgen wir den Markierungen nach links hinunter. Weiter unten wechseln sich mit Stahlseilen gesicherte, ausgesetzte Querungen von Felsplatten mit steilen, in der Direttissima abwärtsführenden Passagen ab. In wieder einfachem Gelände stoßen wir auf eine Gabelung **(11)**, wo nach links auf Veliko Rujno und Starigrad verwiesen ist. Hier also nach links weiter und bei der folgenden Gabelung nach rechts. Kurze Zeit später, bei der Verzweigung **(5)**, an der wir beim Aufstieg waren, nach rechts hinab weiter. Von **Jagin kuk (4)** geht es auf derselben Route wie beim Hinweg zurück zum Parkplatz bei **Mali Vaganac (1)**.

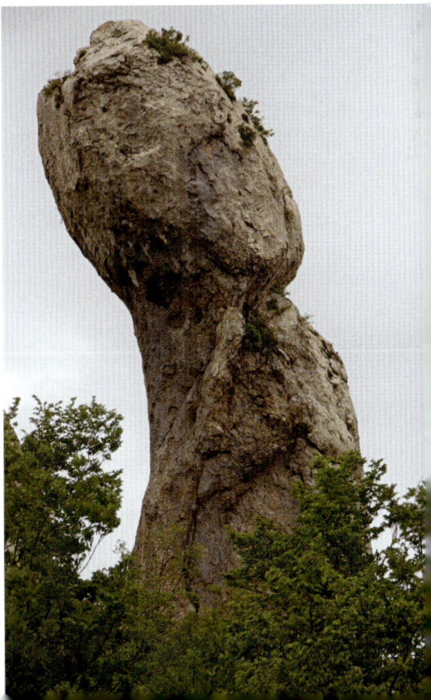

Felsungetüm bei Jagin kuk.

16 Insel Pag: Von Kolan auf den Sveti Vid, 349 m

2.30 Std.

Durch karge Mondlandschaft auf den höchsten Punkt der Insel Pag

Aus verschiedenen Himmelsrichtungen kann die höchste Erhebung von Pag, der Sv. Vid, bestiegen werden. Ausgangspunkt hier ist die Ortschaft Kolan, welche als landwirtschaftliches Zentrum der Insel Pag gilt. Die Salbei- und Immortelle-Gewächse, welche wir unterwegs antreffen, bilden die Nahrungsgrundlage der Pager Schafe und sind somit auch für den besonderen Geschmack des bekannten Käses ausschlaggebend. Die bizarre Steinwüste kontrastiert mit tiefblauem Süßwasser und allgegenwärtig mit dem türkisblauen Meer und dem Grün der Macchia-Sträucher. Weites Land – weiter Himmel: So weit das Auge reicht, erstrecken sich Steinmauern. Neben einem verfallenen Gemäuer können wir uns oben in das »Gipfelbuch« eintragen.

Ausgangspunkt: Kirche in Kolan; Parkplätze in der Ortschaft. Busverbindung nach Novalja und Pag, Haltestelle bei der Kirche.
Anreise zur Insel Pag: von Zadar aus erreichbar oder mit der Fähre von Prizna (an der Küste zwischen Jablanac und Karlobag gelegen), auch als Autobus-Verbindung: www.jadrolinija.hr/de.
Höhenunterschied: 230 m.
Anforderungen: Wanderschuhe oder gute Trekkingschuhe im Kalksteingelände beim teils weglosen Schlussaufstieg empfohlen. Wanderstöcke nach Bedarf.
Einkehr: Kolan; unterwegs keine.

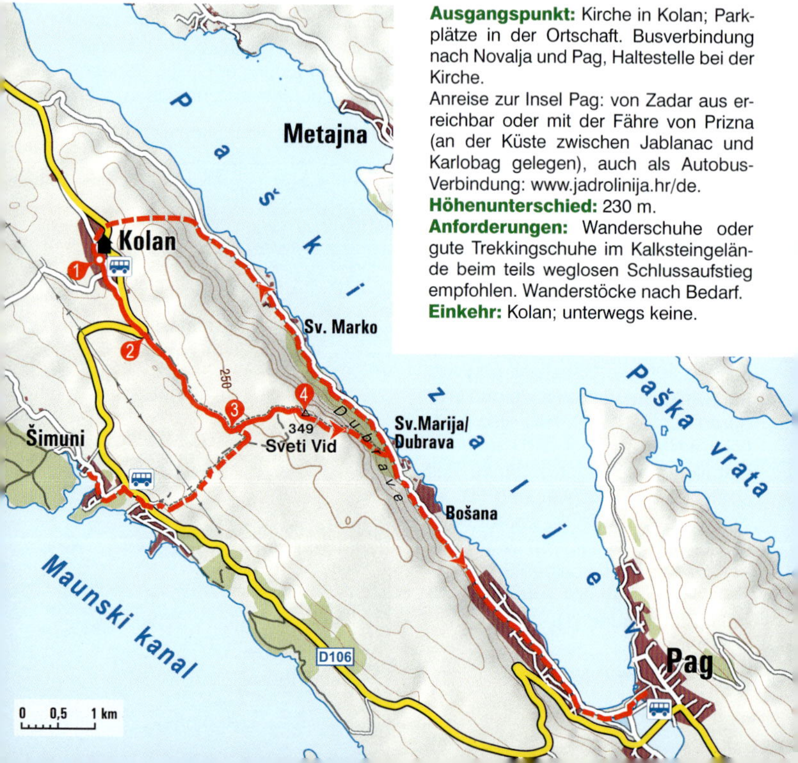

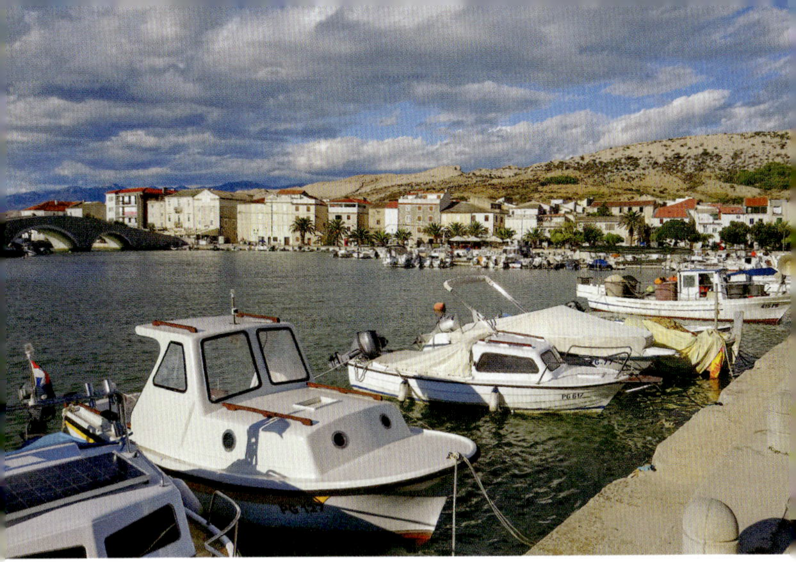

Der kleine Hafen von Pag.

Varianten: 1) Abstieg nach Šimuni (Einkehr, von dort Busverbindung nach Pag und Kolan): Von der Gabelung bei Wegpunkt 3 in Gehrichtung weiter entlang der Doppel-Trockenmauer. Nach 10 Min. bei einem Steinmännchen, in einiger Distanz vor einer langen Trockenmauer, nach rechts. Am Schluss des markierten Abstieges, vor einem kleinen Hain, nach rechts, die Mauer entlang zu einem Gatter. Nach links und am Haus vorbei bis zur Hauptstraße Kolan–Pag. Schräg gegenüber befindet sich eine Bushaltestelle. Rechts und dann nach links abzweigend führt die Straße in wenigen Minuten nach Šimuni. Gehzeit ab Wegpunkt 3 (Gabelung) gut 30 Min.
2) Steiler, anspruchsvoller Abstieg nach Sv. Marija/Dubrava: Vom Sv. Vid über einige Felsblöcke zu einer Felsrinne, die über ca. 10 m ein wenig ausgesetzt ist. Der gut markierte Pfad schlängelt sich in Serpentinen, an einer Felsnase vorbei hinunter. Unterhalb einer imposanten Felswand führt der Weg nach links weiter. In der Folge durch Eichenwald abwärts und markiert weiter bis Sv. Marija/Dubrava (Gehzeit gut 30 Min.). Von hier entweder nach rechts auf dem Fahrsträßchen bis Pag oder links als Rundwanderung zurück bis Kolan. Auf der unbefestigten Fahrstraße geht es an der Streusiedlung Sv. Marko vorbei, bis nach links ein mehr oder weniger gut sichtbarer Pfad wegführt. An einem Schafstall vorbei, kommen wir auf die Hauptstraße (keine Markierungen, teils nur Pfadspuren). Von dort nach links in kurzer Zeit nach Kolan (gesamte Rundwanderung: ca. 3.15 Std.).
Hinweis: Busfahrplan und Übersichtskarte zu Pag im Tourismusbüro der Ortschaft Pag erhältlich.

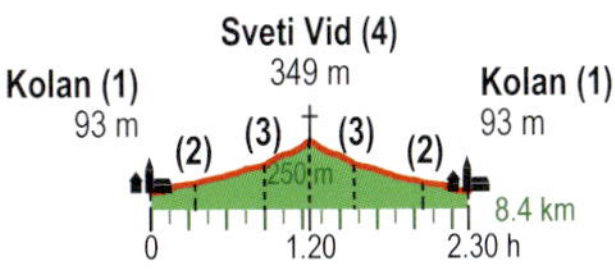

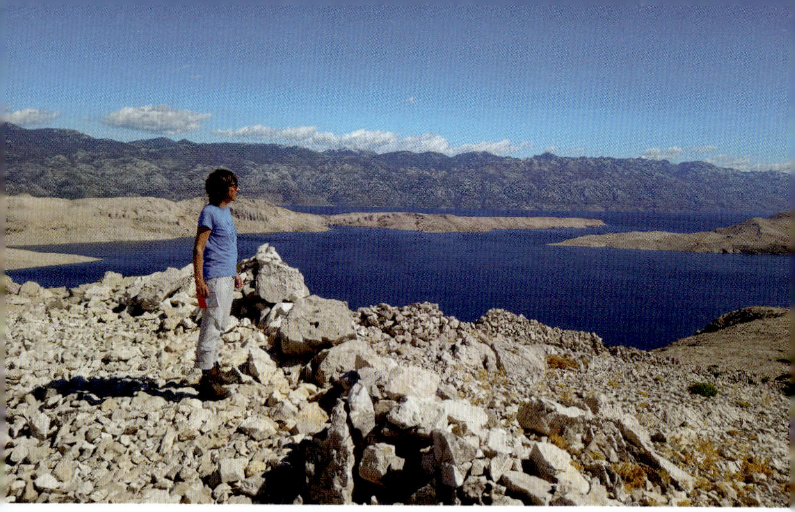

Sicht vom Sveti Vid auf den Velebit-Höhenzug.

Wir starten bei der Kirche in **Kolan (1)** und wandern südostwärts auf der Ortsstraße, bis diese in die Umfahrungsstraße einmündet. Dieser folgen wir in Richtung Pag nach rechts, worauf nach kurzer Zeit am Anfang einer Kurve (Wegweiser »Sveti Vid«) ein Feldweg **(2)** links abzweigt. Das fruchtbare Tälchen führt durch eine vielfältige Kulturlandschaft mit Viehställen und einer abwechslungsreichen Vegetation. Gegen den Schluss hin wechselt die Route von der linken auf die rechte Seite des Tälchens, der Kulturweg führt hier an schattigen Hainen vorbei. So gelangen wir zu einer Wegkreuzung **(3)**, wo wir nach links abbiegen. Weiter vorne zweigt nach rechts der Weg nach Šimuni ab (Variante 1).
Jetzt geht es entlang der wie an einer Perlenschnur aneinandergereihten Steinmännchen. Die weitere Route verläuft an einem See vorbei, ein funkelndes Kleinod inmitten dieser Mondlandschaft, und eine Trockenmauer entlang, welche eine Weidefläche umgibt. Inmitten der Steinwüste mit ihrem Salbeigestrüpp sind Wegspuren erkennbar. Weiter aufsteigend dienen erneut Steinmännchen als Orientierungspunkte. Das Panorama vom **Sveti Vid (4)**, 349 m, ist beeindruckend: im Norden die Ortschaften bis zur Spitze der Insel Pag, im Südwesten die Insel Dugi Otok und im Süden die Lagune beim Hauptort Pag. Hinter der geschützten Pager Bucht türmt sich majestätisch das Velebitgebirge auf, wo die Passstraße von Karlobag nach Baške Oštarije und die leuchtend weißen Kalkgipfel der Dabarski kukovi gut auszumachen sind.
Der **Rückweg** verläuft wie der Hinweg.

2.30 Std.

Insel Pag: Von Povljana zum Vogelreservat Veliko Blato

17

Binnensee vor der grandiosen Kulisse des Velebit-Gebirges

Das ornithologische Reservat von Veliko Blato, was »große Sumpflandschaft« heißt, strahlt eine ganz eigene Atmosphäre aus. Das stille Gewässer mit den Schilfgürteln inmitten der urtümlichen Mondlandschaft von Pag stellt eine grüne Oase im Karstgebiet dar. Die Insel Pag ist bekannt für ihre Sumpflandschaften, in denen etliche Libellen- und Vogelarten zu Hause sind, welche in diesen Feuchtgebieten nisten oder auf ihrer Reise von Nord nach Süd innehalten. Je nach Jahreszeit lassen sich unterschiedlich viele Arten von Vögeln beobachten. Unterwegs ziehen sich Steinmauern durch die karge Landschaft, so weit das Auge reicht.

Das Vogelreservat von Veliko Blato in karger Landschaft.

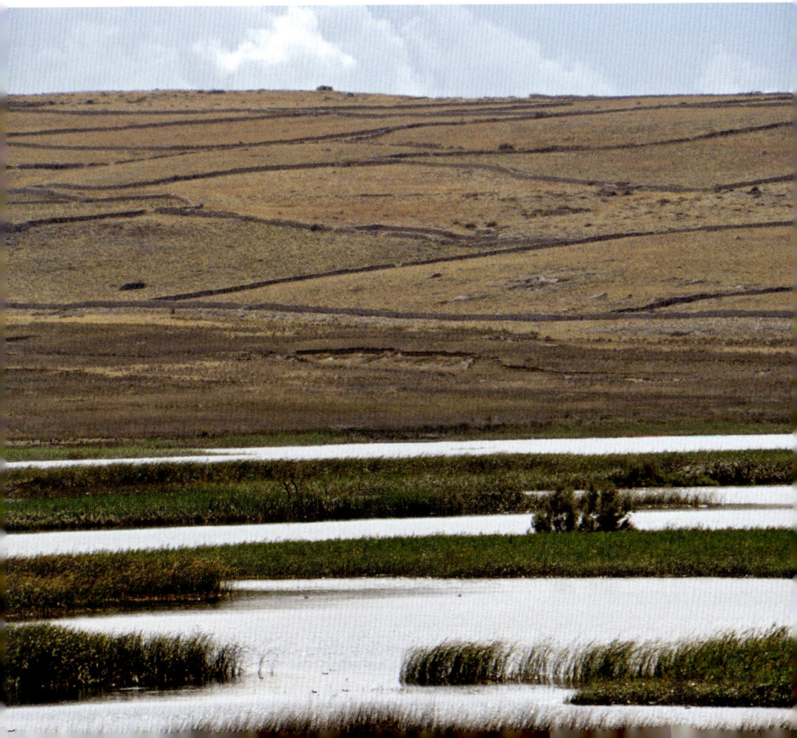

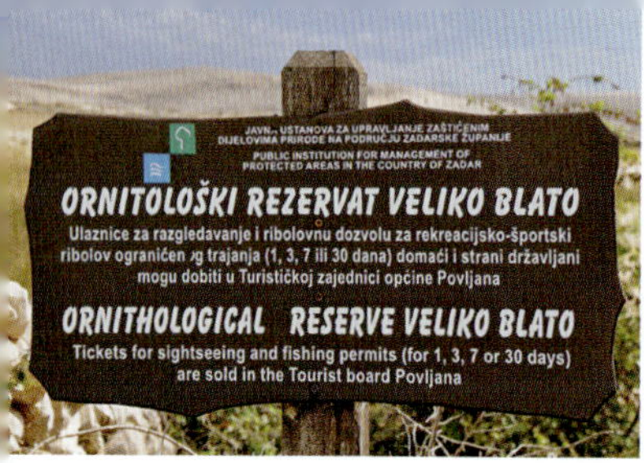

Rund 140 Zugvogelarten machen hier einen Zwischenhalt.

Ausgangspunkt: Bäckerladen (Bakery) bei der Autobus-Haltestelle in Povljana (von der Kirche rund 250 Meter nordwärts). Der Autobus verkehrt ein bis drei Mal pro Tag nach Pag, Zadar oder Split. Die Parkplätze sind mit Tafeln ausgeschildert. Kleines Tourismusbüro in der Nähe. Anreise zur Insel Pag: Von Zadar aus erreichbar oder mit der Fähre von Prizna (an der Küste zwischen Jablanac und Karlobag gelegen), auch als Autobus-Verbindung: www.jadrolinija.hr/de.
Höhenunterschied: 50 m.
Anforderungen: Keine besonderen.
Einkehr: Povljana; unterwegs keine.
Hinweise: Zurzeit ist die Infrastruktur rund um das Vogelreservat in einem reparaturbedürftigen Zustand und die wenigen verbliebenen Informationstafeln sind veraltet. Fernglas für Vogelbeobachtungen mitnehmen! Weitere Informationen: pag-outdoor.com.

Vor der Kulisse des Velebit-Gebirgskamms am Veliko Blato entlang.

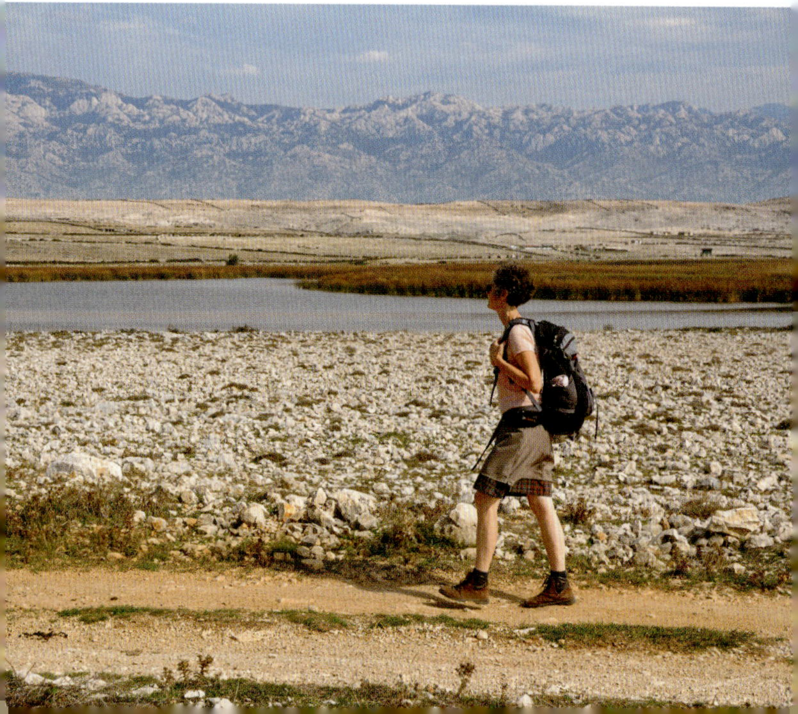

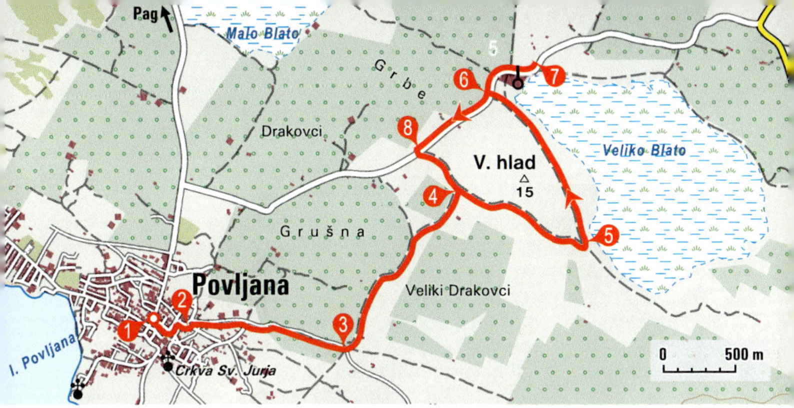

Ausgangspunkt ist der Bäckerladen mitten in **Povljana (1)**. Von hier wenden wir uns Richtung Südosten, anfangs auf der Ulica Miroslava Krleže. Nach gut 100 Meter geht es nach links weiter, wenig später in die zweite Straße nach rechts. Bei den letzten Häusern **(2)** angelangt, biegen wir bei einer Tafel nach links ab und dann gleich nach rechts. Dieses Nebensträßchen führt ortsauswärts bis zu einer Kreuzung **(3)**, wo wir entsprechend der roten Markierung nach links weiterwandern.

Die flache, karge Karstlandschaft wird durch Schafe beweidet, die Schäferhütten und die Steinmauern zeugen davon. Vor uns türmt sich das Velebit-Gebirge auf und im Westen erhebt sich der Sveti Vid. Weiter fortschreitend zeichnen sich erste Umrisse des Stehgewässers ab, eine grüne Oase. Bei der folgenden Verzweigung **(4)**, an der auch der Rückweg entlangführt, biegen wir nach rechts ab und gelangen so zum Seeufer des **Veliko Blato (5)** und somit auch zum gleichnamigen ornithologischen Reservat.

Wir folgen dem Pfad am Seeufer nach links bis zur wenig befahrenen Autostraße **(6)**, auf der wir ein kurzes Stück nach rechts wandern. Bei einer Schautafel angelangt, kann die Aussicht auf den Schilfgürtel und den See genossen werden **(7)**. Hier nisten rund 50 Vogelarten und im Frühjahr und Herbst legen rund 140 Zugvogelarten hier einen Aufenthalt ein.

Zurück beim Wegpunkt **(6)** folgen wir ein kurzes Stück der schmalen Autostraße Richtung Povljana. Bei der nächsten Abzweigung **(8)** schlagen wir den Feldweg nach links ein, der uns über den Wegpunkt **(4)** auf dem vom Hinweg bekannten Weg zurück zu unserem Ausgangspunkt in **Povljana (1)** führt.

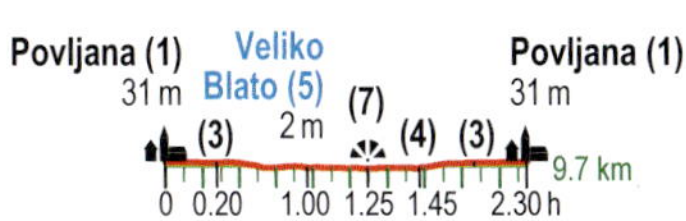

18 Insel Pag: Hiking on Mars-Trail

3.15 Std.

Bizarre Karstlandschaft und glitzerndes Meer

In einem der abgelegensten Teile der Insel Pag finden wir eine unwirtliche Steinwüste vor, die ihresgleichen sucht und für ein seltenes Naturerlebnis sorgt. Die Einöde wirkt geradezu endlos! Wie auf dem Meer ringsherum findet unser Auge nur wenige Anhaltspunkte, um Distanzen abzuschätzen. Dieser Eindruck wird verschärft durch das sich im Norden und Osten auftürmende Velebit-Gebirge. Von dort kann die Bora böenartig einfallen, sie verhindert das Aufkommen von Vegetation. Trotzdem finden die Schafe selbst hier ihr Futter zwischen den unzähligen, bizarr geformten Gesteinsformationen. In scharfem Kontrast dazu steht das Blau des Meeres. In der zweiten Hälfte der Tour passieren wir Meeresbuchten, wo wir in das Wasser eintauchen können – zumindest mit den Füßen, falls die Bora bläst.

Ausgangspunkt: Hafenbecken von Metajna mit Einkehrmöglichkeit, Parkplatz und Autobushaltestelle (nur wenige Busverbindungen). Kleines Tourismusbüro in der Nähe. Weitere Parkplätze bei der Bucht Ručica, mit saisonaler Einkehrmöglichkeit.
Anreise zur Insel Pag: Von Zadar aus erreichbar oder mit der Fähre von Prizna (an der Küste zwischen Jablanac und Karlobag gelegen), auch als Autobus-Verbindung: www.jadrolinija.hr/de.

Höhenunterschied: 280 m.

Anforderungen: Meist rot-weiß markierte und gut erkennbare Pfade. Robuste Wanderschuhe und genügend Wasser mitnehmen. Wanderstöcke nach Bedarf.

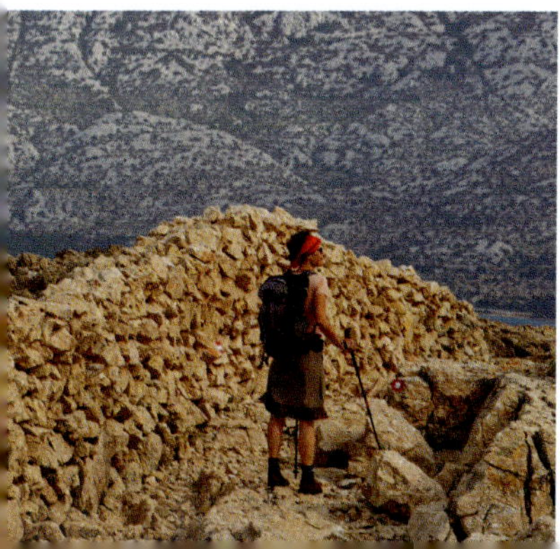

Einkehr: In Metajna, unterwegs keine.

Varianten: 1) Bei der Verzweigung (3), an der eine Rinne nach links hinunter zur Meeresbucht Uvala Seline führt, nach rechts in Richtung Südwesten zum Aussichtspunkt Panos (218 m). Von dort in nordwestlicher Richtung an der Erhebung des Visoka Strana vorbei bis nach Metajna (2.45 Std., 285 Hm).
2) Von Wegpunkt 4 aus Abstecher hinunter zur Uvala Slana (je 5 Min. und 20 Hm abwärts und aufwärts).
3) Abstecher hinunter zur Uvala Beretnica und weiter vorne wieder hoch zur Normalroute (6). Insgesamt rund 15 Min. länger als auf der Normalroute, je 50 Hm auf- und abwärts.

Hinweis: Kurz vor Wegpunkt 4 quert die Route das Gelände des ehemaligen NS-Zwangsarbeiterlagers Metajna, das vor Ort aber nicht mehr als solches erkennbar ist (bundesarchiv.de/zwangsarbeit/haftstaetten/index.php?action=2.2&tab=7&id=100000005).

Gewaltige Steinmauern am Sattel (Wegpunkt 2) …

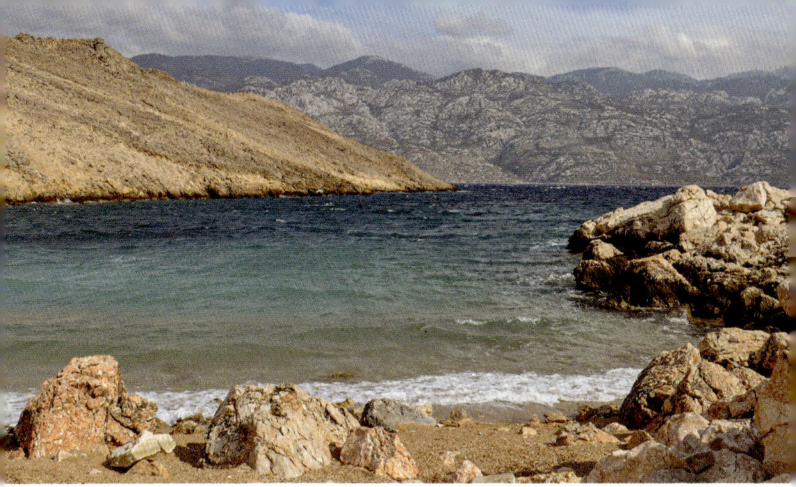

… und ebenso mächtig, wie sich das Velebit-Gebirge hinter der Seline-Bucht auftürmt.

Vom kleinen Hafenbecken von **Metajna (1)** kommend, überqueren wir die Hauptstraße, auf der wir bei der Anreise hergekommen sind, steigen gegenüber der Pizzeria Riva nordwärts auf und halten uns gleich darauf an der Gabelung links. Eine Nebenstraße führt in rund 5 Minuten bis zu einem Schild »Life on Mars-Trail«, hier gehen wir nach rechts entlang der roten Markierungen weiter hoch. Am Ende des geteerten Sträßchen wandern wir rechts vorbei an einem kleinen Sportplatz. Hinter ihm biegen wir nach links, wo es erst an einem kleinen Föhrenwald vorbei und anschließend gut markiert durch urtümliches Karstgelände steil aufwärts geht.

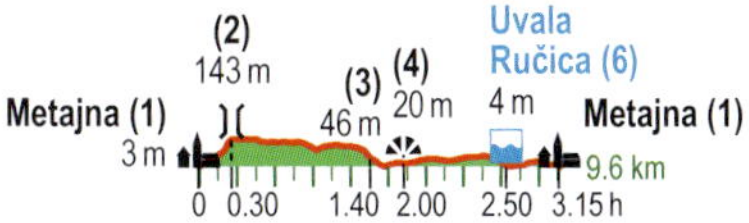

Auf dem Sattel (**2**) angekommen, durchschreiten wir eine Steinmauer und wandern eben rechts von einer weiteren Steinmauer. Auf der steinigen Hochebene geht es immerzu in Richtung Velebit-Gebirge weiter, das sich hinter dem Meereskanal auftürmt. Bei klarer Sicht ist die Passstraße von Karlobag hinüber

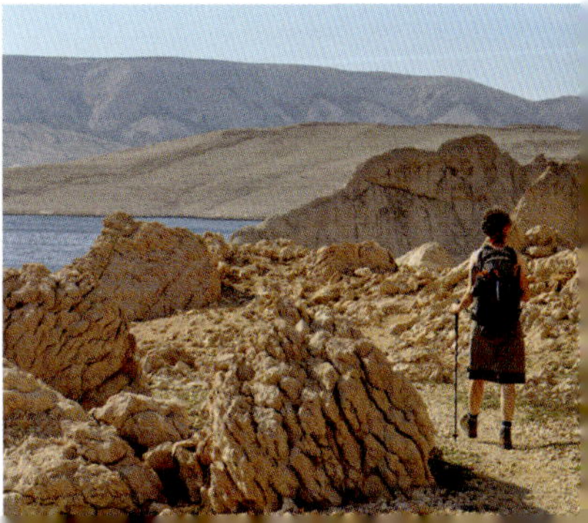

Durch bizarre Felsformationen.

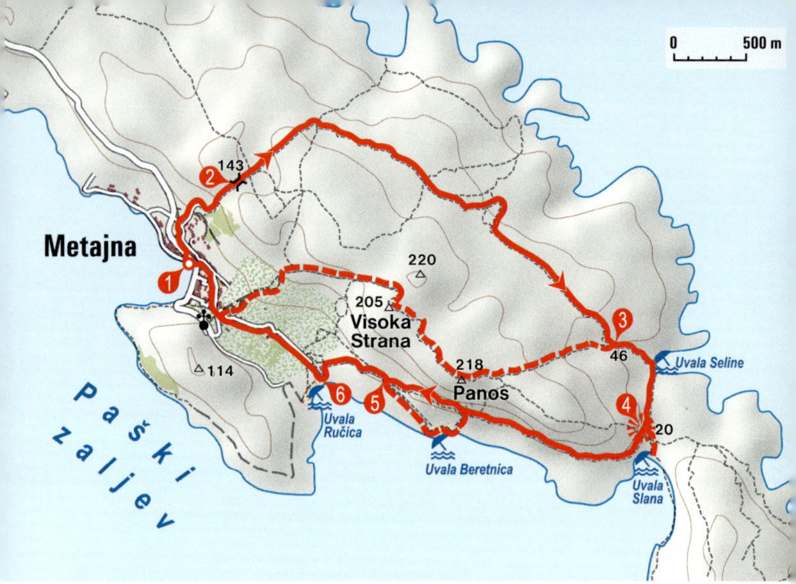

nach Gospić auszumachen, während sich im Nordwesten die Insel Rab abzeichnet.

Nach einem kurzen, sanften Abstieg halten wir uns an einer Gabelung rechts. Es folgt nun ein längeres, gut markiertes Wegstück parallel zum Velebit-Gebirge.

Bei der Verzweigung **(3)**, an der man alternativ auch in Richtung Westen auf kürzerer Route zurück nach Metajna wandern kann (Variante 1), steigen wir in der links wegführenden Rinne bis zur Seline-Bucht ab, wo sich eine Pause geradezu anbietet. Gut sichtbar und markiert führt die weitere Route südwärts auf eine kleine Anhöhe **(4)**. Diese bietet eine schöne Sicht über die Meeresenge hinaus, bis zum Sveti Vid im Südwesten. Von hier führt ein Pfad in kurzer Zeit zur Uvala Slana hinunter (Variante 2).

Der folgende Routenabschnitt führt westwärts an spektakulären Felstürmen vorbei, bis zum Fußweg, der von der Bucht Beretnica hinaufkommt (**5**; siehe Variante 3). Kurz nachher geht es nicht nach links über das Felsband weiter, sondern rechts davon, zuletzt auf gutem Pfad absteigend. Ein letztes Mal bietet sich am lang gezogenen Kiesstrand der **Uvala Ručica (6)** eine Bademöglichkeit. Von hier geht es vorbei am Parkplatz oberhalb des Strandes und weiter geradeaus durch eine fruchtbare Ebene in kurzer Zeit hinüber nach **Metajna (1)**.

Steinwüste, Meer und Himmel, soweit das Auge reicht.

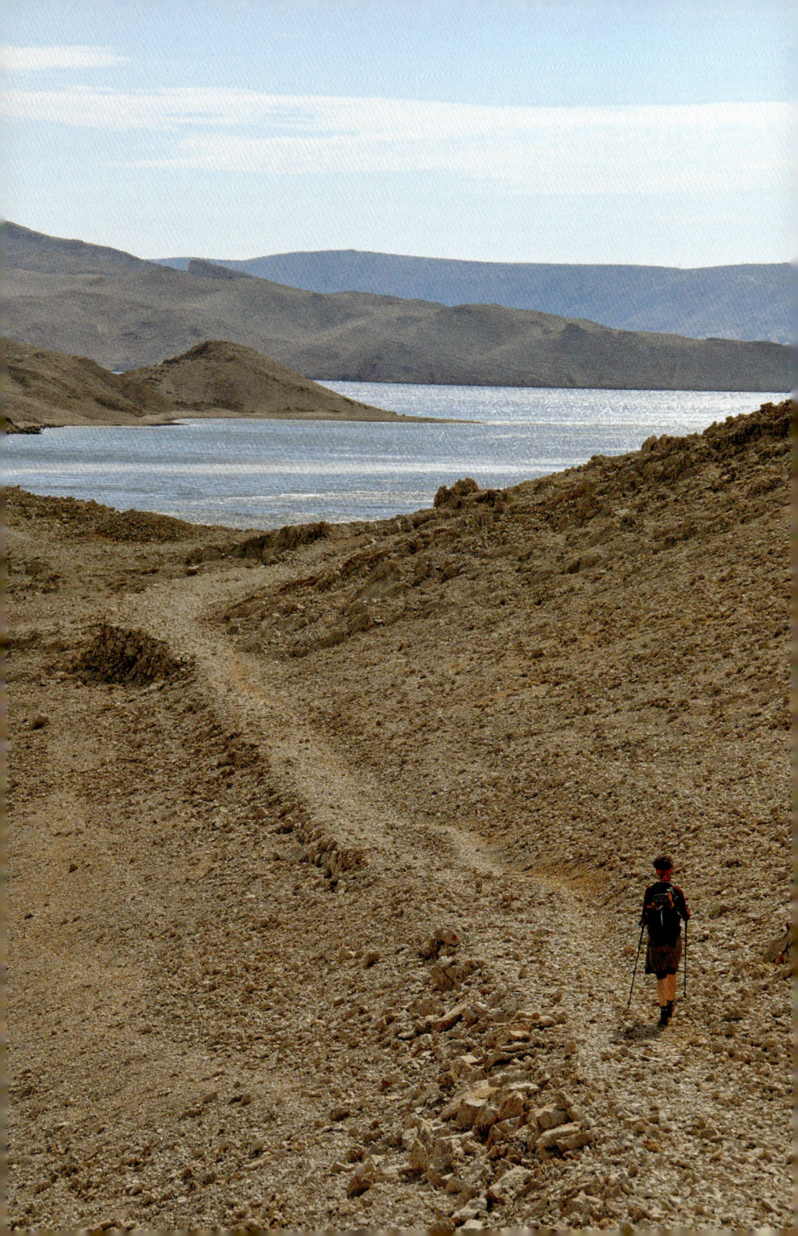

Norddalmatien

Küste, Inseln wie auch das Hinterland von Norddalmatien sind vielgestaltig. Die Küstenregion um Zadar und Trogir ist sehr fruchtbar und die beiden Städte gehören zu den attraktivsten von ganz Kroatien. Zu den größeren Inseln zählen Pag, Ugljan, Pašman und Dugi Otok. In Norddalmatien gibt es zwei bis drei Nationalparks – je nachdem, ob Paklenica zu Norddalmatien gezählt wird. Dazu kommt der Inselarchipel der Kornaten, wo aufgrund der Kleinheit der Inseln kaum größere Wanderungen machbar sind, und die Krka-Wasserfälle, die im Hinterland von Šibenik liegen.

Zadar

Ein Muss ist ein Ausflug in die Altstadt von Zadar, die von Festungsmauern umgeben ist. Zu besichtigen gibt es hier ein reiches Kulturerbe mit Spuren der Römer und der Venezianer, oder auch romanische Kirchen. Zadar zählt heute neben Venedig, Triest, Split und Dubrovnik zu den kulturhistorisch wertvollsten Städten im östlichen Adriaraum. Alfred Hitchcock soll gesagt haben, der Sonnenuntergang von Zadar sei der schönste weltweit, das gilt übrigens auch für Pag und Starigrad Paklenica. Eis und Espresso sind italienisch angehaucht und unbedingt zu genießen.

Nationalpark Krka

Der Nationalpark Krka beinhaltet mehrere Hauptattraktionen: Der Skradinski buk weist einen der größten Wasserfälle und Kaskaden von Europa auf. Die 17 bis zu 100 Meter breiten Stufen verteilen sich auf einer Länge von 400 Metern. Aber auch der Roški-Wasserfall ist ein imposantes Naturmonument und das Inselchen Visovac mit dem Franziskanerkloster aus dem 15. Jahrhun-

Die berühmten Stene-Klippen im Naturpark von Telašćica.

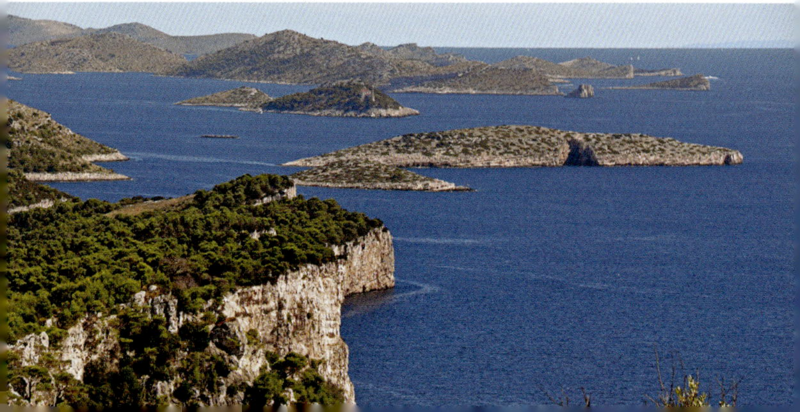

dert bezaubert mit seiner Magie. Neben seinen Naturschönheiten bietet der Nationalpark auch jede Menge kulturhistorischer Denkmäler wie Basiliken oder Stampfmühlen. Achtung: In der Hauptsaison ist der Nationalpark Krka stark frequentiert.

■ nationalpark-krka.de

Knin mit Dinara

Knin war einst Sitz der kroatischen Könige, die riesige Königsburg Spas ist Zeugnis davon. Nur wenige Kilometer östlich von Knin (Abzweigung von der E71 Richtung Sinj) befindet sich die Quelle des Flusses Krka. Bei ausreichend Schmelzwasser im Winter ergießt sich wenige Meter unterhalb ein Wasserfall in die Tiefe. Knin ist Verkehrsknotenpunkt im norddalmatinischen Hinterland, sowohl hinsichtlich der Straßen als auch der Eisenbahn. Unübersehbar ist der Dinara, 1831 m, der höchste Berg Kroatiens, der an der Grenze zwischen Kroatien und Bosnien-Herzegowina liegt und in seiner Form an den Ayers Rock in Australien erinnert. Der Gebirgszug ist nur karg bewachsen, Bäume gibt es fast nur im unteren Teil des Berges.

Die Inseln Pašman und Ugljan

Diese beiden Inseln sind nur durch einen schmalen Kanal von Zadar getrennt. Früher waren sie durch eine Landenge miteinander verbunden, heute übernimmt eine Brücke diese Funktion. Aufgrund ihrer Nähe zum Festland sind die beiden Inseln vor allem bei Wochenendausflüglern aus Zadar und Umgebung beliebt. Pašman ist touristisch weniger erschlossen als Ugljan, nicht so üppig bewachsen und hat deutlich weniger Einwohner. Von Pašman führt ab Tkon eine Fährverbindung nach Biograd auf dem Festland, und von Ugljan gelangt man ab Preko mit der Fähre nach Zadar. Neben den vielen Bademöglichkeiten weisen die beiden Inseln bemerkenswerte Kirchen und zwei Klöster aus dem 14. Jahrhundert auf.

Die Insel Dugi Otok

Die »Lange Insel« ist die größte der norddalmatinischen Inseln, rund 1500 Bewohnerinnen und Bewohner leben ganzjährig in den 12 Ortschaften. Die Insel ist über 45 km lang, der höchste Gipfel ist der Vela Straža (340 m). Die Küste ist durch starke Kontraste geprägt: Im Naturpark Telašćica überwiegen steile Klippen, während auf der südöstlichen Seite ruhige Buchten und der Sandstrand Sakarun zu finden sind. Aufgrund ihrer wertvollen Fauna, der geologischen und geomorphologischen Erscheinungen sowohl auf dem Meeresboden als auch auf dem Land, ist die Bucht Telašćica mit ihren sechs Inseln 1988 zum Naturpark ernannt worden. Dugi Otok weist viele markierte Wanderwege auf, 15 archäologische Funde sind mit Informationstafeln versehen. Ausflüge mit dem Schiff in den Nationalpark »Kornati« sind von hier oder auch von Zadar aus möglich.

19 Die »Kirchenstadt« Zadar, das Tor nach Dalmatien

1.30 Std.

Durch die kleine, aber feine Altstadt mit Park und Hafenanlage

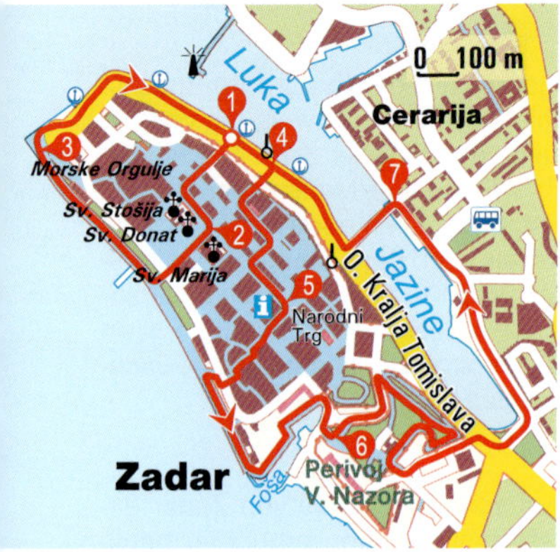

Zadar liegt nahe beim südlichen Velebit-Gebirge und bietet sich für einen Bummel bei schlechtem Wetter geradezu an. Überdies ist Zadar Schnittstelle zwischen den Inseln Pag im Norden und Pašman, Ugljan sowie Dugi Otok im Westen. Im Kontrast zum abgelegenen Karstgebirge ist hier das mediterrane Flair einer modernen kroatischen Stadt erlebbar. Zadar ist seit der Zeit der Illyrer besiedelt und umfasst Kulturbauten aus vielen Epochen. Besonders hervorzuheben sind dabei die Kirchen, Zadar ist seit dem 4. Jahrhundert Bischofssitz.

Ausgangspunkt: Mittleres Stadttor beim Fährhafen. Schiffe u.a. nach Ugljan oder Dugi Otok. Gebührenpflichtige Parkplätze und Stadtbusse entlang des Hafenbeckens.
Anforderungen: Keine besonderen.

Höhenunterschied: 90 m.
Einkehr: Diverse.
Hinweise: Gleich in der Nähe des Startpunktes befindet sich die Ticketverkaufsstelle für die Fähren. Das Tourismusbüro liegt in der Nähe des Rathauses (5).

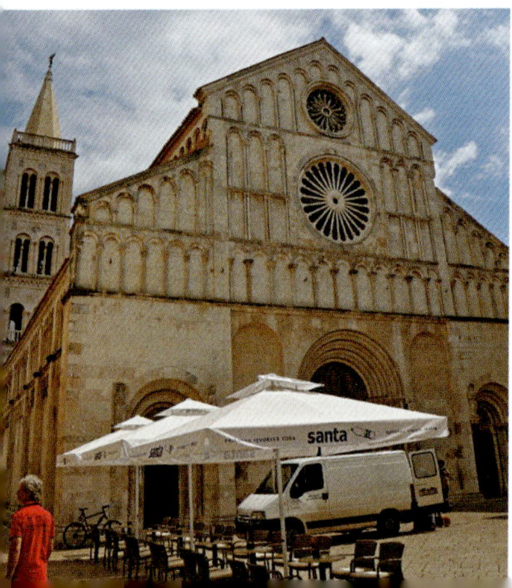

Wir starten beim **Fährhafen (1)** und schreiten durch eines der Stadttore, womit wir sogleich in die Altstadt eintauchen. Wir folgen der Ulica M. Karamana, und schon stehen wir beim Platz mit der romanischen Domkirche **Sv. Stošija (2)**, welche aus dem 13. Jahrhundert stammt und deren Turm eine schöne Sicht bietet. Das Kirchenschiff passieren wir linker Hand und gelangen so zu weiteren Kirchen und zum »Forum«,

Kirchen und mediterranes Ambiente prägen die Altstadt von Zadar.

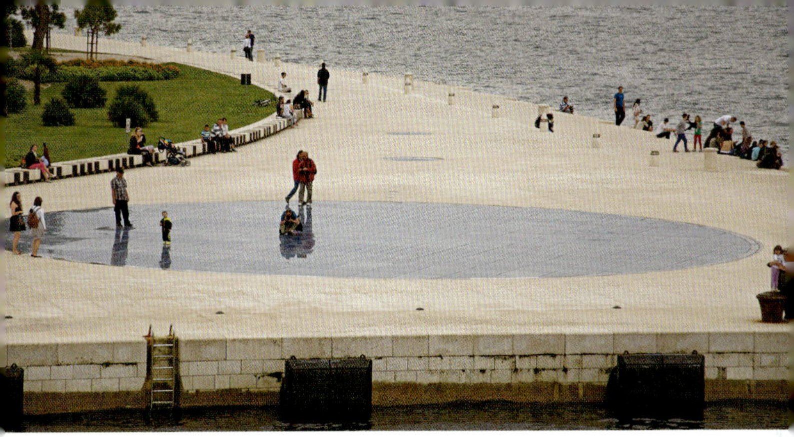

Blick vom Fährschiff aus auf die Meeresorgel von Zadar.

wo Ausgrabungsmauern und Marmorsäulen an die römische Epoche erinnern. Am archäologischen Museum vorbei geht es hinüber auf die andere Halbinselseite, auf der Zadar erbaut ist. Jenseits des Zadarski kanal zeichnet sich die lang gezogene Insel von Ugljan gegen den Horizont ab. Hier biegen wir rechts ab und gelangen am Kai entlang in wenigen Minuten zur **Meeresorgel (3)**, die mithilfe der Meereswellen mittels Röhren Musik erzeugt. Falls das Meer ruhig ist, muss einfach das nächste große Schiff abgewartet werden. Nun folgen wir der Breitseite der Halbinsel, wo von Zeit zu Zeit riesige Kreuzfahrtschiffe vor Anker sind. Wo die Fährschiffe der Jadrolijna anlegen, gelangen wir zurück zur Längsseite und passieren den **Fährhafen (1)**. Wir durchschreiten in der Folge wiederum ein **Stadttor (4)**.
Bei einer Kirche geht es links Richtung Südosten weiter. Vor einer weiteren Kirche biegen wir nach rechts auf die Ulica Dalmatinskog ein, worauf wir zur Einkaufsstraße Široka gelangen. Diese führt nach links bis zum **Rathaus (5)**. Weiter geht es durch die Gassen der Altstadt zum offenen Meer hinüber. Hier nach links weiter. So stoßen wir von »außen« her an ein weiteres Stadttor. Hier jedoch nach rechts und dann nach links über den Fußgängerstreifen, wo ein Kopfsteinpflasterweg in den **Park (6)** hineinführt. Wir halten uns links, bei der palmengesäumten Stadtmauer rechts, weiterhin im Park. Entlang des Jachthafens umrunden wir die Bucht von Zadar, um schließlich über die schön angelegte **Fußgängerbrücke (7)** zum **Fährhafen (1)** zurückzukehren.

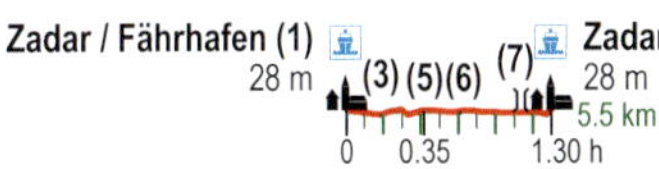

TOP 20 Nationalpark Krka: Von der Klosterinsel Visovac zum Roški-Wasserfall

5.00 Std.

Hoch über dem Krka-Canyon und dem Visovac-See

Bewaldete Höhen, klare Luft, ein bereits kontinentales Klima, aber mit Vegetation, die auch von der Macchia des Küstensaums geprägt ist. Das Grün der Landschaft und Uferzone ist allgegenwärtig, die Landschaft ist durchsetzt mit weißen Karsttupfern und im Frühjahr von leuchtenden Blumen. Im Mittelpunkt steht unübersehbar der blaugrüne Visovac-See mit der Klosterinsel, welche eine mystische Ruhe und Stille ausstrahlt. Und als weiterer Höhepunkt warten ganz zuletzt die schäumenden Wasserfälle und Kaskaden von Roški Slap, die die Kulisse für die Winnetou-Filme bildeten. Der Wasserfall ist 22 m hoch, die zwölf Kaskaden weiter oben mäandern in flachem Gelände. An der Ostseite des Wasserfalls arbeiteten früher mehrere Getreidemühlen, von denen eine heute als Museum dient.

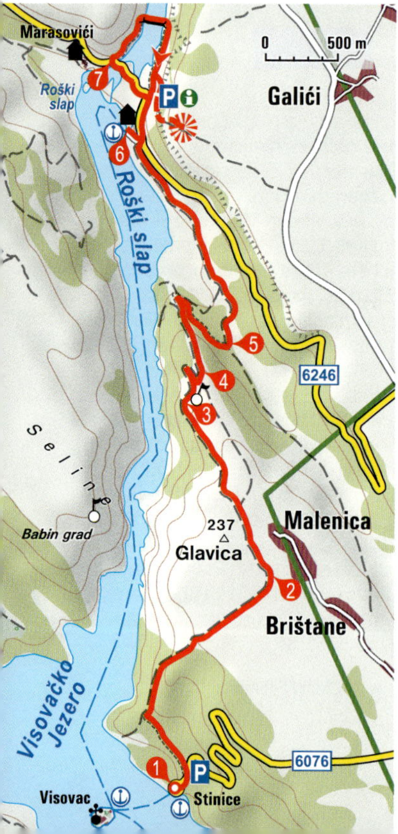

Ausgangspunkt: Schiffsanlegestelle bei Stinice, gegenüber der Kosterinsel Visovac, wo Parkplätze zur Verfügung stehen. Autoanfahrt: Von Drniš westwärts Richtung Nationalpark Krka, bei der Abzweigung links hinunter nach Visovac abbiegen. Diverse lokale Buslinien verkehren im Gebiet des Nationalparks, Autobusse von Split nach Drniš. Saisonal fahren Ausflugsboote von Roški Slap über die Klosterinsel Visovac bis Skradinski buk. Von April bis Oktober verkehrt von Stinice eine Personenfähre hinüber zur Klosterinsel Visovac. Auskunft bei den Eingangspforten: npkrka.hr/en.

Höhenunterschied: 690 m.

Anforderungen: Route teils markiert, gut zu finden. Robuste Trekkingschuhe. Wanderstöcke nach Bedarf.

Einkehr: Beim Roški Slap.

Hinweise: Tickets für den Nationalpark wie auch für die Schiffe sind bei den Eingangspforten des Nationalparks erhältlich. Das größte Informationszentrum befindet sich in Skradin, wo es auch Unterkünfte gibt. Ethnografisches Museum in alter Mühle beim Roški Slap und Informa-

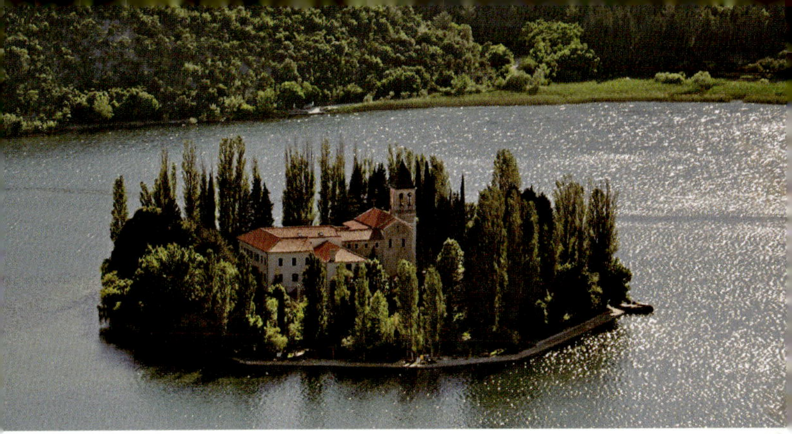

Die Klosterinsel Visovac ist von einer anderen Welt.

tionsstelle beim Eingang in unmittelbarer Nähe (Parkplätze). In der Sommersaison und immer mehr auch darüber hinaus ist der Nationalpark stark frequentiert.

Wir starten bei der Schiffsanlegestelle bei **Stinice (1)** gegenüber der Klosterinsel Visovac. Die Informationstafel gibt Auskunft über das reiche Tier- und Pflanzenvorkommen im Krka-Nationalpark: Amphibien, Fische, Fischreiher, Otter und als Rarität der Krauskopfpelikan sind hier unter anderen heimisch. Einige Meter auf der Straße zurückgehend, verweist eine braune Beschilderung auf den Wanderwegverlauf. Der Aufstieg führt an einer weiteren Informationstafel zum hier vorherrschenden Wald vorbei, worauf es vor einem Haus in einem rechten Winkel nach rechts weggeht. Der schön angelegte Pfad führt durch Mischwald und Gebüsch aufwärts, unterwegs lädt eine Sitzbank zu einer Pause ein. Die Route verläuft nun auf einem Plateau, das Gelände ist mit Steinmauern durchsetzt und Schafe sind hier keine Seltenheit. Bei der folgenden Verzweigung **(2)** geht es entsprechend der Signalisierung am Pfosten links weiter. Rechter Hand ist eine kleine Siedlung erkennbar, auf einzelnen Flächen werden Kulturpflanzen angebaut, während sich in der Ferne der Roški Slap ausmachen lässt.
Auf dem gut befestigten Fußweg steigen wir nun abwärts, auf einem Kliff ist die **Ruine (3)** einer Befestigung aus dem 14. Jahrhundert erkennbar. Es folgt

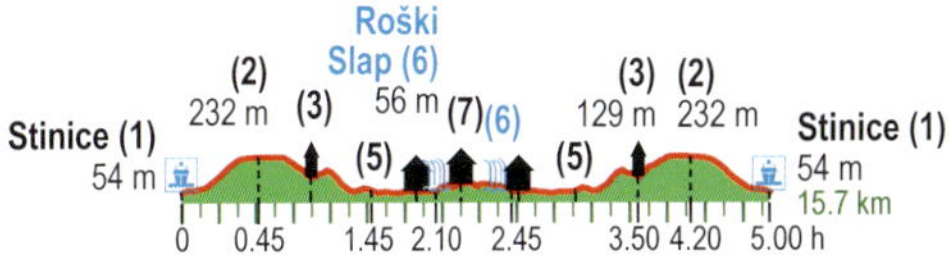

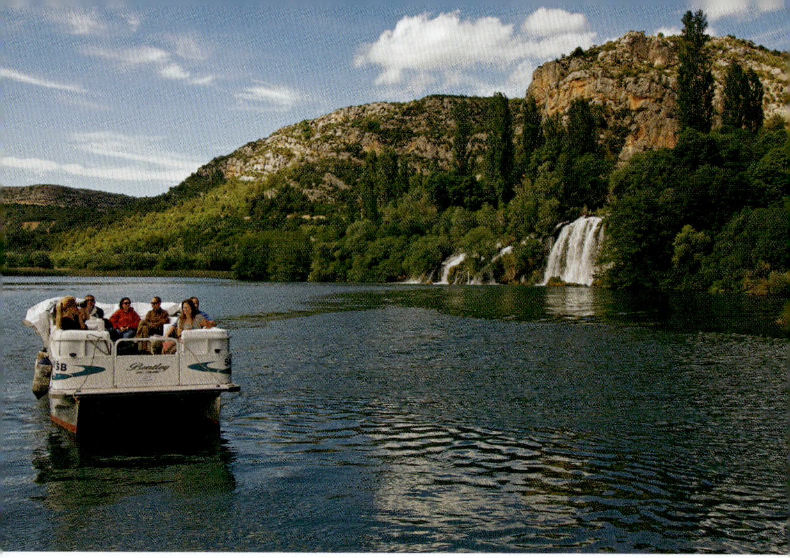

Auf dem Visovac-See verkehren Ausflugsboote.

eine kleine Gegensteigung, die nochmals zum Plateau hinaufführt, hier bei der Gabelung **(4)** nach links weiter. Nun führt die Route endgültig Richtung See hinunter, wo wir bei einem Schilfgürtel über Treppenstufen aus Holz zum Seeufer gelangen. Überall sticht das Grün des Feuchtgebietes ins Auge, das Vogelgezwitscher ist unüberhörbar. In einem Naturschutzgebiet mündet der Pfad in einen breiten Feldweg ein **(5)**, wo es entsprechend der Beschilderung nach links weitergeht. Entlang des Seeufers spazieren wir durch schattigen Wald und umgeben von üppiger Vegetation auf die Wasserfälle von **Roški Slap (6)** zu, deren Tosen unüberhörbar ist.
Wer Energie hat, sollte sich die Runde nordwärts zu den oberen Kaskaden nicht entgehen lassen. Dazu nehmen wir die nordwärts wegführende Straße, überqueren die Brücke, worauf nach rechts ein Fußweg **(7)** abzweigt. Dieser führt auf der Fußgängerbrücke über den Krka-Fluss zurück auf die Straße (Parkplätze und Ticket-Schalter mit Informationsstelle). Wer lieber in die Höhe steigt, hat die Möglichkeit, in 10 Minuten eine Aussichtsplattform zu besteigen, mit bestechendem Blick unter anderem auf den Visovac-See. (Hierzu geht es von der Eingangspforte mit der Informationsstelle und den Parkplätzen nordwärts der Straße nach, hierauf in derselben Richtung ein kurzes Stück auf einem Weg, worauf ein Fußpfad in einem spitzen Winkel nach rechts hoch abzweigt.) Vom **Roški Slap (6)** zurück nach **Stinice (1)** auf demselben Weg.

2.00 Std.

Nationalpark Krka: Rundgang Skradinski buk und zurück nach Skradin

21

Berauscht von Kaskaden und Wasserfällen der Krka

Im Krka-Nationalpark ist dasselbe Phänomen wie bei den Plitvicer Seen anzutreffen. Durch die Ablagerung von Rauhwacke, einem Kalkgestein, sind im Laufe der Jahrtausende Wälle entstanden und dadurch Wasserfälle und Kaskaden. Unweit der Küste herrscht hier oft ein mitteleuropäisches Klima vor, dem auch die Vegetation im Nationalpark entspricht. Akustisch und visuell ist das Wasser in dieser grandiosen Flusslandschaft allgegenwärtig, die hier vorgestellte Runde vermittelt mannigfaltige Eindrücke auf engem Raum. Der Skradinski buk zählt flächenmäßig zu den größten Rauhwackebarrieren in Europa, die bis zu 100 Meter breiten Stufen verteilen sich auf einer Länge von rund 400 Metern.

Wasserkaskaden im Krka-Nationalpark.

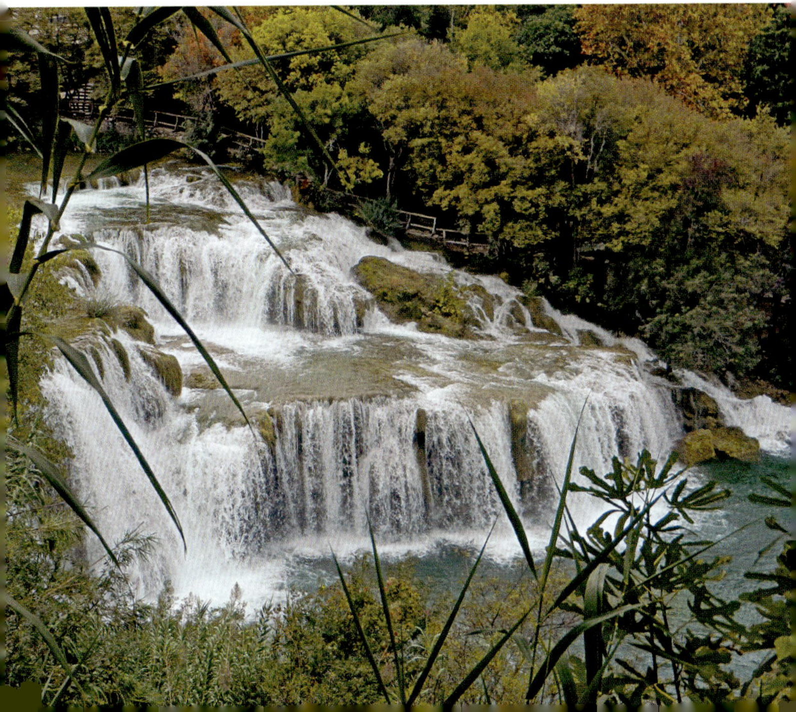

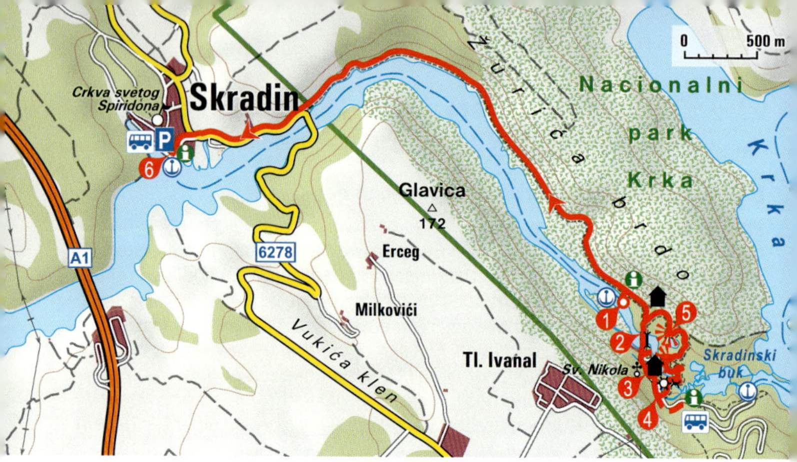

Ausgangspunkt: Anlegestelle der von Skradin (dort Parkplätze vorhanden) herkommenden Schiffe in Skradinski Buk. Hier befinden sich südlich der Wasserfälle die Bushaltestelle und Parkplätze bei der Informationsstelle: npkrka.hr/en. Im Gebiet des Nationalparks verkehren verschiedene Lokalbusse. Autobusse von Šibenik nach Skradin.
Endpunkt: Bei der Schiffsanlegestelle in Skradin. Ganz in der Nähe befindet sich nordwärts das Nationalparkzentrum, das Tourismusbüro liegt neben der Hauptkirche (zum Ticketkauf siehe Hinweise).
Höhenunterschied: 260 m.
Anforderungen: Keine besonderen.
Einkehr: In Skradinski buk, nahe beim Wegpunkt 1 oder zwischen den Wegpunkten 3 und 4. Einkehr- und Übernachtungsmöglichkeiten in Skradin.
Hinweise: Der Eintritt für den Nationalpark kann in Skradin (siehe Endpunkt) oder bei den weiteren Eingangspforten des Nationalparks bezahlt werden, ebenso die Tickets für die Schiffe (verkehren nicht im Winter).
Saisonal fahren Ausflugsboote von Skradinski buk weiter über die Klosterinsel Visovac bis Roški Slap.
In der Sommersaison und immer mehr auch darüber hinaus ist der Nationalpark stark frequentiert.

Wir starten bei der Anlegestelle in **Skradinski buk (1)**, wo die Schiffe von Skradin herkommen und wo sich eine Informationsstelle befindet. Von hier peilen wir die nächstliegenden Kaskaden an, die schon vom Schiff aus ersichtlich sind. Bei einer Informationstafel mit der Übersichtskarte zum Nationalpark versprüht der mächtige Wasserfall seine Gischt. Die folgende **Brücke (2)** führt auf die andere Seite des Krka-Flusses hinüber. Auf der rechten Seite des Wasserfalles steigt der Weg nun leicht an, bis wir zu einem Aussichtspunkt mit der nächsten Informationstafel gelangen. Immer noch rechter Hand des Wasserfalles gehen wir den Kopfsteinpflasterweg hoch, der in Kehren zu einer Häusergruppe mit der Kapelle **Sv. Nikola (3)** führt. Linker Hand sind Aussichtsplattformen situiert, mit Blick auf die Kaskaden. Immer mal wieder geht es auf Stegen weiter, nun inmitten von Bäumen im flacheren

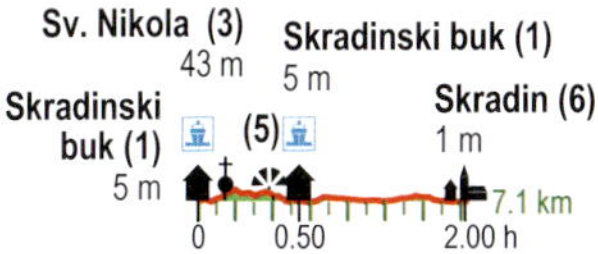

Gelände. Anschließend gehen wir für ein kurzes Stück auf einer Teerstraße, die hinüber in Richtung Schiffsanlegestelle führt, wo in der Hochsaison die Schiffe zur Klosterinsel Visovac und zu den Wasserfällen von Roški Slap ablegen. Wasser, überall strömt Wasser, so auch in den Gewölben der folgenden Mühle, die sich links des Wegs befindet. Rund um den Krka-Fluss wurde ehemals Weizen für Brot aufbereitet, heutzutage wird Mais gemahlen. Kurz danach erreichen wir einen weiteren Linksabzweig, mit Wegweiser und Infotafel **(4)**. Von hier aus wandern wir nordwärts, um im Laubwald entlang der Stege über den Krka-Fluss zu schreiten, welcher hier in Seitenarmen mäandert. Tafeln informieren zur Pflanzenwelt sowie zu den hier vorkommenden Reptilien, Fischen sowie Nage- und sonstigen Säugetieren. Wir bleiben immerzu auf den Holzstegen und wandern entlang von kleinen Seen weiter. Es folgt eine **Aussichtsplattform (5)**, von der wir in kurzer Zeit die Schiffsanlegestelle in **Skradinski buk (1)** erreichen würden. Kurz vor der Anlegestelle – bei der Informationsstelle – nehmen wir jedoch den Fahrweg, der westwärts entlang der Krka auf direktem Wege nach **Skradin (6)** führt.

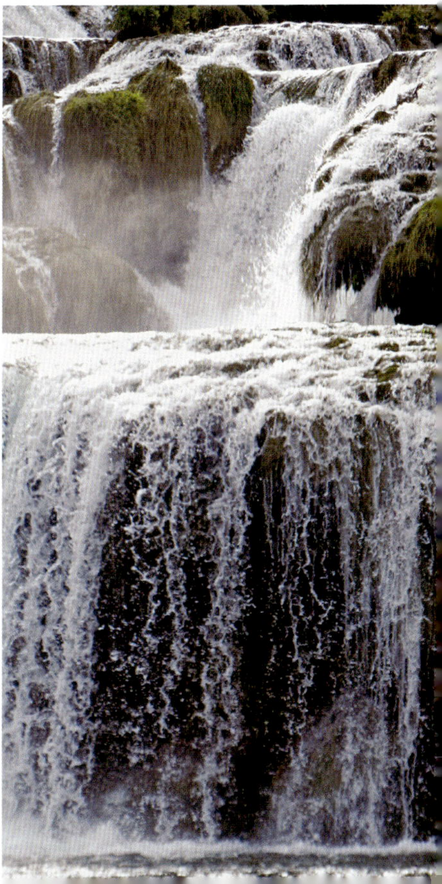

Ein Naturschauspiel, das Auge und Seele erfrischt.

22 Naturpark Velebit: Verzauberte Flusslandschaft der Krupa

3.00 Std.

Durch den Krupa-Canyon zum idyllisch gelegenen Krupa-Kloster

Der Oberlauf der Krupa befindet sich im östlichen Ausläufer des Velebit, des lang gezogenen dinarischen Karstgebirges, das nicht nur als Naturpark, sondern seit 1978 auch als Biosphäre der UNESCO ausgewiesen ist. Mit einer Länge von 156 km und einer Fläche von 2274 km² ist das Gebirge, auch was die Fauna und Flora betrifft, für ganz Europa von herausragender Bedeutung. Beim fast alpin anmutenden Abstieg bietet sich gleich zu Anfang der Tour eine spektakuläre Aussicht auf den Canyon. Unten im Flusstal präsentiert sich die Krupa ganz unterschiedlich: als stehendes Gewässer mit Schilfgürteln, träge dahinfließend mit einzigartigen Grün- und Blautönen oder kaskadenartig. Die faszinierende Auenvegetation wird von grau-weißen Kalkfelsen umrahmt. Den Umkehrpunkt bildet das sehenswerte Krupa-Kloster aus dem 14. Jahrhundert, das Zentrum der serbisch-orthodoxen Kirche in Dalmatien.

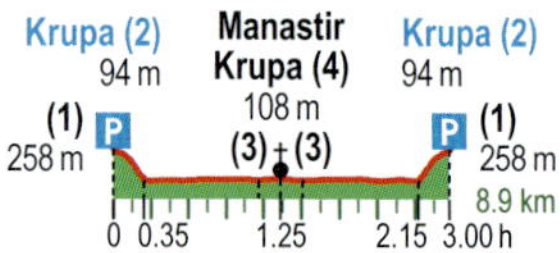

Ausgangspunkt: Parkplätze südlich des Weilers Golubić (in Golubić kleines Schulhaus, Sportplatz, kleiner Campingplatz, wenige Parkmöglichkeiten). Autoanfahrt: Von Zadar oder Starigrad Paklenica aus nach Obrovac. Von dort Autostraße D27 Richtung Gračac, von dieser nach rechts auf Nebenstraße 6027 bis Golubić. Dort am Schulhaus (Škola) den Schildern »Kudin most« folgen bis zu den Parkplätzen am Ende der Straße.

Höhenunterschied: 200 m.

Anforderungen: Rot-weiß markierte und meist gut erkennbarer Fußpfade. Robuste Wanderschuhe und genügend Wasser mitnehmen, Wanderstöcke nach Bedarf. Der letzte Teil des Abstiegs am Anfang der Tour ist aufgrund der Steilheit etwas anspruchsvoll und der Pfad weiter oben im lichten Wald ist für ein kurzes Stück nicht ganz einfach zu finden.

Beste Jahreszeit: April bis Oktober.

Einkehr: Keine. Picknickmöglichkeit mit Feuerstellen im Park beim Krupa-Kloster.

Varianten: 1) Start am Schulhaus im Weiler Golubić, 1 km nördlich der Parkplätze am Wegpunkt 1. Hinweg auf der geteerten, wenig befahrenen Straße immerzu etwa Richtung Osten, zuerst flach, dann absteigend bis kurz vor dem Kloster. Gut 700 m nach 4 großen Serpentinen geht es in einem spitzen Winkel nach rechts von der Straße weg, kurz darauf links auf einem Waldweg weiter bis zum Kloster (4). Vom Kloster zurück bis Wegpunkt 1 wie auf der Hauptroute. Zurück zum Ausgangspunkt an der Schule geht es entlang der Fahrstraße nach Norden. (Gesamte Runde ca. 16 km und 550 Hm.)
2) Start und Ziel beim Kloster (nur wenige Parkplätze; Gehzeit und Höhenunterschied wie Normalroute).
3) Beim Wegpunkt 3 nach links abzweigen und kurz danach rechts durch einen idyllischen Wald bis zum Kloster (Teil der Variante 1). 10 Min. zusätzlich.

Hinweis: Achtung: Die Route, die vom Wegpunkt 2 an der Krupa nach rechts weiter abwärtsführt, geht nach rund ½ Std. in einen Klettersteig entlang einer Felswand über. Dieser Abschnitt ist anspruchsvoll und Kletternden vorbehalten.

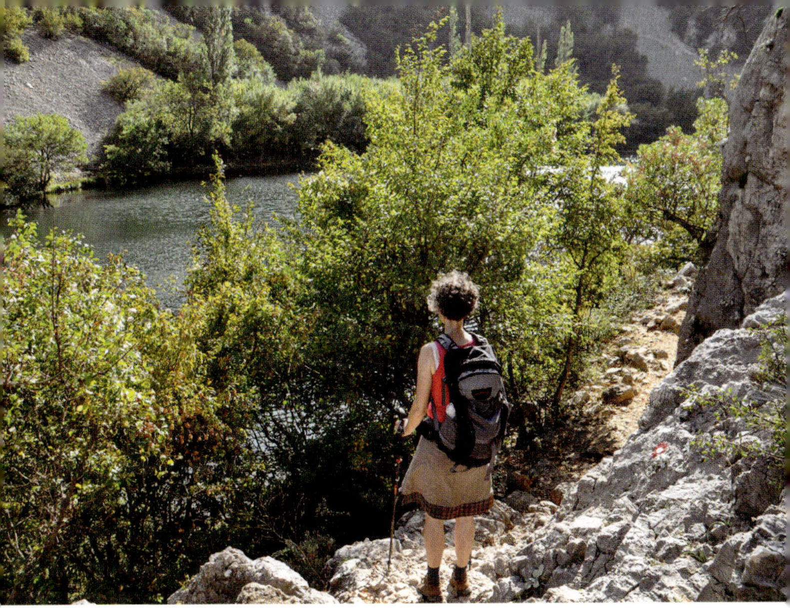

Wilde Flusslandschaft der Krupa.

Am Ende der Parkplätze **(1)** mit grandioser Aussicht auf die Flusslandschaft der Krupa gehen wir links an einem Steinhaus vorbei und folgen einem Weg links durch den Wald. Bei den Kehren gut auf die Markierungen an den Bäumen achten! Am Schluss der Waldpassage ist es von Vorteil, sich den Wegverlauf für den Rückweg einzuprägen. Vorerst im Gebüsch und zuletzt eine Geröllhalde querend, führt die Route steil abwärts, für einen kurzen Abschnitt leicht ausgesetzt.

Am Fuße des steilen Abhanges angekommen **(2)**, überschreiten wir den aus dem Seitencanyon von links herführenden Bach (Markierung »Manastir«). Es gilt hier, den Wegzeichen genau zu folgen. Vorerst durchqueren wir für ein kurzes Stück Buschwerk an den mäandernden Wasserläufen. Eine kleine Steinmauer überwindend und eine Fläche durchschreitend, geht es in der Folge direkt an der Krupa weiter.

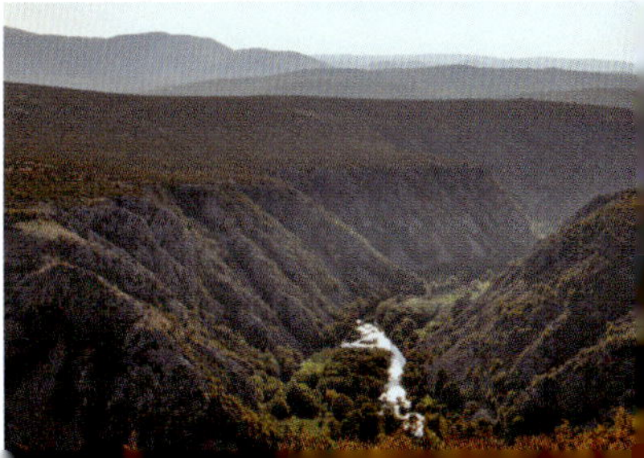

Aussicht vom Wegpunkt 1 auf den Krupa-Canyon.

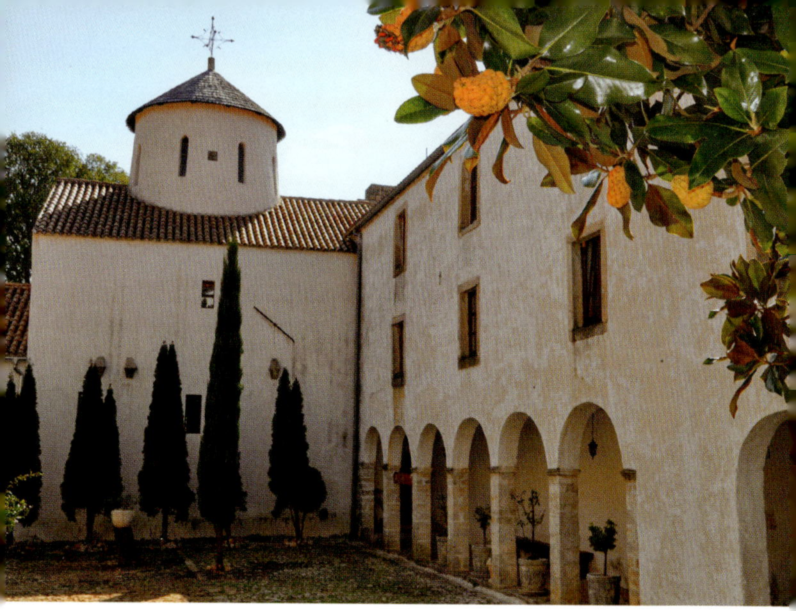

Das altehrwürdige Krupa-Kloster.

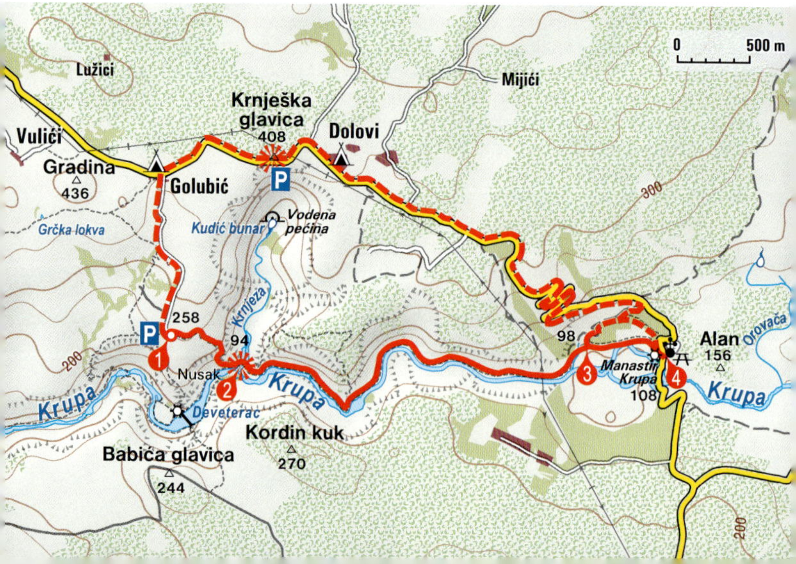

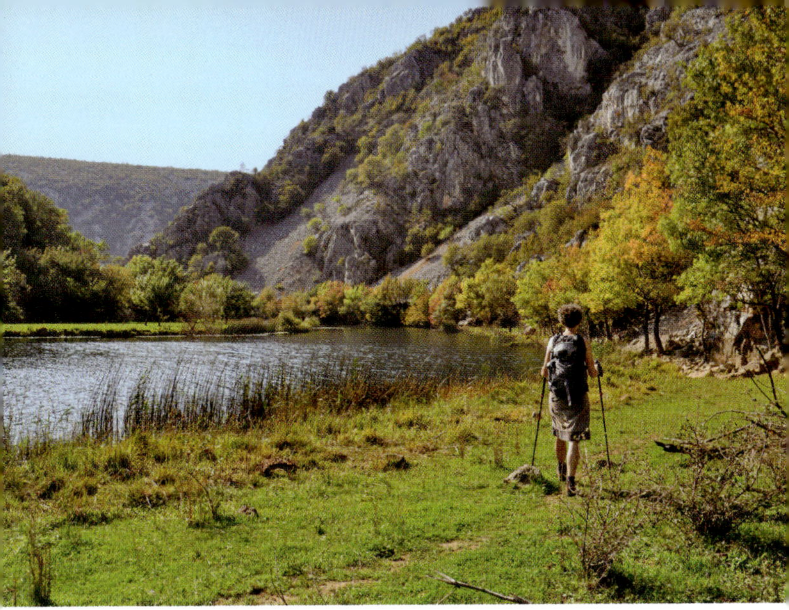

Idyllische Flusslandschaft der Krupa.

Die Flusslandschaft gestaltet sich abwechslungsreich und attraktiv, beidseitig flankiert von Berghängen. Es wird nie langweilig: Wichtig zu wissen für den Rückweg! Die Krupa nimmt uns mit in zwei markante Flussbiegungen: nach rund einem Viertel der Wegstrecke nach links, dann nach rechts. In diesen Abschnitten staut sich die Krupa beinahe zum Stillstand und wird zum schmalen See mit Schilfgürteln und Seerosen. Die Klarheit des Wassers lässt oftmals den Grund erahnen, immer wieder wird Totholz aufgeschwemmt.

In der zweiten Hälfte passieren wir immer mehr Weideflächen für Schafe und Rinder, im Wechsel mit kurzen steinigen Passagen. In absehbarer Nähe des Klosters folgen wir einem Wiesenpfad, links des auch hier bezaubernden Auenwalds. Wo ein Bach in die Krupa einmündet, diesem entlang nach links, um ihn nach 150 m nach rechts zu überqueren (der rot-weißen Markierung durch eine Furt folgen).

Bei der folgenden Verzweigung **(3)** nicht nach links (Variante 3), sondern am Waldrand entlang weiter bis zum **Manastir Krupa (4)** wandern. Kurz dahinter lässt es sich in lauschigem Ambiente, inmitten von Bächen und einer parkähnlichen Anlage, bestens picknicken.

Zurück zum Ausgangspunkt **(1)** auf derselben Route.

TOP **23**

Auf den Dinara, 1831 m, die höchste Erhebung Kroatiens

7.30 Std.

Auf dem Dach von Kroatien im Grenzgebiet zu Bosnien

Die höchsten Gipfel im Velebit oder im Biokovo sind beinahe gleich hoch, aber der Dinara hier im Innenland überragt sie ein klein wenig. Der Aufstieg ist lang und weist eine große Höhendifferenz auf, mit den immerzu wechselnden Landschaftskammern ist er aber kurzweilig. Zuoberst erinnert die karge Karstlandschaft an die Kulissen der Winnetou-Filme, welche teils in Kroatien gedreht wurden. Die Atmosphäre in diesem Bergmassiv, das von Weitem an den Uluru (Ayers Rock) erinnert, ist alpin und die Aussicht ist schlicht grandios. Eine fantastische und aussichtsreiche Bergtour!

Ausgangspunkt: Weiler Glavaš. Autoanfahrt: In der lang gezogenen Ortschaft Kijevo, nahe der Poststelle, welche zwischen zwei Bushaltestellen situiert ist, von der Hauptstraße Knin–Split auf die gut ausgebaute Nebenstraße abbiegen (Schild »Dinara, 8 km Glavaš«). Die Abzweigungen u.a. hinauf zur Kirche ignorieren, bei der folgenden Verzweigung nach links. Vor den ersten Häusern von Glavaš nach links hinauf, Parkmöglichkeit bei einem Steingebäude oder weiter oben bei der Berghütte.

Höhenunterschied: 1280 m.

Anforderungen: Die Pfade sind gut erkennbar und ausreichend markiert. Bei oder nach Regen und bei Nebel wird aber von einer Besteigung abgeraten, ebenso wenn die Bora bläst. Aufgrund der Länge der Tour ist gute Kondition erforderlich. Generell alpine Ausrüstung, also auch gute Bergschuhe, Wanderstöcke nach Bedarf. Trotz der Quelle unterwegs genügend Wasser mitnehmen, außerdem Sonnenschutz, da beinahe die gesamte Tour ohne Schatten verläuft.

Beste Jahreszeit: Mitte Mai bis Mitte Oktober, falls zuoberst kein Schnee liegt.

Einkehr: Keine. Berghütte beim Ausgangspunkt wird nur auf telefonische Anfrage hin geöffnet (hps.hr/info/planinarske-kuce/planinarska-kuca-glavas).

Variante: Abstieg wie Anstieg.

Hinweis: In dieser Region ist es zwingend notwendig, auf den markierten Pfaden zu bleiben und nicht vom Weg abzukommen, da das Grenzland zu Bosnien vermint ist. Die hier beschriebene Route ist aber sicher.

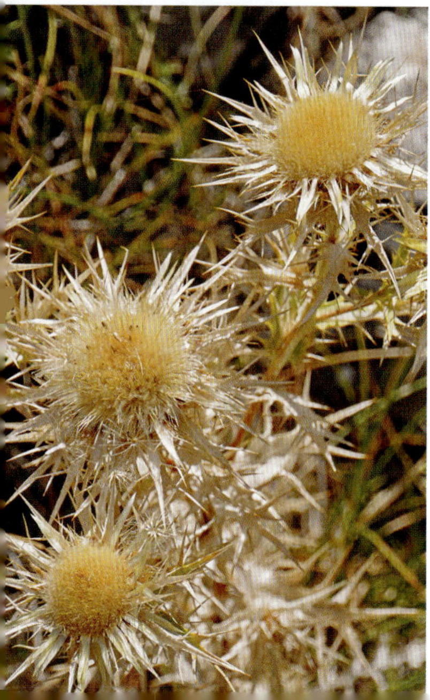

Disteln schmücken die Route.

Ausgangspunkt ist der Weiler **Glavaš (1)**. Linker Hand des Steinhauses, wo die ersten Parkplätze liegen, geht es auf dem gut erkennbaren Pfad aufwärts, das Sträßchen verläuft linker Hand. In wenigen Minuten stoßen wir auf eine »Container-Hütte«, die **Planinarski Kuća Glavaš (2)**, wo es ebenfalls Parkplätze gibt. Wir folgen dem Wegweiser »Dinara« und steuern auf die Burgruine **Gradina (3)** zu, die wir rechter Hand passieren. Der weitere Routenverlauf ist gut erkennbar und ausreichend mit rot-weißen Kreisen markiert. Bei der folgenden, in einer Talrinne gelegenen **Quelle (4)** können wir uns erfrischen, bevor es im Zickzack steiler aufwärts geht. Wir gelangen so an eine Abzweigung **(5)** im nun flachen Grasland, wo unsere Route beim Abstieg herunterkommt. Jetzt beim Aufstieg peilen wir, wie auf dem Stein angegeben, in gerader Richtung die sich vor uns abzeichnende Berghütte **Martinova Košara (6)**, 1291 m, an.
Von der Hütte führt die Route durch Gras im rechten Winkel nach links in westlicher Richtung weg (vom Hinweg her gesehen). Rund 10 Min. nach der Hütte verweisen Pfosten auf den

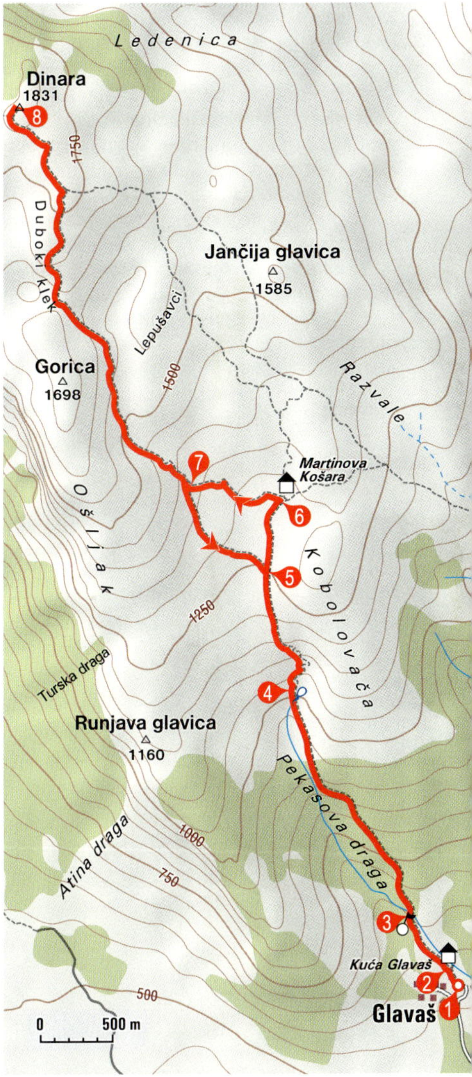

Wegverlauf und der Pfad ist nun wiederum gut auszumachen. Wir passieren in der Folge eine Abzweigung **(7)**, die wir später beim Abstieg nehmen. Imposante Karrenfelder und danach eine Doline zählen zu den eindrücklichen Karstphänomenen beim folgenden Aufstieg. In der Tiefe sind die Mauergevierte der Alpbewirtschaftung auszumachen. Mal steiler, mal weniger steil geht es bergan, zur Abwechslung folgt ein knorriger Buchenwald. Kurz bevor wir auf einen Grat gelangen, führt die Route an einer weiteren Doline vorbei, die an einen Vulkankrater erinnert. In Bälde wechselt der Wegverlauf auf die rechte Flanke, um sich dann nochmals am Kamm entlang hinaufzuziehen. Zuletzt streben wir dem Gipfelkreuz des **Dinara (8)**, 1831 m, zu.
Den Eintrag im Gipfelbuch des höchsten Berges von Kroatien lassen wir uns nicht entgehen. In der Tiefe unten liegt Knin, hinter dem Perucko-See zieht sich der Mosor- und Kozjak-Gebirgszug von Nordwesten nach Südosten, während im Westen das Meer mit den vorgelagerten Inseln auszumachen ist. Im Nordwesten ist der Paklenica-Nationalpark im lang gezogenen Velebit-Gebirgszug zu erahnen und im Nordosten erstreckt sich das weite Hinterland von Bosnien.

Burgruine Gradina, wie gemacht für die »Rote Zora«.

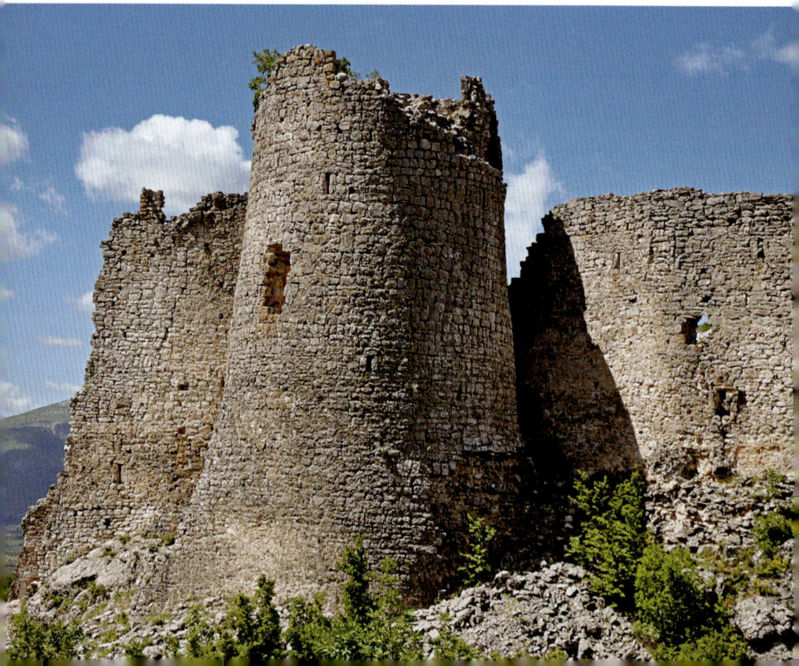

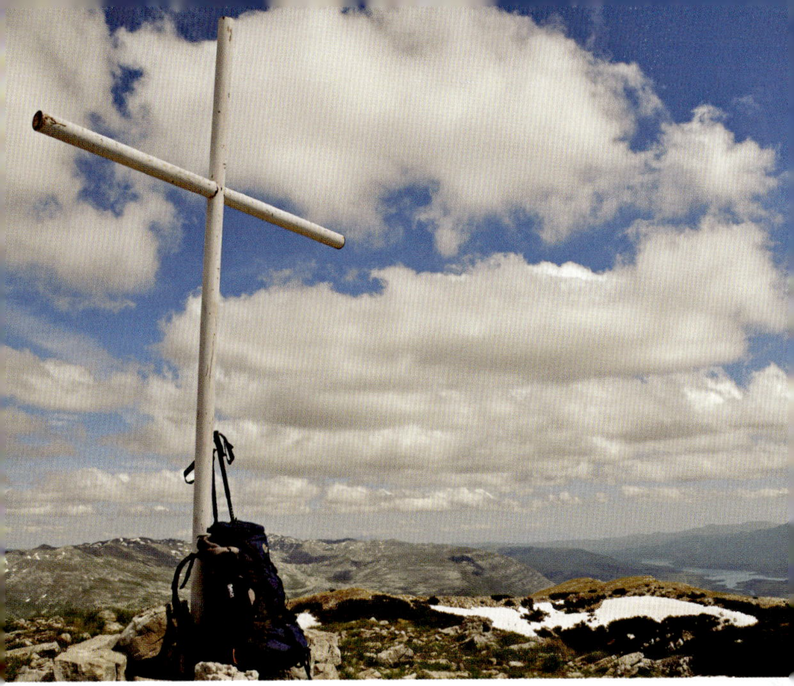

Alpin anmutende Szenerie auf dem höchsten Berg von Kroatien.

Der Abstieg erfolgt vorerst auf derselben Route wie beim Anstieg. Bei der schon erwähnten, vom Abstieg her gesehen ersten Abzweigung **(7)** geht es nach rechts weg (Markierung auf Steinplatte). Auch in diesem Abschnitt ist der Pfad, der zur Abzweigung **(5)** an der Aufstiegsroute führt, bestens erkennbar. Bei der Einmündung in die Aufstiegsroute biegen wir nach rechts ab und gelangen so nach **Glavaš (1)**.

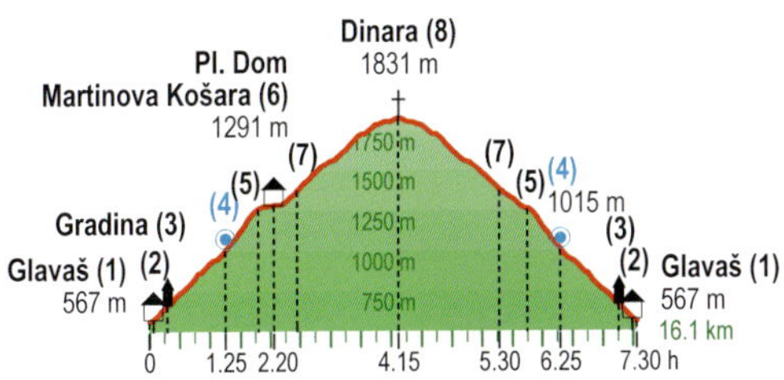

24 Insel Ugljan: Auf den Sveti Mihovil, 263 m

3.00 Std.

Klassische Wanderung mit mediterranem Ambiente und Aussicht

Immergrüne Vegetation mit Zypressen, Feigenbäumen und Olivenhainen prägt diese Tour. Trotz der geringen Höhe von 263 m bietet der Sveti Mihovil eine zauberhafte Aussicht auf das Velebit-Gebirge mit dem Paklenica-Nationalpark sowie meerseitig auf die Insel Dugi Otok und den Archipel der Kornaten. Zuoberst lässt eine Festungsruine Kinderherzen höherschlagen und nach der Rückkehr kann in Preko ein erfrischendes Bad genommen werden.

Ausgangspunkt: Fähranlegestelle in Preko. Parkplätze in der Nähe der Tourismusinformation im Zentrum von Preko. Buslinie auf der Inselslängsstraße.
Anreise zur Insel Ugljan: Fährverbindung von Zadar nach Preko: www.jadrolinija.hr/de.
Höhenunterschied: 300 m.
Anforderungen: Keine besonderen. Auf den Übersichtskarten unterwegs ist ein Pfad aufgeführt, der rund um den Sv. Mihovil herumführt. Dieser verliert sich in der Macchia und ist nicht vollständig begehbar. Es ist davon auszugehen, dass nach wie vor einzelne Routen nur schwierig oder nicht begehbar sind.
Einkehr: Hotellerie und Gastronomie gleich in der Nähe der Tourismusinformation von Preko; unterwegs keine.
Variante: Vom Wegpunkt 9 hinab zur Badebucht Uvala Svitla (hin und zurück gut 1 Std.).
Hinweis: Mit dem Fährschiff ab Zadar ist die Tour gut als eintägiger Ausflug machbar.

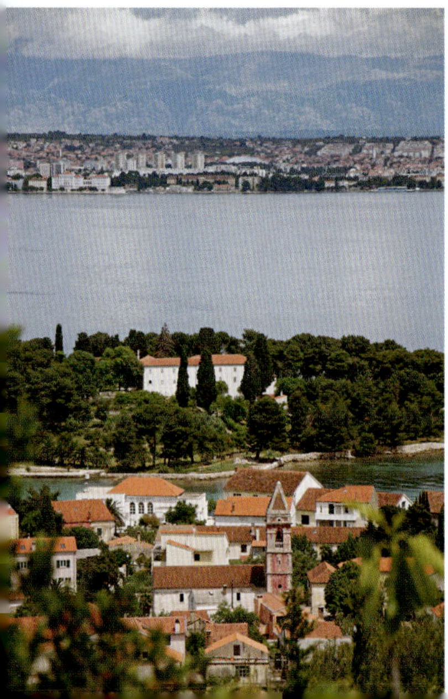

Der Start erfolgt bei der Fähranlegestelle in **Preko (1)**. Wir spazieren auf der Uferpromenade nordwestwärts und gelangen so in das Zentrum von Preko, wo wir die Tourismusinformation passieren. Gleich weiter vorne biegen wir links in die Don Ive Prodana ein, die an der Kirche vorbeiführt. Weiter geht es in der Folge die Lavandiera-Straße entlang, die zur Inselslängsstraße führt. Direkt gegenüber führt ein Fußpfad **(2)** von der Straße weg, quert gleich einen Naturweg und

Preko, dahinter Zadar und das Velebit-Gebirge.

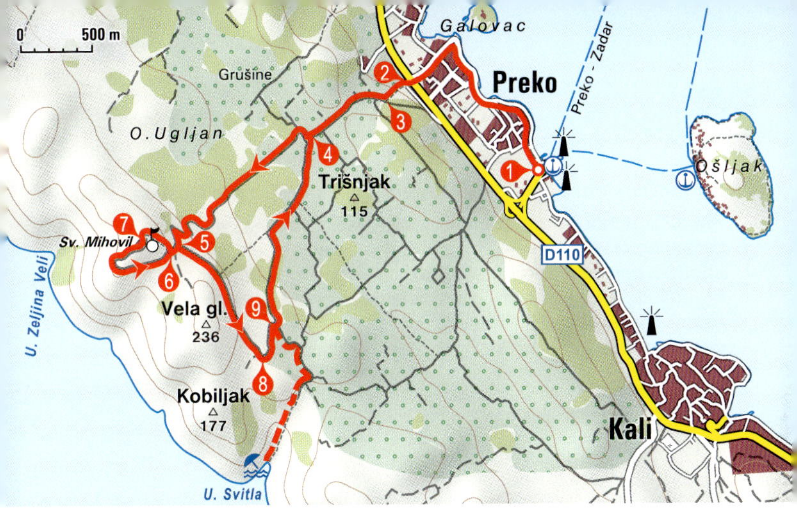

führt uns durch Gebüsch und entlang von Steinmauern aufwärts. Bei der Einmündung in ein Sträßchen **(3)** geht es auf diesem nach rechts leicht ansteigend weiter. Auf dem nun flacheren Wegstück sehen wir die Anhöhe des Sv. Mihovil vor uns, der Sendemast und die Festungsruine sind bereits deutlich erkennbar. Die folgende Steinsitzbank in lauschiger Umgebung lädt zu einer Rast ein. Es folgt die Gabelung **(4)**, wo es links hinüber Richtung Badebucht Uvala Svitla geht. Wir wandern hier rechts weiter, vorbei an der Abzweigung unseres späteren Weiterweges **(5)**, und gelangen so zur Abzweigung **(6)**, wo ein Pfad nach rechts zum höchsten Punkt des **Sv. Mihovil (7)** hinaufführt, 263 m.

Für den Abstieg nehmen wir das Sträßchen und biegen bei der letzten der drei Abzweigungen in den nach rechts wegführenden breiten Naturweg ein **(5)**. Unsere Route führt nun zu einem weiteren, ebenso nicht asphaltierten Natursträßchen, wo wir uns nach links wenden **(8)**. Rund 10 Min. später folgt eine Gabelung **(9)**, wo wir auf dem Natursträßchen nach links weitergehen (Schild »Uvala Svitla« nach rechts, vgl. Variante). Wir ignorieren die folgenden Abzweigungen und bleiben immer auf dem nun teils betonierten Sträßchen. Wo die Route in den Hinweg einmündet **(4)**, nach rechts weiter und zurück nach **Preko (1)**.

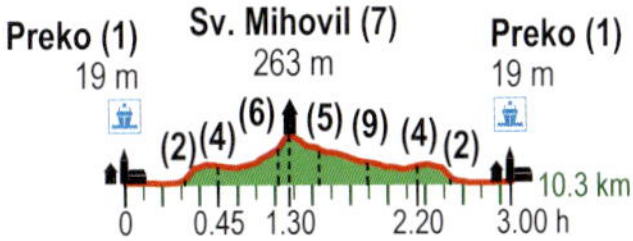

25 Insel Pašman: Von Meer zu Meer

3.45 Std.

Küstenwanderung mit dem Höhe(n)punkt der Kapelle Gospa Loretska

Zweimalige Überschreitung der Inselbreitseite vom Pašmanski Kanal zum adriatischen Meer und wieder zurück. Wir umkreisen dabei die Kapelle Gospa Loretska und haben vom Mali Bokolj einen schönen Rundblick. Die erste Hälfte verläuft panoramareich, immer wieder mit Blick auf die Silhouette der Kornaten. In der zweiten Hälfte entzücken die lagunenförmige Kablin-Bucht mit ihrem frischen Blau und im Schlussabschnitt ebenso reizvolle Badeplätze.

Ausgangspunkt: Hafenbecken in Banj. Parkplätze in Banj. Autobusstation auf der Insellängsstraße.
Anreise zur Insel Pašman: Fährverbindung von Biograd auf dem Festland nach Tkon: www.jadrolinija.hr/de.
Höhenunterschied: 360 m.
Anforderungen: Meist breite Naturwege, teils asphaltiert oder betoniert. Die Route ist nur wenig markiert, aber problemlos zu finden.
Einkehr: Je nach Saison in Banj und in Ždrelac, unter anderem bei der Kirche Sv. Luka.
Variante: Zwischen Wegpunkt 3 und 5 nach links abzweigend hinüber und hinauf zum Veli Bokolj, 272 m, und wieder zurück (gut 2 Std.).

Der Kreuzweg als reizvoller Aufstieg zur Kapelle Gospa Loretska.

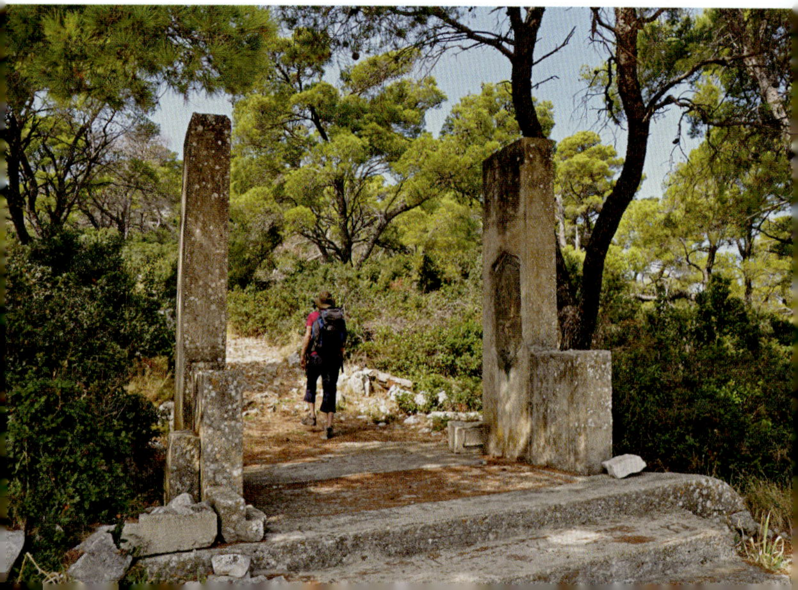

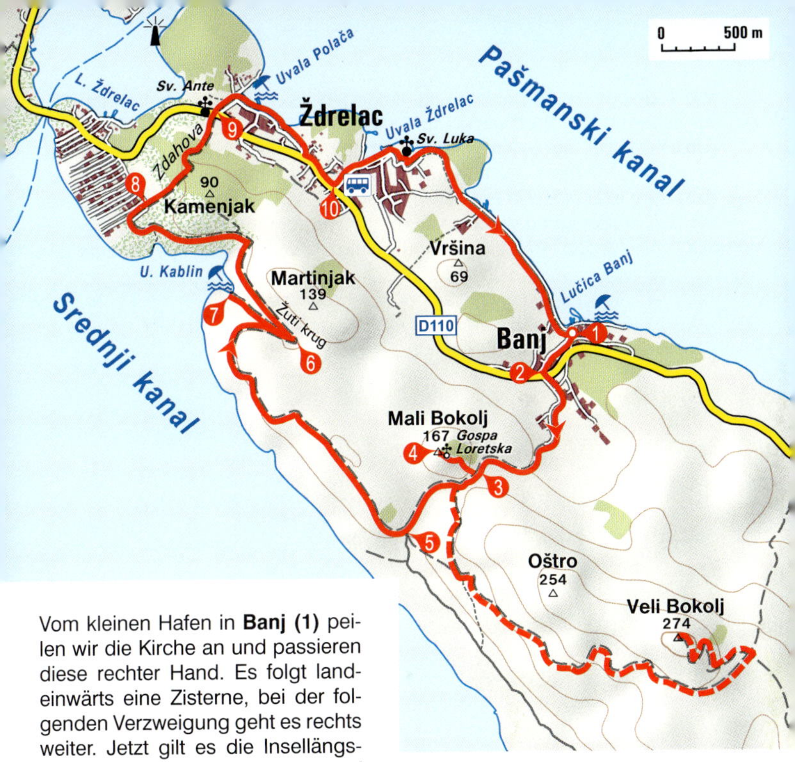

Vom kleinen Hafen in **Banj (1)** peilen wir die Kirche an und passieren diese rechter Hand. Es folgt landeinwärts eine Zisterne, bei der folgenden Verzweigung geht es rechts weiter. Jetzt gilt es die Inselländsstraße **(2)** zu überqueren, worauf ein Fahrsträßchen in derselben Richtung weiterführt. Oliven- und Feigenbäume, Pinien und Zypressen ragen aus dem Gelände heraus, am Wegrand wächst Anis. In der Folge passieren wir eine Hinweistafel zur Kapelle, hier nach rechts weiter, nun aufsteigend auf der teils betonierten Fahrstraße. Den Schlussaufstieg zur Kapelle nehmen wir nach rechts abzweigend **(3)** unter die Füße. Zuerst schreiten wir zwischen zwei Säulen einige Treppenstufen empor, worauf ein Kreuzweg hoch zum Gipfel des **Mali Bokolj (4)** führt. Ganz oben bei der Kapelle **Gospa Loretska** genießen wir den sehr schönen Rundblick. Richtung Westen zeichnet sich Dugi Otok gegen den Horizont ab

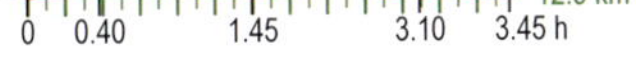

und südwärts die Kornaten. In die entgegengesetzte Richtung fällt der Blick auf Zadar und im Nordwesten auf Ugljan.

Zurück bei der letzten Abzweigung **(3)**, folgen wir nach rechts der betonierten Straße, die nach geraumer Zeit in eine Naturstraße übergeht und später wiederum in Beton. Wo auf der Anhöhe das Meer gesichtet wird, folgen wir bei der Verzweigung dem nach rechts wegführenden Natursträßchen in Richtung Ždrelac. (Nach links Route auf den Veli Bokolj, vgl. Variante.) Es

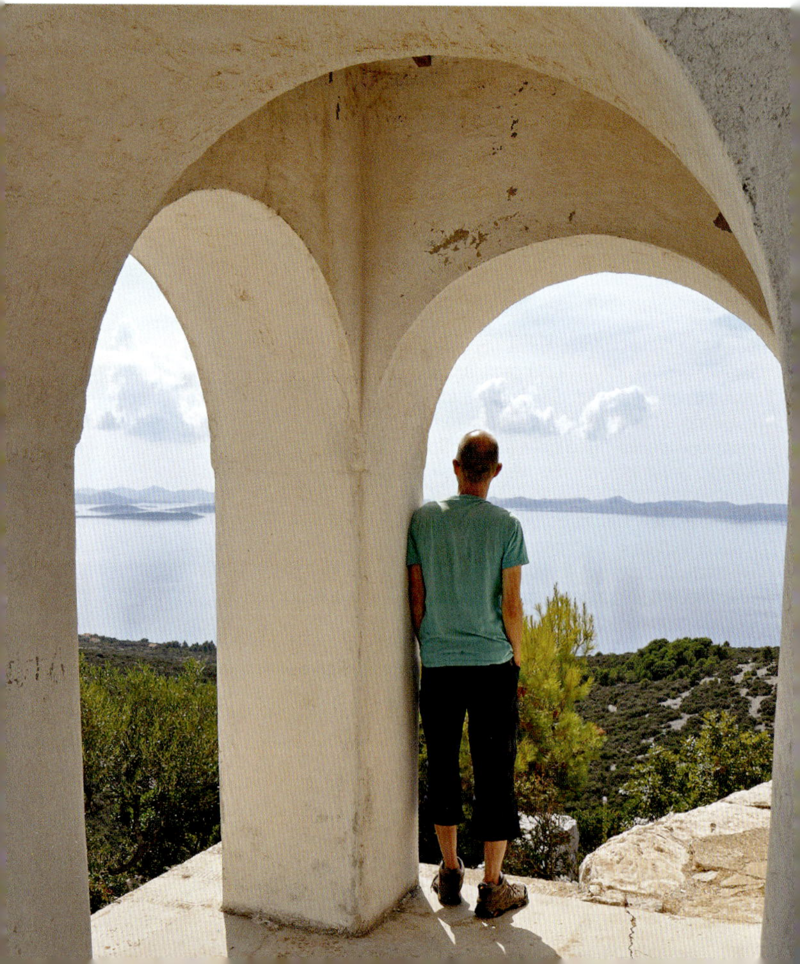

folgt eine weitere Gabelung **(5)**, wo wir nach rechts auf die Schotterpiste einbiegen. Nun folgen wir der Küste, 50 bis 100 Meter über dem Ufer. Wir erreichen eine Abzweigung **(6)**, von der aus die bereits von Weitem glitzernde Lagune der **Uvala Kablin (7)** über einen Pfad zu erreichen ist.

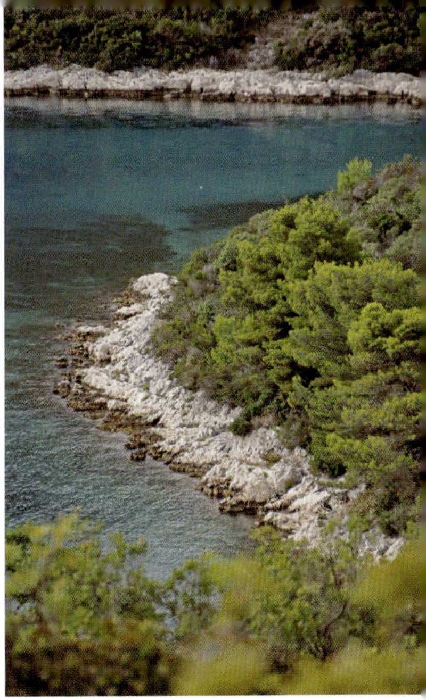

Lagune bei der Uvala Kablin.

Nach den erfrischenden Schwimmzügen geht es zurück zur Abzweigung **(6)** und dort nach links weiter, bis bei den ersten Häusern von Mali Ždrelac die Naturstraße in die Put Lovora einmündet. Dieser Straße folgen wir für ein kurzes Stück abwärts. Die folgende Abzweigung führt nach rechts weg **(8)**. Der Naturweg leitet leicht ansteigend auf eine Anhöhe und wieder hinunter. Kurz vor der Insellängsstraße stoßen wir auf die von Zypressen flankierte Kapelle Sv. Ante. Hier geht es einige Schritte nach rechts und dann über die Böschung zur Straße hinab **(9)**. Gleich gegenüber führt das asphaltierte Sträßchen zur Küste, wo ein schöner Badeplatz und je nach Saison eine Einkehrmöglichkeit auf uns wartet.

Zuerst einem Weg und hierauf einem Pfad entlang der Steinmauer folgend, kommen wir zur Insellängsstraße zurück, wo es nach links auf dem Gehsteig weitergeht. Nach rund 5 Min. zweigen wir bei einem braunen Hinweisschild links ab. Vorbei an der **Busstation (10)** führt die geteerte Straße durch den Ort **Ždrelac** hinab zum Meer. Die kleine Hafenanlage wird durch die Kirche Sv. Luka und zwei Restaurants abgerundet. Gleich vor der Kirche geht es nach rechts weiter, wiederum landeinwärts, und einige Meter weiter vorne nach links weg. In der Folge nehmen wir immerzu die dem Meer am nächsten gelegene Route. Es folgt ein Pfad, der näher ans Meer hinabführt. Im Wald passieren wir eine Villa, worauf wir uns wieder etwas landeinwärts halten, um so die Halbinsel zu schneiden. Der folgende Badeplatz in einer kleinen Bucht markiert den Beginn des Schlussabschnittes, der stets an der Küste entlang zurück zum Hafen von **Banj (1)** führt.

Weiter Blick von der Kapelle Gospa Loretska auf Dugi Otok.

26 Insel Pašman: Kulturwanderung auf der Inselbreitseite bei Tkon

3.15 Std.

Kirchen und Turm sowie Steinhäuser und Kloster

Pašman, die Schwesterinsel von Ugljan, ist bis heute nur wenig von Touristen besucht. In geballter Form treffen wir auf dieser Tour eine Fülle von Kulturobjekten an. Ein Teil der Sehenswürdigkeiten, wie der Turm oder das Kloster, sind auf Anhöhen gelegen, was immer wieder einen Überblick über die Natur- und Kulturlandschaft wie auch auf das Meer erlaubt. Das Benediktinerkloster Sv. Kuzma i Damjan hat sich seit dem Spätmittelalter als Hort der glagolitischen Schrift etabliert, welche auf der Inselwelt von Norddalmatien bis ins 20. Jahrhundert gepflegt wurde. Da das griechische Alphabet für die slawischen Sprachen nur bedingt geeignet war, wurde im 9. Jahrhundert im heutigen Kroatien diese eigenständige Schrift entwickelt.

Das Kloster von Sv. Kuzma i Damjan im sanften Abendlicht.

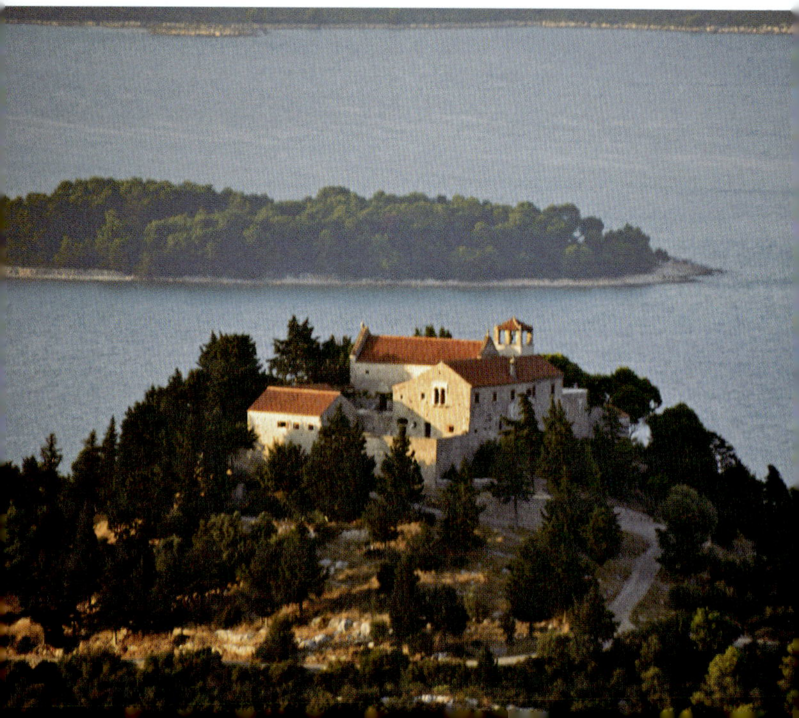

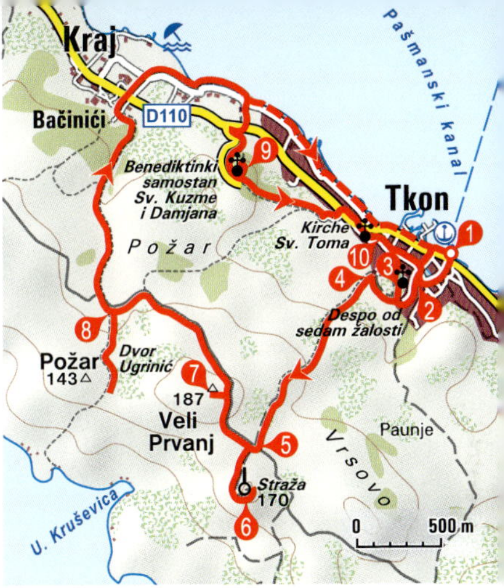

Ausgangspunkt: Hafenmole südöstlich des Fährhafens in Tkon, gleich nach der Tourismusinformation. Parkplätze in Tkon. Autobusstation nahe beim Fährhafen.
Anreise zur Insel Pašman: Fährverbindung von Biograd auf dem Festland nach Tkon: www.jadrolinija.hr/de.
Höhenunterschied: 360 m.
Anforderungen: Meist gut erkennbare Wege, größtenteils unmarkiert. Trekkingschuhe werden empfohlen.
Einkehr: In Tkon (auch Unterkünfte); unterwegs keine.
Variante: Statt im letzten Streckenabschnitt hinauf zum Kloster abzuzweigen, den Küstensaum entlang zurück zum Ausgangspunkt (Badeplätze).
Hinweise: Tourismusinformation in der Nähe des Ausgangspunktes.
Das Kloster Sv. Kuzma i Damjan kann Mo–Sa von 16 bis 18 Uhr besichtigt werden (Stand 2023), samostan-cokovac.hr/info.

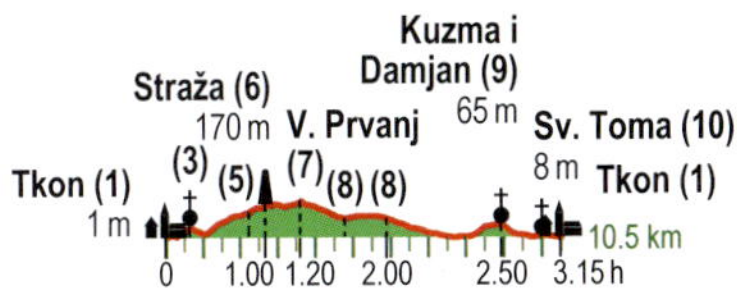

Bei der kleinsten Hafenmole von **Tkon (1)** gehen wir südwestlich der Ulica Šimuna Calića nach in die Altstadt hinein, linker Hand befindet sich die Kirche. Bei der Put Pelastra angelangt, nach rechts weiter bis zur **Ulica Dražice (2)** und an dieser nach links. An ihrem Ende folgen wir einem Natursträßchen nach rechts. Nach kurzer Zeit führt nach rechts ein Pfad hinauf zum idyllisch gelegenen Kirchlein **Gospa od sedam žalosti (3)**. So weit das Auge reicht, erstreckt sich die Macchia, aus welcher Pinien, Zypressen und Steineichen sowie Feigen- und Olivenbäume hervorstechen. Zurück bei der letzten Abzweigung, geht es nun nach rechts weiter. Nach wenigen Minuten gelangen wir an eine Häusergruppe, wo das Schild »Straža« den weiteren Routenverlauf anzeigt. Bei dieser Abzweigung **(4)** also nach links weiter. Der teils gepflasterte Pfad führt hier mitten durch die Macchia und ist gut erkennbar, aber nicht markiert. Bis zur Anhöhe ignorieren wir alle Abzweigungen. Wo die Route in einen Kiesweg einmündet, geht es von dieser Kreuzung aus **(5)** in kurzer Zeit geradewegs zum Turm auf dem **Straža (6)** hoch, wo der Blick spektakulär auf die Inselgruppe der Kornaten und nordwestlich davon über Dugi Otok schweift. Zurück bei der Kreuzung biegen wir nach links auf die Schotterstraße ein. Bei der folgenden Abzweigung besteht die Möglichkeit, nach links entlang der Steinhaufen über Karrenfelder in wenigen Minuten auf den **Veli Prvanj (7)**

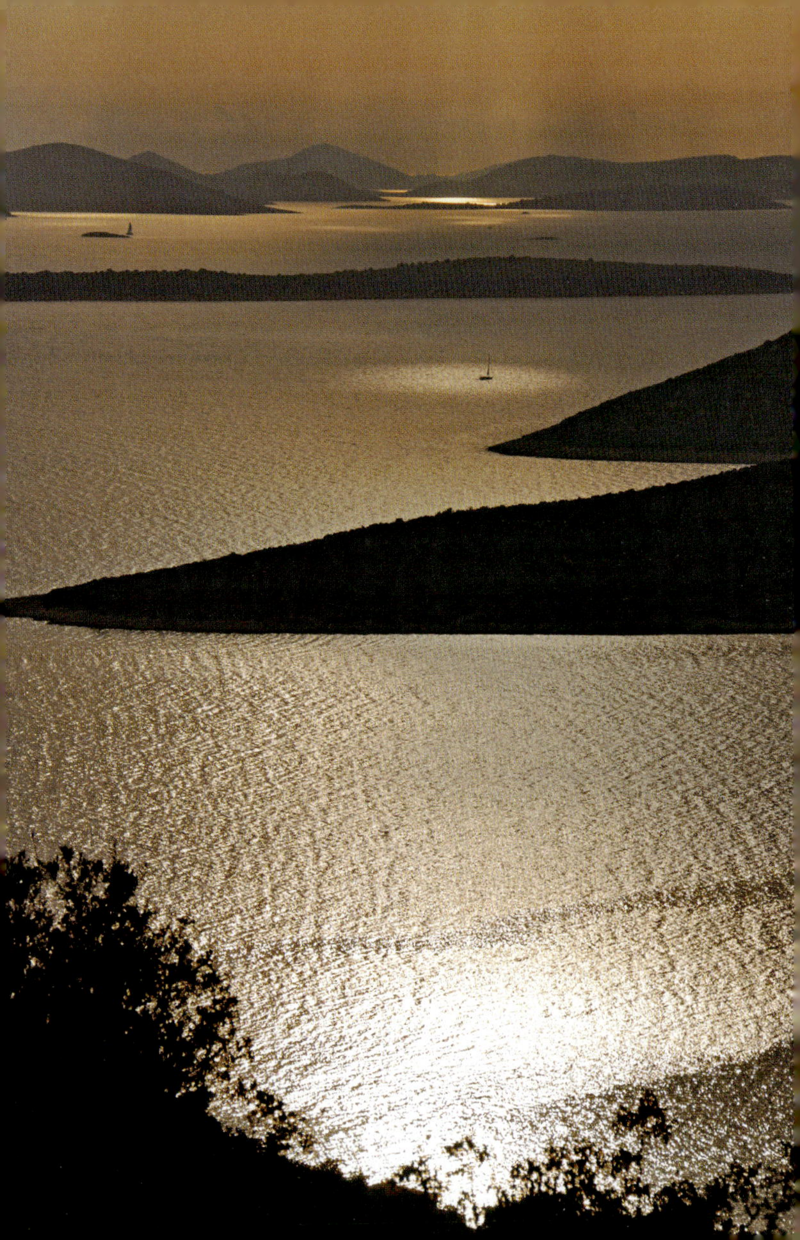

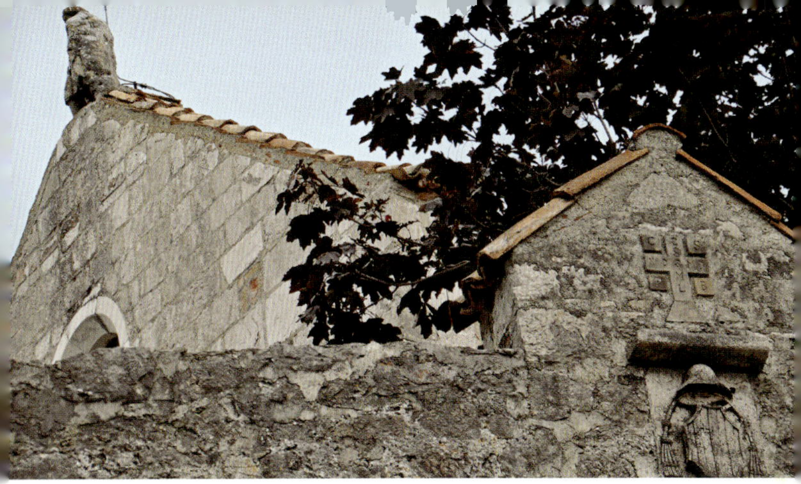

aufzusteigen. Zurück auf der Schotterstraße ignorieren wir die folgende Abzweigung nach rechts und nehmen in einer kleinen Senke stattdessen die Abzweigung **(8)** nach links. Das Schild »Crnike« (archäologische Lokalität) macht darauf aufmerksam, dass wir in einigen Minuten auf alte, nicht mehr bewohnte Rundhäuser aus Stein treffen. Dahin gelangen wir, indem wir dem schmalen Pfad durch die Macchia folgen und uns bei der ersten Abzweigung laut Pfeil nach rechts entlang einer Steinmauer halten. Etwas weiter vorne auf einer Höhe von 110 m liegt ein Aussichtspunkt.
Zurück bei der Abzweigung **(8)** machen wir einige Schritte nach links, wo nach rechts ein Pfad wegführt. Kurz bevor wir die Straße erreichen, nehmen wir bei der Verzweigung die linke Variante. Im Nu sind wir bei der Inselhauptstraße und kurze Zeit später unten an der Küste. Hier nach rechts, dann wiederum nach rechts zurück zur Hauptstraße und gemäß dem braunen Hinweisschild hinauf zum Kloster **Sv. Kuzma i Damjan / Ćokovac (9)**. In diesem letzten noch verbliebenen Benediktinerkloster in Kroatien lebt zurzeit noch eine Handvoll Mönche.
Gleich unterhalb des Klosters führt bei einem Parkplatz eine Steintreppe abwärts. Beim folgenden Schottersträßchen geht es nach links weiter. Bei der Inselstraße angelangt, zweigen wir nach rechts ab, aber nicht auf die Hauptstraße, sondern auf die parallel verlaufende Ulica Sv. Toma. 100 Meter nach der Kirche **Sv. Toma (10)** biegen wir links auf die Ulica Ravnice ab, halten uns am Abzweig zur **Ulica Dražice (2)** zweimal links und gelangen so über Put Kolešća an den Hafen und zum Ausgangspunkt in **Tkon (1)**.

Oben: Altehrwürdige Gemäuer bei Tkon.
Links: Archipel der Kornaten und Dugi Otok.

TOP 27

Insel Dugi Otok: Im Naturpark Telašćica

1.45 Std.

Von der Lagune Tripuljak über die Stene-Klippen zum Salzsee Mir

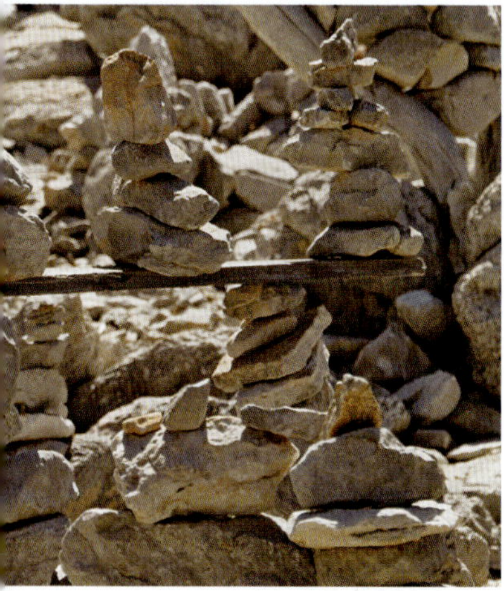

Steinmännchen im Balanceakt.

Telašćica kommt aus dem Lateinischen und heißt »drei Seen«, welche hier wie Lagunen geformt sind. Daneben weist der Naturpark weitere Naturphänomene auf: Erstens den durch unterirdische Kanäle mit dem Meer verbundenen Salzsee Mir (»Friede«), welcher im Winter gefrieren kann, während er im Sommer bis zu 33 Grad warm wird, wodurch Heilschlamm (Fango) gewonnen werden kann. Und zweitens die bis zu 160 Meter hohen Stene-Klippen, die zu den imposantesten in der Adria zählen. Nicht zu vergessen sind auch die 13 Inselchen, welche den Naturpark schmücken. Die Meereswelt des Naturparks beherbergt rund 250 Pflanzen- sowie 300 Tierarten, während die Vegetation zu Lande rund 300 Arten umfasst.

Ausgangspunkt: Parkplatz des Naturparks. Autoanfahrt: Von Sali der Inselstraße nach hinauf bis zur Eingangspforte des Naturparks, wo Tickets gelöst werden können. Entlang der ersten Lagune auf guter Straße bis zum Parkplatz des Naturparks. Taxiservice ab Sali: Tel. +385/98/89 10 36.
Anreise zur Insel Dugi Otok: Fährverbindung von Zadar nach Brbinj: www.jadrolinija.hr/de.
Höhenunterschied: 120 m.
Anforderungen: Einfache Wanderung auf guten, nicht asphaltierten Wegen.
Einkehr: 30 Min. nach dem Ausgangspunkt bei der Mir-Bucht.

Variante: Wanderung ab Sali: Vom Segelhafen in Sali aus hinauf zur Hauptkirche und weiter zur Inselstraße, die nach rechts zur Eingangspforte des Nationalparks führt. Links davon führt ein Weg hinunter zu ersten Lagune und von dort dem Sträßchen nach bis zum Parkplatz (1). Zusätzlich gut 4 Std. Gehzeit (hin und zurück).
Hinweise: Tourismusbüro im Hafengelände von Sali.
Abstecher vom Anfahrtsweg her auf den Grbašćak (Sendemast, 146 m). Grandioses Panorama auf die Klippen, auf den Mir-See, die Lagunen von Telašćica sowie die Inselwelt der Kornaten.

Die Lagune von Tripuljak.

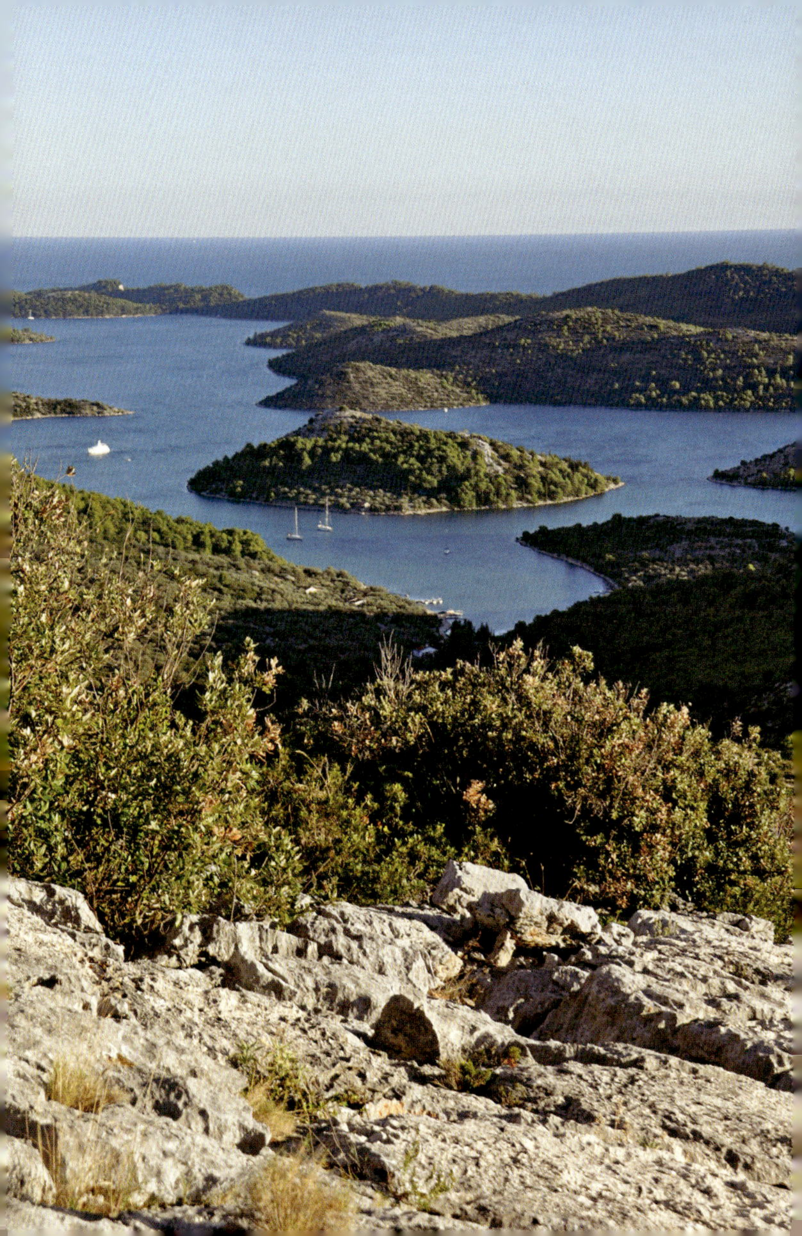

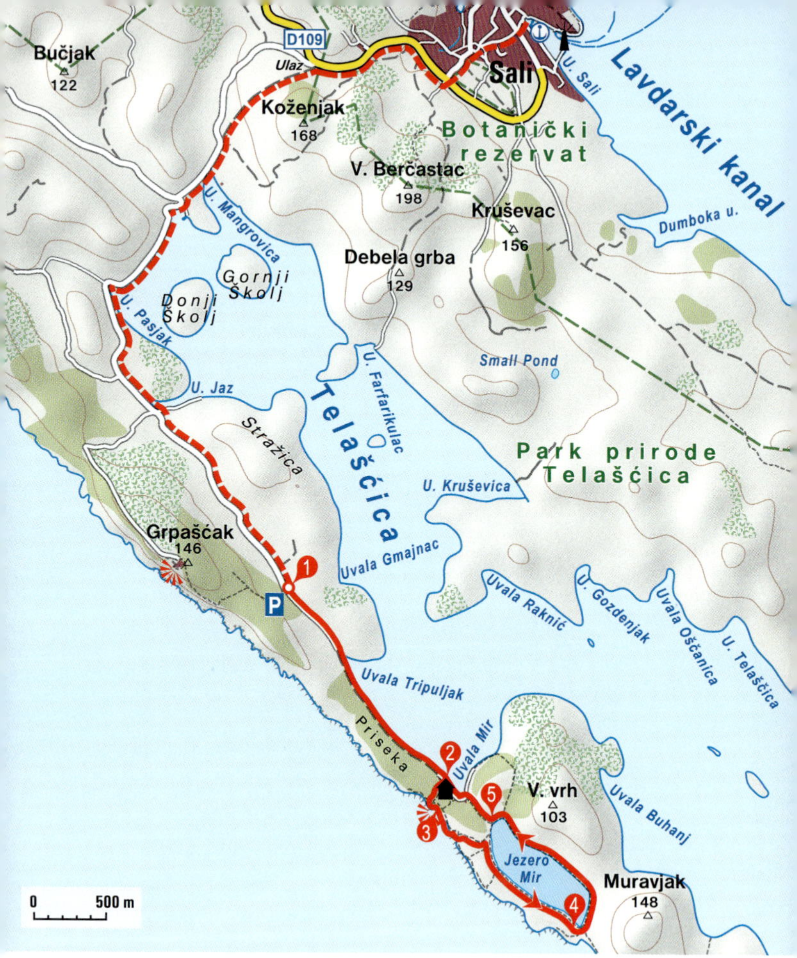

Vom **Parkplatz (1)** folgen wir dem Naturweg immerzu südostwärts. Der folgende mit Stein gepflasterte Weg führt die Tripuljak-Lagune entlang zur Mir-Bucht. Bei den Restaurants nehmen wir entsprechend dem Holzwegweiser die Abzweigung **(2)** nach rechts hinauf zu den Klippen. Vom **Aussichtspunkt (3)** aus lassen sich die im Volksmund »Stene« genannten Klippen überblicken, welche sich die ganze Südwestküste von Dugi Otok entlangziehen. Von hier gehen wir in südöstlicher Richtung noch ein Stück weiter die

Klippen entlang. Ein gut auszumachender Fußweg führt in der Folge direkt hinunter zum **Mir-See**, wo es nach rechts am Ufer entlang weitergeht. Kurz vor der Breitseite reiht sich ein Steinturm an den nächsten **Steinmann (4)**. Dahinter verbirgt sich ein reizvoller Küstenstreifen, der zum Bade einlädt. Der Salzsee ist hier im Untergrund mit dem Meer verbunden, sodass frisches Meerwasser zufließen kann. Entlang der anderen Seeseite genießen wir erneut diese einzigartige Atmosphäre, welche der Jezero Mir ausstrahlt, bis wir bei der anderen Breitseite nach rechts hinauf abzweigen **(5)**. In 5 Min. gelangen wir zurück zur Mir-Bucht.
Von dort geht es auf demselben Wege wie beim Herkommen zurück zum **Parkplatz (1)**.

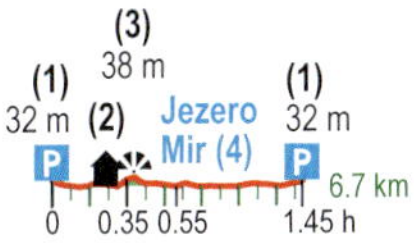

Rast am Salzsee Mir, der auch für seinen Heilschlamm bekannt ist.

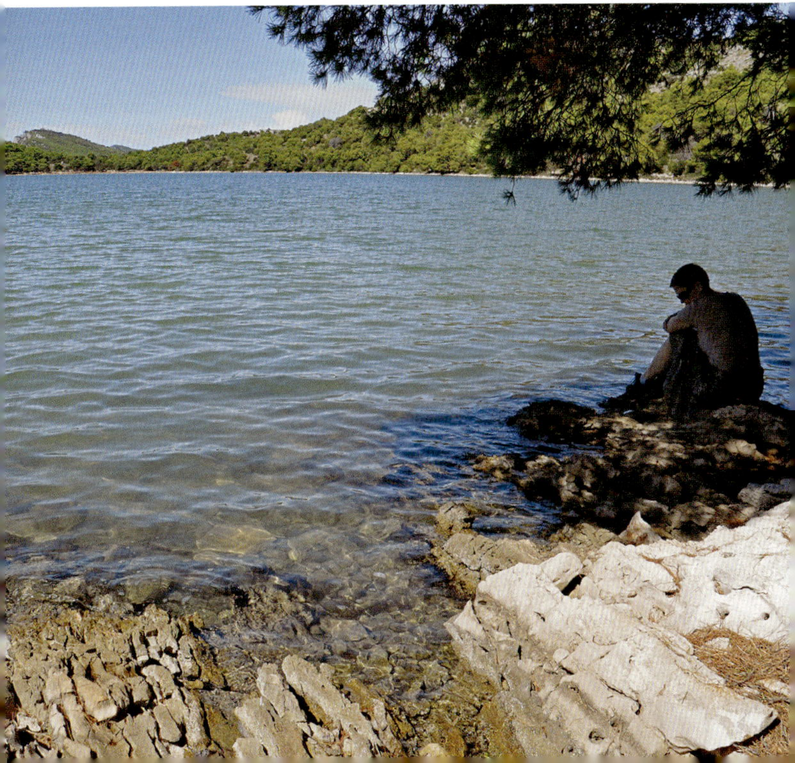

28

Insel Dugi Otok: Zum Leuchtturm von Veli Rat

2.15 Std.

Von der Lagune bei Veli Rat zur Landbrücke von Veli Rat

Hin und zurück zum Leuchtturm durchstreifen wir ein schattiges Waldgebiet, in dem Pinien und Kiefern vorherrschen. Ganz im Nordwesten von Dugi Otok, der »langen Insel«, begehen wir die immer schmaler werdende Landbrücke zwischen den Buchten im Osten und dem offenen Meer. Die Tour abseits der Touristenströme bietet landschaftliche Abwechslung, vielerlei Bademöglichkeiten im klaren Wasser, und der imposante Leuchtturm setzt ein ganz eigenwilliges Ausrufezeichen. Ganz zum Schluss lädt das malerische Veli Rat zur Einkehr ein.

Ausgangspunkt: Veli Rat; Parkplätze und Busstation bei der Ortstafel, eingangs von Veli Rat. Weitere Parkplätze gibt es beim Leuchtturm Veli Rat. Autobus von Brbinj (Fähre nach Zadar). Anreise zur Insel Dugi Otok: Fährverbindung von Zadar nach Brbinj: www.jadrolinija.hr/de.
Höhenunterschied: Ca. 40 m.
Anforderungen: Keine besonderen.

Einkehr: In Veli Rat beim kleinen Hafen; unterwegs keine.
Variante: Einige Minuten nach Wegpunkt 7 nach links Abzweigung zur idyllischen Sušica-Bucht (hin und zurück 15 Min.).
Hinweise: Kleines Tourismusbüro in Veli Rat. – Die Sakarun-Bucht östlich von Veli Rat ist einer der berühmtesten Strände in Norddalmatien (Abzweigung von der Inselstraße kurz vor Veli Rat).

Los geht es bei der Busstation in **Veli Rat (1)** gleich nach der blauen Ortstafel, etwa auf der Höhe der Kirche des heiligen Antonius. Die schöne, abseits der Tourismusströme gelegene Lagune und Meeresenge bei Veli Rat ist gleich zu Anfang eine Augenweide. Wir nehmen hier das meist wenig befahrene Sträßchen Richtung Westen, das sich nach rund 15 Min. Gehzeit mit dem ebenfalls von Veli Rat hierher führenden Küstensträßchen vereinigt **(2)**.
Nach der Bucht U. Slatine nehmen wir bei der Verzweigung **(3)** die linke Variante und bei der nächsten Gabelung **(4)** ebenfalls. Alle weiteren Abzweigungen nach links und rechts ignorieren wir.
So erreichen wir den prächtigen **Leuchtturm (5)** von

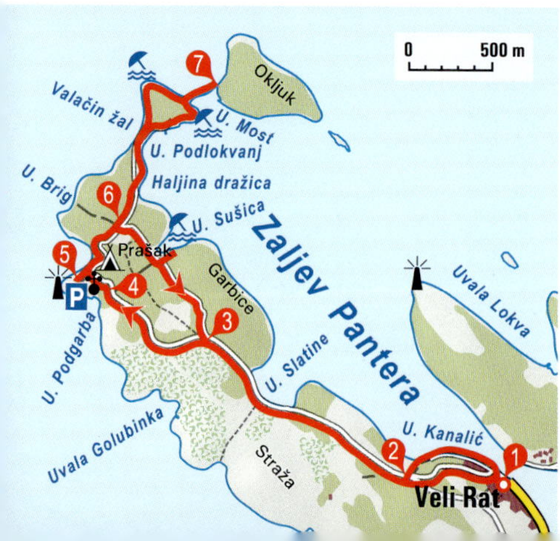

Veli Rat, der aus dem Jahr 1849 stammt. Die pittoreske Lokalität wird bereichert durch die Kapelle des heiligen Nikolaus. Auf den weißen Sitzbänken lässt es sich gut verweilen und es kann auch ins Meer eingetaucht werden. Wir folgen von hier aus dem schmaler werdenden Naturweg, zuerst am Campingplatz vorbei, worauf es bei der Kreuzung **(6)** geradeaus weitergeht. Schmaler und schmaler wird die Landbrücke. Wo der Weg endet, wird die Landzunge nochmals breiter. Wir entscheiden uns hier für die linke Meeresseite. Ganz zuletzt führt ein Naturdamm, welcher sich aus Seetang zusammensetzt, in unmittelbarer Nähe der Most-Bucht (Most = Brücke) zur namenlosen kleinen »Insel« hinüber **(7)**. Beim Rückweg folgen wir auf der Landzunge der anderen Meeresküste.

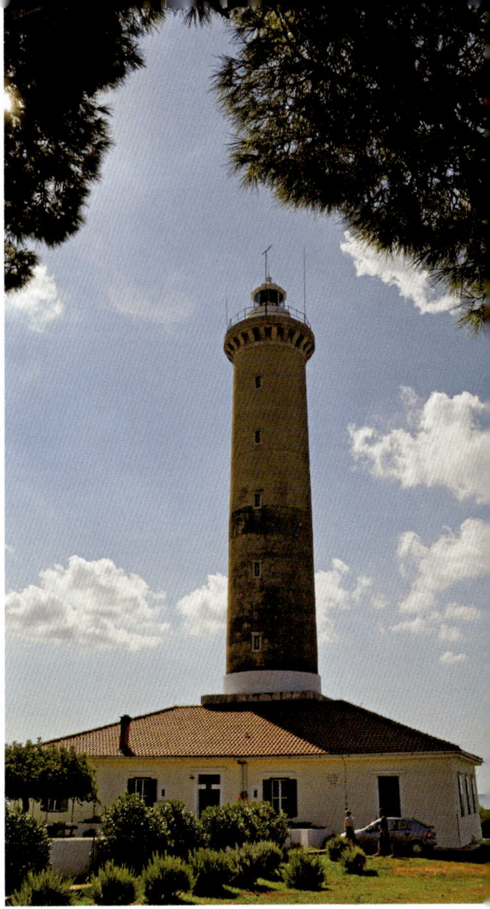

Der weithin sichtbare Leuchtturm von Veli Rat.

Zurück bei der Kreuzung **(6)** biegen wir nach links ab und umgehen so den Leuchtturm. In der Folge können wir bei der Abzweigung nach links zur idyllischen **Sušica-Bucht** hinunterwandern. Von der Abzweigung führt der Waldweg südostwärts geradewegs bis zur Straße, wo es nach links weitergeht. Kurz vor Veli Rat zweigen wir links ab und gelangen direkt dem Meerufer nach zurück zum Ausgangspunkt in **Veli Rat (1)**.

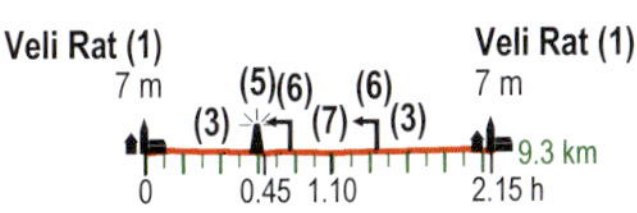

29 Insel Dugi Otok: Auf den aussichtsreichen Oštravica, 275 m

1.45 Std.

Rassige Runde hoch über dem Meer mit der Höhle Strašna Peć

Kurzweilige Wanderung, welche hoch über dem Meer zu einer Höhle und in wilder Karstlandschaft hinauf auf den Oštravica führt. Die Farbtöne wechseln von der grün-braun-grauen Landschaft zum azurblauen Meer. Aufgrund ihrer Lage und eines zufälligen Fundes (Messer aus Feuerstein) wird angenommen, dass die Höhle zumindest als vorübergehender Lebensraum für frühe menschliche Besiedelung (Steinzeit) auf der Insel diente. Die teils neuen Markierungen weisen darauf hin, dass die Verantwortlichen auf Dugi Otok den Wandertourismus fördern.

Ausgangspunkt: Parkplätze oberhalb der Abzweigung von der Inselängsstraße zwischen Žman und Brbinj; Schild »Cave«. Taxiservice ab Sali: Tel. +385/98/89 10 36 oder mit dem Autobus (Halt auf Verlangen). – Anreise zur Insel Dugi Otok: Fährverbindung von Zadar nach Brbinj: www.jadrolinija.hr/de.

Höhenunterschied: 300 m.

Anforderungen: Gute Trekkingschuhe, Wanderstöcke nach Bedarf. Im ersten Teil des Aufstiegs hinauf zum Oštravica scharfkantige Blöcke und auf dem Gipfelaufbau etliche Platten. Der Schlussaufstieg ist stellenweise weglos, aber ausreichend markiert.

Einkehr: Keine.

Variante: Bei Wegpunkt 3 Abzweigung nach rechts hinauf zum Orljak.

Hinweis: Öffnungszeiten und Führungen in der Höhle: Kontaktperson Vladimir Šarunić, Tel. +385/23/30 51 97, Mobil +385/98/175 79 23, E-Mail strasnapec@yahoo.com, strasnapec.com.

Wechselnde Ausblicke auf das Meer …

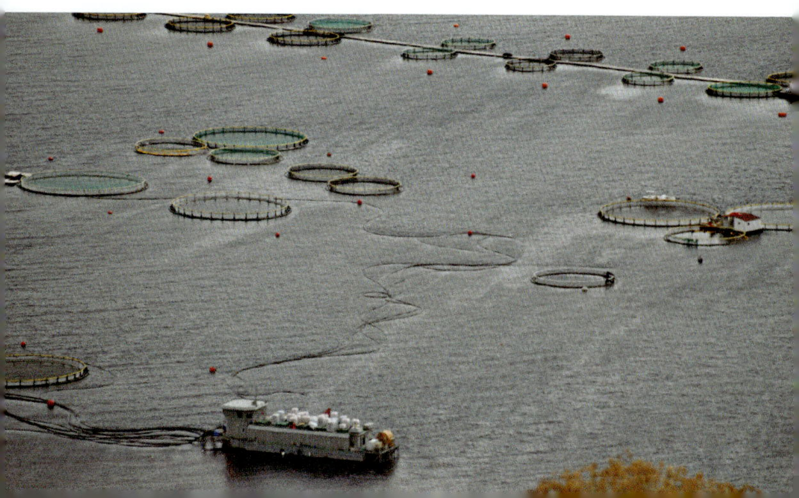

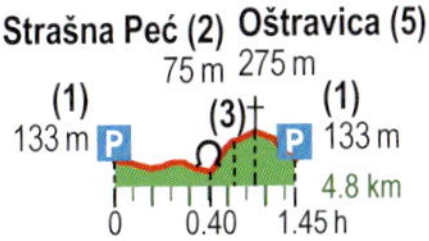

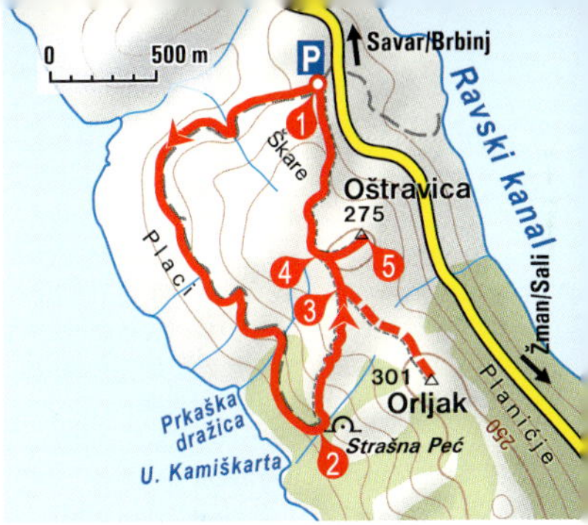

Wir starten beim **Parkplatz (1)**, gut 100 m nach der Abzweigung von der Insellängsstraße. Gleich dahinter sind Wegweiser mit verschiedenen Angaben auszumachen. Für uns relevant ist die Höhle Strašna Peć. Nach der Barriere geht es hoch über dem Meer auf dem Naturweg weiter. Die freie Sicht auf die Adriatische See ist ein Genuss, Richtung Westen erstreckt sich die Südküste von Dugi Otok. Nach einem kurzen Aufstieg dreht sich die Route und damit die Sicht Richtung Osten. Weißes Kalkgestein und grüne Macchia prägen das Landschaftsbild, dazu kommt das Blau des Meeres, während der Küstensaum mit weißem Kalkgestein durchsetzt ist. Wo der Weg endet und der Aufstieg in einem Bogen nach links hinauf beginnt, liegt die Höhle **Strašna Peć (2)**, Öffnungszeiten siehe unter Hinweis.

Von hier steigen wir über etliche scharfkantige Felsblöcke bergwärts, die rotweißen Wegzeichen sind gut erkennbar. Mediterrane Aromen steigen im weiteren Aufstieg die Nase hoch. Weiter oben gestaltet sich die teils weglose, aber ausreichend markierte Route einfacher, in gerader Steiglinie erklimmen wir die Anhöhe, zwischendurch im Zickzack. Wo das Gelände flächer wird, passieren wir die Abzweigung **(3)** nach rechts hinüber zum Orljak (vgl. Variante). Unsere Route führt nun abschnittsweise durch Gebüsch, dank den Markierungen können wir den Verlauf gut ausmachen. So erreichen wir die nächste Abzweigung **(4)**, die nach rechts hinaufführt. Auf dem Gipfel des **Oštravica (5)**, 275 m, finden wir inmitten der Steinplatten einen Steinturm vor.

Zurück bei der Abzweigung, wenden wir uns nach rechts. Nach einem steilen Abstieg queren wir oberhalb der Inselstraße die Flanke und kommen so zurück zum **Parkplatz (1)**.

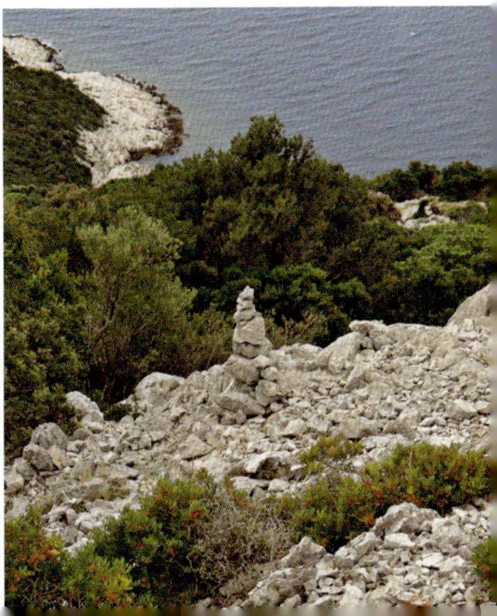

... und die Küste.

Mitteldalmatien

Mittel- oder auch Zentraldalmatien, von den Einheimischen »Splitsko-Dalmatinska« genannt, erstreckt sich von Trogir bis Ploče im Südosten und umfasst Inseln wie Šolta, Brač, Hvar oder Vis, um nur die wichtigsten zu nennen. Mitteldalmatien ist eines der beliebtesten Feriengebiete an der Adria und gliedert sich in vier Regionen:

- Trogir und Kaštela-Riviera
- Split-Riviera und Omiš-Riviera
- Makarska-Riviera
- Hvar, Brač und weitere Inseln

Split und Umgebung

Split ist städtebaulich eines der Juwele an der Adria und der kulturelle sowie ökonomische Dreh- und Angelpunkt von Mitteldalmatien. Die Stadt entwickelte sich aus dem Palast des römischen Kaisers Diokletian heraus, heute besteht die Innenstadt von Split aus einem Labyrinth aus engen Straßen und großen, gepflasterten Plätzen. Omiš, zwischen Split und Makarska gelegen, ist aufgrund seiner Lage am Cetina-Fluss unbedingt einen Besuch wert. Die hochgelegenen Festungen sind steinerne Zeugen der einst berüchtigten Piraten von Omiš. Nur wenige Kilometer von der Küste entfernt, erstrecken sich Höhenzüge, wo Wanderungen mit prächtiger Aussicht möglich sind.

Makarska-Riviera

Die Makarska-Riviera ist eine der meistbesuchten Ferienregionen in Kroatien. 60 Kilometer lang reihen sich der Küste nach Buchten, Klippen, Badestrände, Waldgebiete oder Macchia aneinander. Auf der einen Seite dehnt sich das Meer aus, auf der anderen Seite schießen die Gipfel des Biokovo-Gebirge bis fast 1800 Meter in die Höhe und sorgen für ein spezielles Mikroklima. Makarska ist in der Hochsaison überlaufen, aber trotzdem ein Städtchen geblieben, in dem das mediterrane Lebensgefühl von Kroatien aufblüht.

Biokovo-Naturpark

Von 0 Meter auf 1762 Meter hinauf zum Sveti Jure, dem höchsten Gipfel des Biokovo. Auf einer Ausdehnung von circa 40 Kilometern zieht sich dieses Gebirgsmassiv die Küste von Zentraldamatien entlang und bietet viele Routen für Wanderer. Wegen der langen Anreise oder der langen Aufstiege empfiehlt sich ein zwei- oder mehrtägiger Aufenthalt in einer der Berghütten. Das Gebiet wurde aufgrund seiner einmaligen Geomorphologie, seiner Artenvielfalt und der landschaftlichen Schönheit im Jahre 1981 zum Naturpark (Park prirode Biokovo) ernannt. Der Biokovo weist alle typischen Karstphänomene auf, wie Dolinen, Karrenfelder oder Grotten, in denen die unterirdische Fauna rund 60 endemische Arten, also nur hier vorkommende, aufweist.

Die Insel Hvar

Hvar, insbesondere das gleichnamige Städtchen, hat in der Vergangenheit etliche Hollywoodstars wie Brad Pitt, Sharon Stone oder Steven Spielberg angezogen, die begeistert von Hvar als der bezauberndsten Insel der Welt schwärmen. Hvar führt in seinem Repertoire aber nicht nur Angebote für den Jetset, sondern auch Erlebnisqualität für die Wandernden in ganz unterschiedlichen Landschaftskammern, sei es auf den Anhöhen oder entlang des Meers. Hvar ist für sein mildes Klima bekannt und der Duft der Lavendelfelder und der Wein erfreuen die Sinne und den Gaumen gleichermaßen.

Die Insel Brač

Von Split oder Makarska aus ist die Insel per Schiff in weniger als einer Stunde erreichbar. Brač ist die drittgrößte Insel in der kroatischen Adria und die größte Zentraldalmatiens. Pittoreske, kleine Häfen schmücken die Küstenorte und an Badestränden fehlt es nicht. Am bekanntesten ist Bol mit seinem Sandstrand. Brač weist auch einige Kulturschätze auf, Ausflüge dorthin bereichern den Badeurlaub. Bekannt ist Brač für den Kreidekalkstein, die Abbaugebiete liegen im Norden der Insel. Schon die alten Römer haben den wertvollen Stein beispielsweise für den Bau des Diokletianpalastes in Split verwendet.

Blick auf die Makarska-Riviera und den Omiška Dinara.

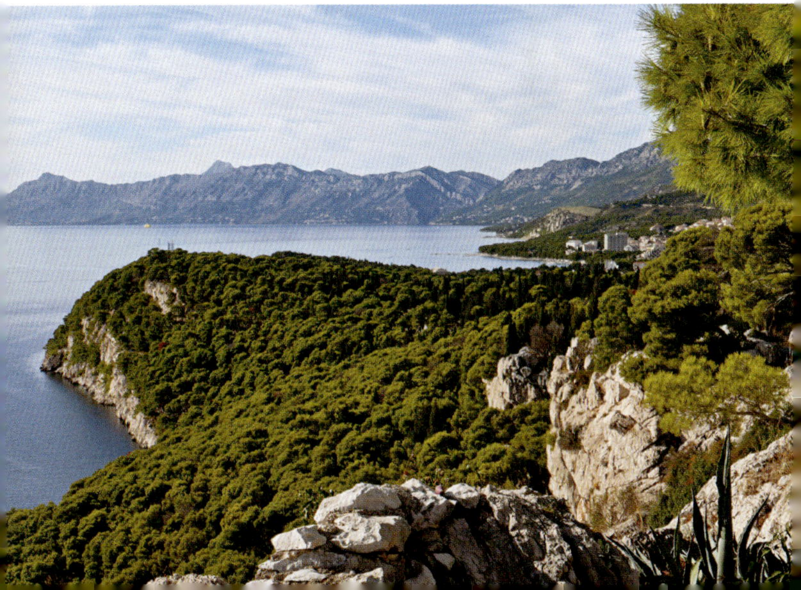

30 UNESCO-Weltkulturerbe Split

2.00 Std.

Im Labyrinth der Altstadt und hinauf zur grünen Halbinsel Marjan

Die Altstadt von Split weist eine beeindruckende Palette von Sehenswürdigkeiten auf, viele historische Bauwerke stammen aus der Römerzeit. Dem südländischen Flair vermag sich niemand zu entziehen, an einem lauen Sommerabend veredeln Musiktöne die Gassen der Altstadt. Ebenso beeindruckend ist die Vegetation im Waldpark. In der »Grünen Lunge« von Split, dem Marjan-Park, lässt sich durchatmen und öffnet sich der Blick auf die umliegenden Berge und das Meer. Ganz zum Schluss lädt die bequeme Lounge-Bar hoch über Split zu einem Umtrunk.

Altstadt von Split mit dem Mosor-Gebirgszug im Hintergrund.

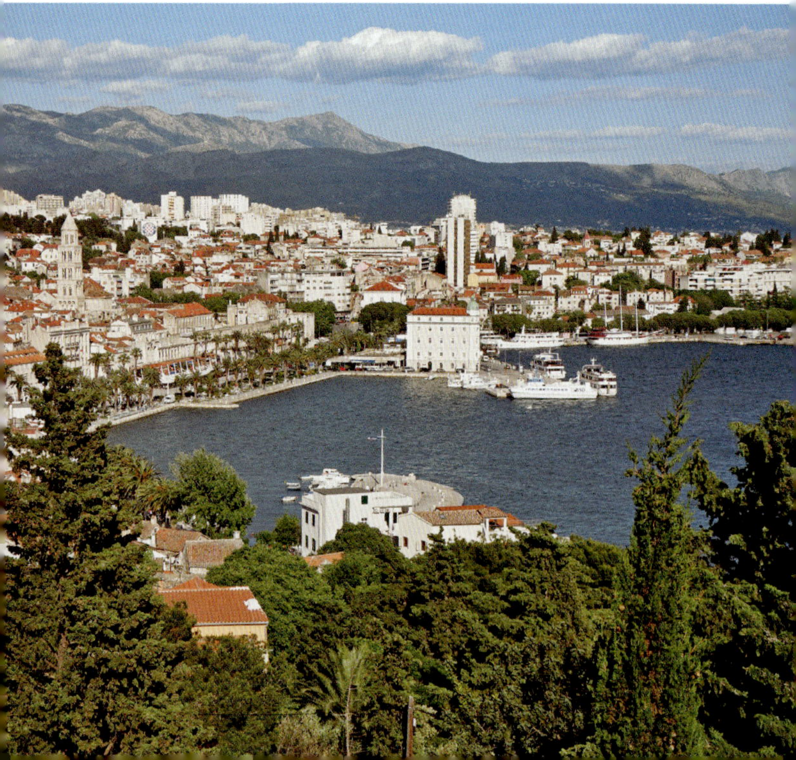

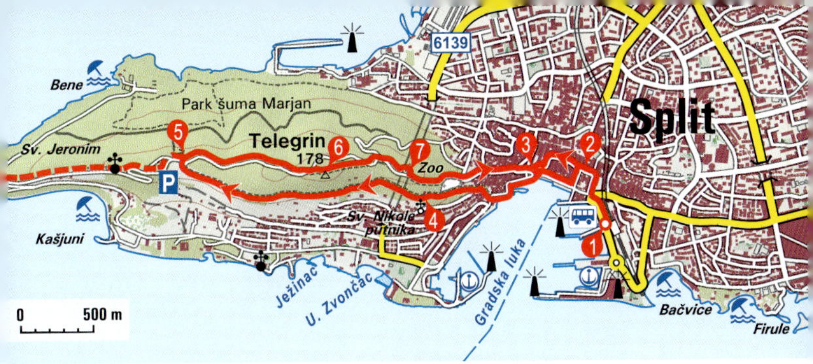

Ausgangspunkt: Busbahnhof und Eisenbahn beim Fährhafen. Parkplätze rings um die Altstadt.
Höhenunterschied: 200 m.
Anforderungen: Keine besonderen.
Einkehr: Diverse.
Variante: Vom Parkplatz bei Wegpunkt 5 westwärts bis zum Ende der Halbinsel weiterwandern, von wo Autobusse zurück in die Altstadt fahren.
Hinweise: Vom Bahnhof gesehen liegen in Richtung Südosten zwei Badeanstalten.
Beim Startpunkt befindet sich der Fährhafen, wo Schiffe zu den Inseln oder auch nach Dubrovnik und Rijeka fahren.

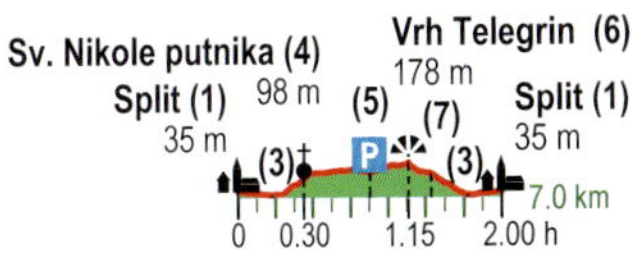

Startpunkt ist der Busbahnhof von **Split (1)**, dahinter liegen die Eisenbahn und davor der Fährhafen. Von hier begeben wir uns Richtung Nordwesten zur Altstadt. Durch eines der Mauertore sind wir gleich im Komplex des Diokletianpalasts, von dem aus sich die Stadt weiter entwickelt hat und der aus dem marmorähnlichen, weiß schimmernden Kalkstein gebaut ist, der auf der Insel Brač abgebaut wird. Mitten darin stoßen wir auf die Kathedrale **Sv. Duje (2)**, vom Campanile aus hat man eine vorzügliche Aussicht. In der Altstadt kann jeder nach einem eigenen Gutdünken die Gassen entlangschlendern und die Bauten auf sich wirken lassen. Beim Platz **Trg Franje Tuđmana (3)** am westlichen Ende der Altstadt sind wir am einen Ende der Riva, der Flaniermeile von Split, angelangt.
In wenigen Minuten erreichen wir am Meer entlang den Einstieg in den Marjan-Park, wo wir beim Schild »Park Forest« die Treppe hochsteigen. Palmen säumen die Stufen, auch hier verströmt Split viel Grandezza. Bald gelangen wir zu einem Restaurant mit Bar mit Sicht auf die Altstadt. Durch mediterran geprägten Mischwald, entlang von Sukkulenten und Zypressen schreiten wir den majestätischen »Aufgang« hoch. Bei der Kapelle **Sv. Nikole putnika (4)** angelangt, folgen wir dem Hauptweg. Leicht aufsteigend, schimmert zwischen der immergrünen Vegetation immer wieder das Meer durch, Sitzbänke laden zum Verweilen ein. Beim folgenden **Parkplatz (5)**, vgl. Variante,

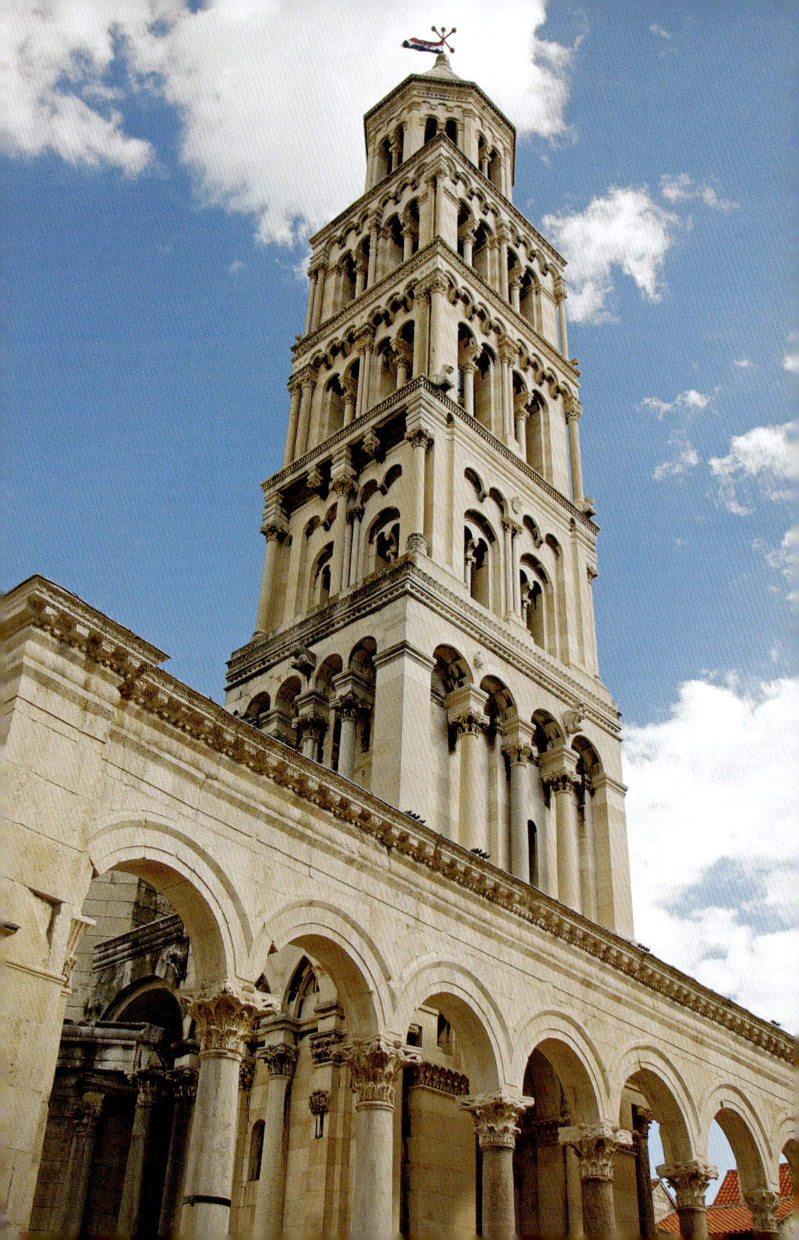

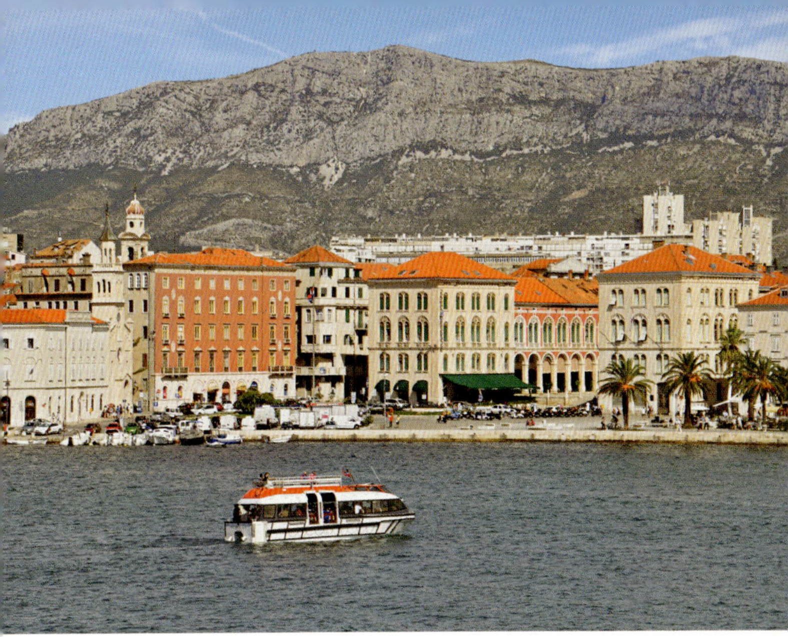

Die Flaniermeile von Split.

geht es scharf nach rechts auf dem asphaltierten Sträßchen weiter hoch. Linker Hand bietet sich als Alternative ein Pfad an. Es folgt eine Verzweigung, wo wir geradeaus (nicht nach links) zum Aussichtspunkt **Vrh Telegrin (6)** aufsteigen. Ganz oben weht eine kroatische Fahne im Wind, die Aussicht lässt sich von einer der Sitzbänke aus genießen: Im Osten breitet sich der Mosor-Gebirgszug aus, weiter hinten das Biokovo-Gebirge, während im Südosten Brač unschwer zu erkennen ist, wie auch Hvar.
Von der Aufstiegsrichtung her gesehen führt vom rechten Rand des Aussichtsplatzes eine Treppe abwärts. Der Fußweg streift und schneidet das Sträßchen, das hier hinunterführt. Bei einem Kinderspielplatz geht es nach rechts weiter. Die Route führt an einem kleinen **Zoo (7)** vorbei, rechts vom Eingang geht es weiter hinunter, womit wir wiederum auf die Bar stoßen. Auf der linken Seite der Bar führt eine Treppe durch ein Wohnquartier weiter abwärts. Linker Hand der Franziskus-Kirche erreichen wir die palmengesäumte Flaniermeile Riva und von dort ist es nicht mehr weit bis zum Busbahnhof von **Split (1)**.

Der Diokletianpalast: pompös und filigran zugleich.

31 Auf dem Gebirgszug Kozjak hoch über Split

4.00 Std.

Aussichtsreiche Gratwanderung abseits der Touristenströme

Split von oben – und der Ausgangspunkt in Kaštel Stari ist gut mit der Eisenbahn ab Split erreichbar. Kurzweilige Wanderung als Ergänzung zur Tour 30 in Split mit der Halbinsel Marjan. Neben der Passstraße führt ein im Frühjahr mit Blumen gesäumter Pfad hoch, worauf es ab dem Straßenpass Malačka immerzu auf dem Kamm vorangeht. Dabei werden in charakteristischem Karstgelände gleich zwei Gipfel überquert, darunter der Biranj mit der Kapelle Sv. Ivan. Auch der Abstieg verläuft mit grandioser Aussicht.

Ausgangspunkt: Bahnhof von Kaštel Stari. Je nach Tageszeit fährt alle 1–3 Std. ein Zug von Split hierher und zurück. Parkplätze beim Bahnhof.
Höhenunterschied: 590 m.
Anforderungen: Wanderschuhe oder robuste Trekkingschuhe, da es auf dem Kamm durch ruppiges Kalksteingelände geht. Wanderstöcke nach Bedarf. Genügend Wasser mitnehmen. Bei oder nach Regenfällen sind die Kalksteinplatten glitschig. Im ersten Teil des Abstiegs ist der Wegverlauf nicht überall eindeutig auszumachen, ansonsten ist die Route ausreichend markiert.
Einkehr: Saisonal auf dem Malačka-Pass bei der gleichnamigen Hütte.
Varianten: 1) Mit Pkw bis zum Malačka-Pass (5). Von dort den Kamm entlang auf den Biranj und wieder zurück.
2) Auch in Richtung Westen führt eine Wanderroute auf dem Kamm weiter.
Hinweis: Beim Abstieg muss für gut 15 Min. der Passstraße gefolgt werden.

Steingemäuer zu Beginn des Gratzuges.

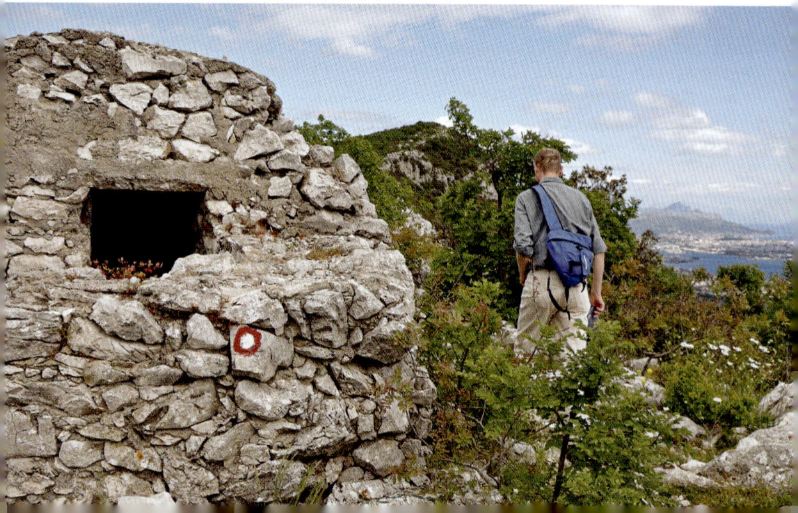

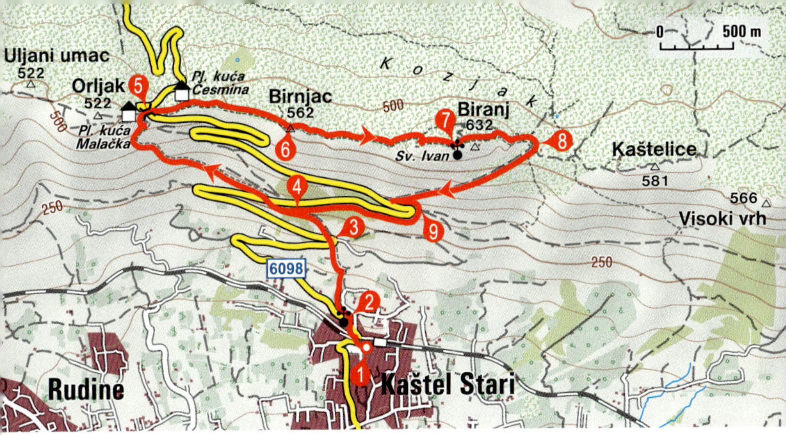

Vom Bahnhof in **Kaštel Stari (1)** wenden wir uns in Richtung der Kirche und passieren entsprechend der rot-weißen Markierung nach rechts die Bahnlinie. Wir folgen einige Schritte lang der Straße »Put Malačke« bis zu einer Abzweigung nach rechts. Diese kleinere, geteerte Straße namens Sv. Jurja führt zu einer Straßengabelung **(2)**, wo es nach links hinauf weitergeht, entsprechend der Signalisierung »Dom Malačka«. Alsbald geht die Straße in einen Wiesenpfad über, der durch Gebüsch bis zu einer Serpentine der **Passstraße (3)** führt.

Ab hier entsprechend der rot-weißen Markierung rechter Hand der Passstraße auf dem breiten Naturweg weiter aufwärts. Wiederum bei der Passstraße angelangt **(4)**, führt auf der anderen Seite ein schmaler, gut erkennbarer Fußpfad weiter Richtung Berghütte, die von unten gut erkennbar ist. Von der **Malačka-Hütte (5)** sind wir in wenigen Schritten auf der Passhöhe angelangt, wo ein Picknicktisch bereitsteht.

Der weitere Routenverlauf führt über die Passstraße hinweg, worauf in wenigen Minuten die Hütte Kuća Česmina erreicht ist. Oberhalb der Hütte inspiriert der kleine Aussichtsturm zum Verweilen. Weiter geht es auf dem Kamm auf steinigem Untergrund. Bei der folgenden Verzweigung halten wir uns rechts (nicht zur »Izvor« = Quelle), sondern orientieren uns an den rot-weißen Markierungen in Richtung Biranj. Wir erreichen so in kurzer Zeit einen

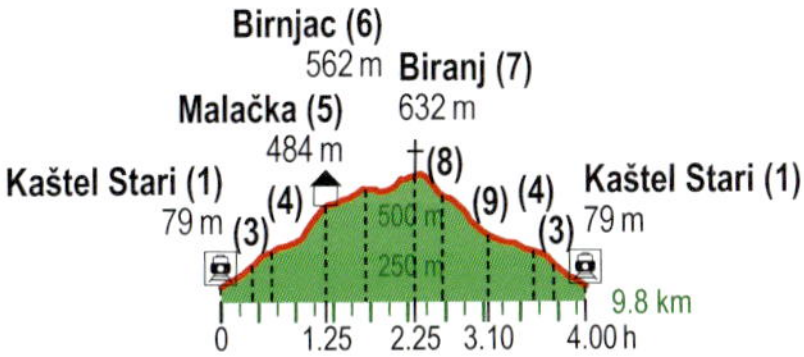

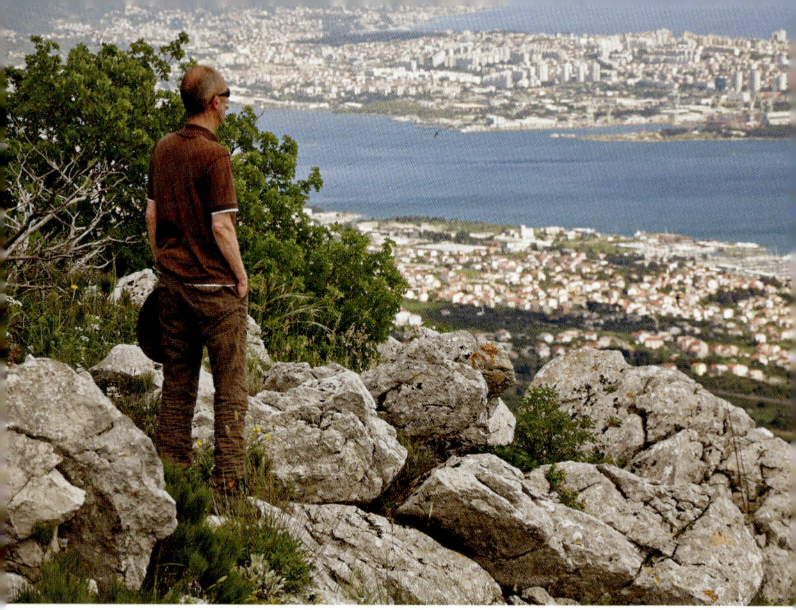

Ausblick auf Split am Ende des Kamms.

markanten Höhenpunkt im Gratzug, den **Birnjac (6)**. Die folgenden Abzweigungen ignorieren wir und bleiben weiterhin auf dem Kamm. Den Gipfelanstieg zum Biranj nehmen wir in der linken Flanke unter die Füße; hier sprießt üppige Vegetation. Kurz vor dem Gipfel des **Biranj (7)**, 632 m, passieren wir die Kapelle Sv. Ivan. Die Aussicht ist imposant: Im Südosten erstrecken sich die Gebirgszüge des Mosor und des Biokovo, gut erkennbar sind auch die Inseln Brač und Hvar.
Der Abstieg verläuft ostwärts in der linken Flanke, passagenweise über Serpentinen. Weiter unten ist der Pfad nicht immer gut erkennbar, am Schluss verläuft die Route parallel zu einer teils betonierten Fahrstraße.
Auf dem Sattel angekommen, wählen wir bei der Kreuzung **(8)** die scharf nach rechts wegführende Route. Der Bahnhof und die Kirche von Kaštel Stari sind von nun an die Orientierungspunkte. Nach rund 15 Min. mündet das Natursträßchen in die Passstraße ein **(9)**. Rot-weiße Kreise zeigen, dass wir hier richtig sind. Nun geht es ungefähr 1 Kilometer lang der Passstraße nach abwärts. Nach einer längeren, geraden Strecke biegt der Wanderweg vom Hinweg **(4)** in einem spitzen Winkel nach links weg.
So gelangen wir auf derselben Route wie beim Hinweg zurück zum Bahnhof in **Kaštel Stari (1)**.

4.45 Std.

Auf den Vickov Stup, 1331 m, den zweithöchsten Gipfel des Mosor

32

Durch das wilde Küstengebirge von Mitteldalmatien

Abwechslungsreiche und zuoberst aussichtsreiche Wanderung in karstdurchsetzter Landschaft, wo wir unter der Woche mit hoher Wahrscheinlichkeit kaum eine Menschenseele antreffen und wo unweit der Metropole Split ein Naturschauspiel erster Güte geboten wird. Im Niemandsland einer untergegangenen Kultur breitet sich die Natur aus, wo immer sie kann. Wo die Bewirtschaftung aufgegeben wurde, rascheln nun die Geckos in der Macchia, Schmetterlinge tanzen in der Luft und im Frühjahr gedeiht die Flora auf dem kalkigen Untergrund prächtig. Auf dem Gipfel setzt der knallrote Biwakturm (Vickov) ein Ausrufezeichen in der Wildnis.

Ausgangspunkt: Sitno Gornje. Bus 28 von Split Richtung Dubrava. Autoanfahrt: Ausgangs von Split nach dem Fluss von der Küstenstraße Split–Dubrovnik nach links Richtung Žrnovica abzweigen. Auf schmalen Sträßchen über Sitno Donje bis Sitno Gornje. Parkplätze siehe Wegpunkt 2; Autofahrer können dort starten.
Höhenunterschied: 760 m.
Anforderungen: Meist gut markierte Wege. Bei oder kurz nach Regen nicht zu empfehlen (Kalkstein glitschig). Am Schluss erfordert das karstige Gelände Trittsicherheit. Gutes Schuhwerk, genug Getränke, Wanderstöcke nach Bedarf.
Beste Jahreszeit: März bis November.
Einkehr: Saisonal in Sitno Gornje. An Sommerwochenenden ist die Berghütte Umberto Girometta meist bewirtschaftet.
Variante: Ganz zuletzt bei Wegpunkt 3 geradewegs auf dem Pfad hinunter nach Sitno Gornje (Zeitersparnis 15 Min.).
Hinweis: Die Pfade in dieser Region sind teils nicht mehr zu finden, auch wenn sie passagenweise und bei Abzweigungen anfangs markiert sind; so auch die bei (5) markierte Alternative nach Sitno Gornje.

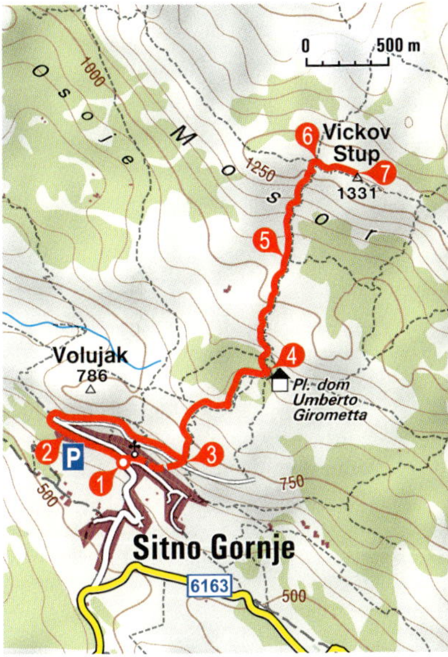

Wir starten bei der Bushaltestelle an einer markanten Straßenkehre in **Sitno Gornje (1)**, von wo wir nordwestwärts an Parkplätzen vorbei **(2)** dem geteerten Sträßchen namens Sveti Kuzme bis zu dessen Ende folgen. Hier geht es entsprechend dem Schild »Dom Umberto Girometta« auf einem Schotter-

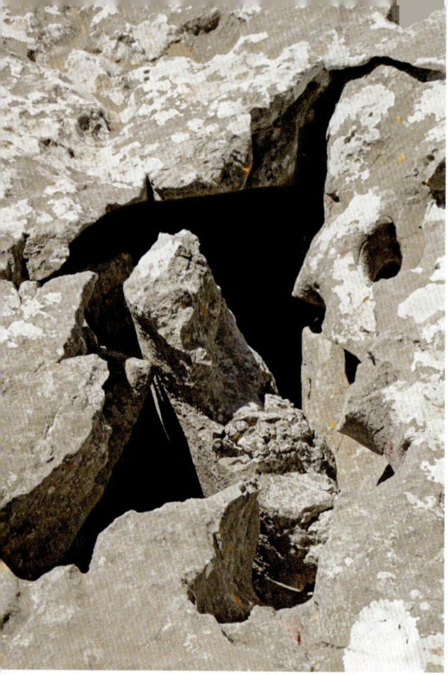

Verwitterter Kalkstein.

weg in einem spitzen Winkel nach rechts weg. Bei der zweiten Abzweigung **(3)** führt unsere Route steil nach links weg (rot-weiße Markierung am rechten Wegrand). Auf Steinstufen steigen wir durch Karrenfelder aufwärts. Beim folgenden Sattel halten wir uns rechts, rechter Hand besteht die Möglichkeit zu einem Abstecher zum Aussichtspunkt Vidilica. Unsere Route geht auf dem Hauptweg geradeaus weiter, dann nach einem Linksbogen durch einen lauschigen Kiefernwald, worauf nach einem kleinen Plateau bereits die mit Sitzbänken im Freien ausgestattete Berghütte **Umberto Girometta (4)**, 863 m, folgt.

An der Längsseite der Berghütte entlang gehen wir weiter. Nach wenigen Schritten entsprechend dem Schild »V. Stup« nach rechts hinauf. Bei der mit einem X markierten Wegkreuzung **(5)** halten wir uns geradeaus. Der Gipfel zeichnet sich weit oben ab, das Türmchen mit dem roten Dach ist knapp erkennbar.

Nachdem wir das Plateau hinter uns gelassen haben, immerzu geradeaus nordwärts, nehmen wir den Schlussaufstieg unter die Füße. In der Direttissima geht es im Zickzack steil bergan; einen Felsvorsprung überwinden wir mithilfe der Hände. Wenig unterhalb des Kamms folgt eine Gabelung **(6)**, wo wir uns rechts halten. In circa 10 Min. erreichen wir so problemlos den **Vickov Stup (7)**, 1331 m, wo wir uns ins Gipfelbuch eintragen können.

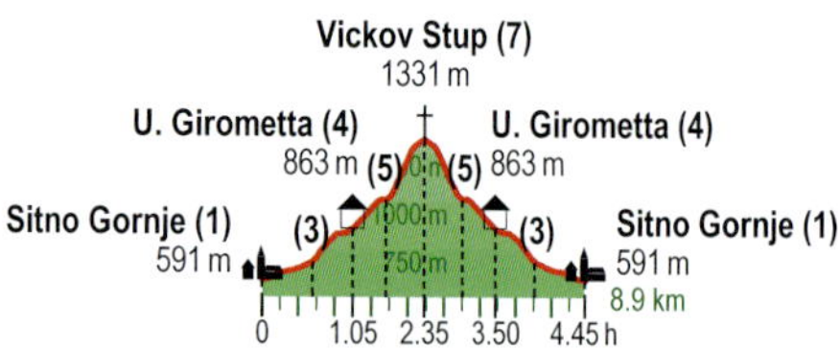

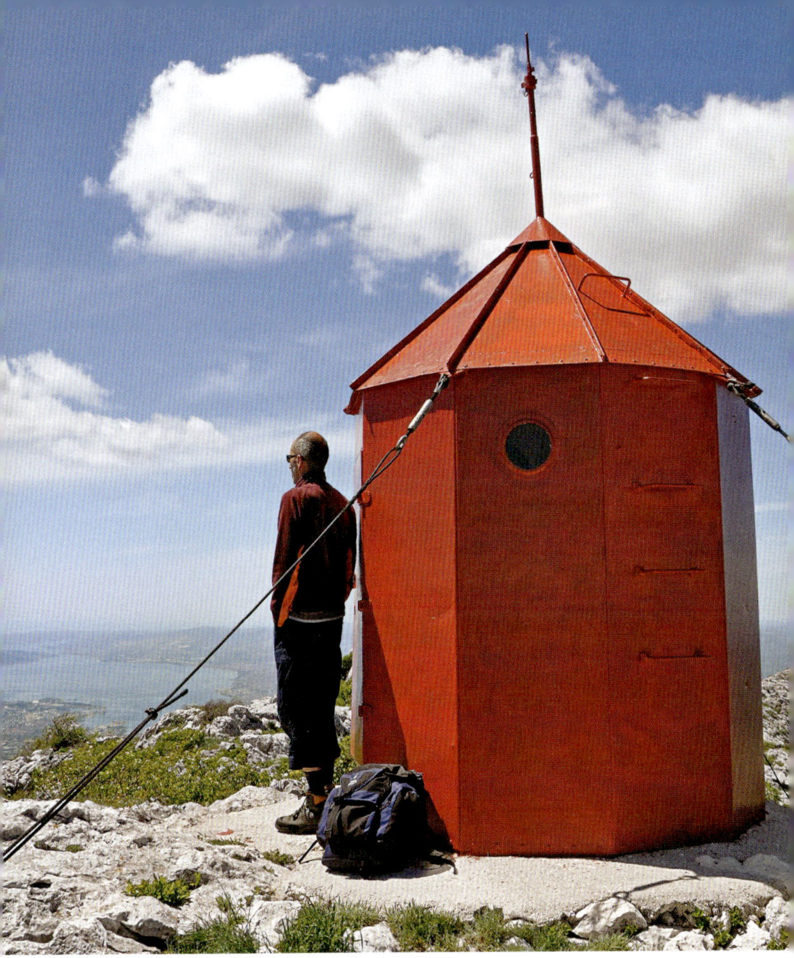

Windschutz auf dem höchsten Punkt der Tour.

Landeinwärts schweift das Auge bis Bosnien; meerwärts über Split und das Kozjak-Gebirge, südwärts über Brač und dahinter Hvar und im Südosten über das Biokovo-Gebirge. Der Rückweg bis nach **Sitno Gornje (1)** erfolgt auf derselben Route (Achtung, bei Wegpunkt 5 nicht der ausgeschilderten Alternativroute nach Sitno Gornje folgen!).

33 Auf den Kula, 863 m, über der dalmatinischen Riviera

3.15 Std.

Von Omiš auf den dinarischen Gebirgskamm

Die am Fluss Cetina und der gleichnamigen Schlucht zwischen Split und Makarska gelegene Küstenstadt ist einen Aufenthalt wert. Spektakulär erhebt sich das Gebirgsmassiv des Omiška Dinara mit seinem imposanten Felsaufbau über der Stadt. So viel Aussicht mit so wenig Anstieg ist selten. Ergänzend zur Gipfelbesteigung bietet sich die Besichtigung zweier Kastelle an: Mirabela oberhalb von Omiš und Fortica beim Gratzug oben. Im Hinterland verlaufen reizvolle Wege entlang der Cetina.

Ausgangspunkt: An der Straße bei der Abzweigung zum Fußpfad hinüber zum Kastell Fortica (vgl. Variante) gleich unterhalb des Weilers Čećuci, wo es einige wenige Parkplätze gibt. Besser zwischen der Kapelle Sv. Stipan und dem Ausgangspunkt parken. Hierher gelangt man auf dem rund 4 km langen, schmalen und kurvenreichen Sträßchen Richtung Borak. Zuletzt an der Kapelle Sveti Stipan vorbei (zwischen dem Ausgangspunkt und Čećuci Schotterpiste).
Höhenunterschied: 570 m.
Anforderungen: Gutes Schuhwerk, Wanderstöcke nach Bedarf. Nach der Berghütte ist auf dem steilen Bergpfad Trittsicherheit erforderlich. Die Route ist gut erkennbar und markiert. Genügend Wasser mitnehmen.
Einkehr: Keine.

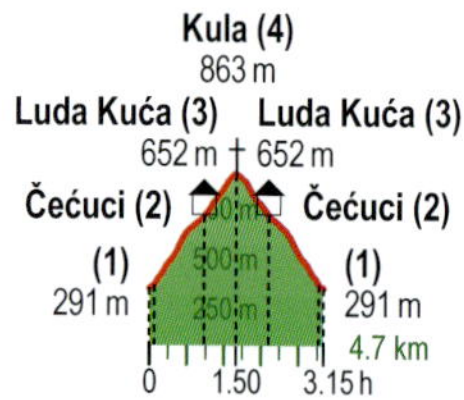

Variante: Zu Fuß von Omiš bis Čećuci: Im Zentrum von Omiš die von der Küste abzweigende Straße Richtung Borak nehmen. Nach rund 10 Min. entsprechend dem Wanderwegzeichen nach links hinauf weg von der Straße und weiter entlang der roten Markierungen Richtung Baučići aufsteigen (Abstecher zum Kastell Fortica möglich). Von Baučići führt ein markierter Wanderweg in südöstlicher Richtung hinüber nach Čećuci; ca. 1.15 Std.

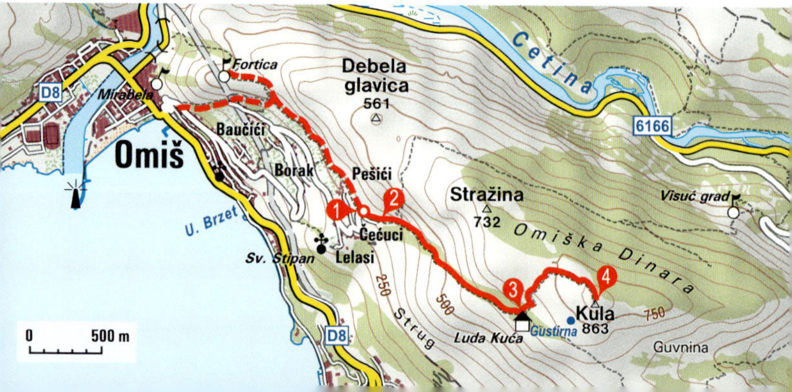

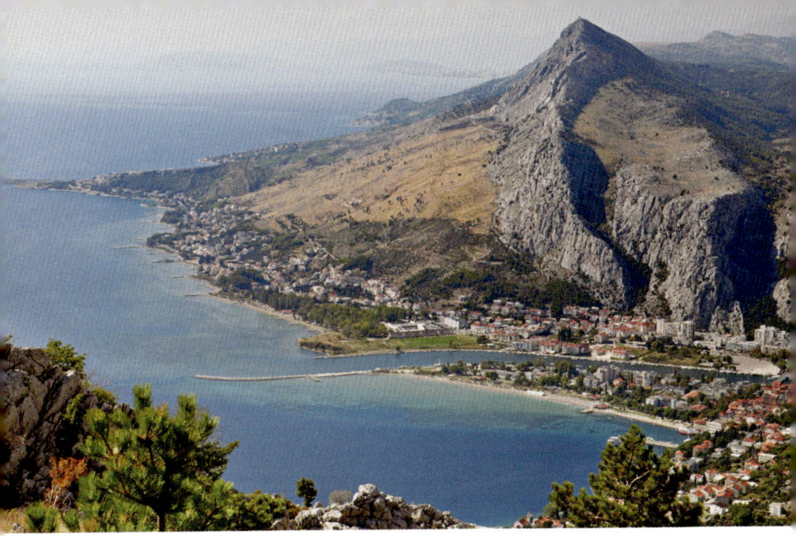

Wo der Cetina-Fluss am Strand von Omiš ins Meer mündet.

Vom **Ausgangspunkt (1)** gelangen wir in wenigen Minuten zum verlassenen Weiler **Čećuci (2)**. Hier steigt die Route zwischen den Häuserruinen hindurch steil an. Wir folgen den Markierungen und wandern auf der rechten Seite eines Geröllfeldes weiter hoch, worauf die Route nach rechts in einen Mischwald hineinführt. Die Sicht auf das azurblaue Meer verheißt Badegenuss nach dem Wandervergnügen. Auf guten Pfaden geht es am Rande eines Kiefernwaldes weiter bergauf, linker Hand türmt sich eine Felswand auf. Rückwärts schauend ist das Fortica-Kastell gut auszumachen und dahinter lässt sich die Cetina-Schlucht erahnen.

Die Berghütte **Luda Kuća (3)**, 652 m, verbirgt sich in einem schattigen Kiefernwald, in welchem Picknicktische zur Verfügung stehen. Die Gipfelbesteigung beginnt linker Hand der Berghütte, entsprechend der Markierung (»vrh« = Gipfel) auf einem Steinblock. Es folgt eine steilere Passage, worauf ein Hochplateau mit Mischwald und Sträuchern durchquert wird. Der Pfad ist gut erkennbar und beschildert. Zuletzt geht es über Kalkblöcke hinauf auf den **Kula (4)**, 863 m, den höchsten Punkt des Omiška-Dinara-Gebirges. Unter uns erstrecken sich die Badestrände von Omiš, dahinter liegt Richtung Nordwesten Split mit den Gebirgszügen des Mosor und Biranj. Richtung Südosten sind die Riviera von Makarska mit dem Biokovo-Gebirgszug und meerwärts die Inseln Brač und dahinter Hvar auszumachen.

Die Route zurück zum **Ausgangspunkt (1)** verläuft auf den vom Hinweg bekannten Pfaden.

34 Hvar-Stadt mit bezaubernder Küstenwanderung

4.00 Std.

Abwechslungsreiche Runde für Groß und Klein mit Bademöglichkeiten

Hvar ist nicht nur für die besser Betuchten eine Reise wert – hier kommen alle auf ihre Rechnung, die das typisch mediterrane Ambiente schätzen. Die pittoreske Altstadt im dalmatinischen Baustil umfasst Kirchen und Kapellen und ist umfriedet von einer Stadtmauer und zwei Festungsbauten. Abgerundet wird die Wanderung durch die anfangs idyllische und dann wilde Küstenpromenade mit Macchia und Kiefernwald.

Ausgangspunkt: Hauptkirche Sv. Stjepana in Hvar-Stadt. Die gebührenpflichtigen Parkplätze sowie der Busbahnhof befinden sich in unmittelbarer Nähe in östlicher Richtung, das Tourismusbüro ist am Kirchenplatz auf der Hafenseite zu finden, wo auch gute Karten erhältlich sind. Anreise zur Insel Hvar: Fährverbindung von Split nach Stari Grad oder von Drvenik weiter südlich nach Sućuraj: www.jadrolinija.hr/de.

Höhenunterschied: 300 m.

Anforderungen: Keine besonderen.

Einkehr: Diverse.

Varianten: 1) Nach dem Abstieg von der Festung und dem kurzen Stück auf der Straße Antifašizma bei der Straßenkreuzung nach links Richtung Brusje und Selca. Nach rund 10 Min. rechts den Pfad hoch zur Festung Tvrđava Napoleon, 228 m, und auf demselben Wege wieder zurück (zusätzlich 1.15 Std.).
2) Beim Wegpunkt 11 nach rechts bis Milna (laut Schild), mit Einkehrmöglichkeit je nach Saison (zusätzlich 40 Min. hin und zurück).

Hinweis: Kleine Eintrittsgebühr Festung Španjola.

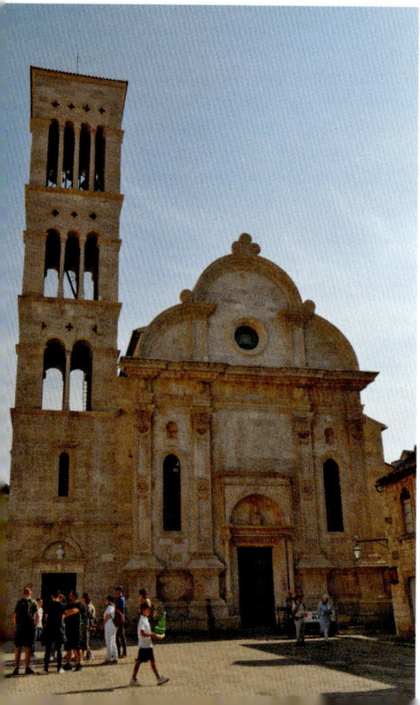

Bei der Hauptkirche **Sv. Stjepana (1)** von Hvar-Stadt halten wir uns Richtung Jachthafen. Wir folgen der Hafenpromenade nach rechts, an der ehemaligen Stadtloggia vorbei. Bald passieren wir eine Gebetsstätte, deren Name ins Deutsche übersetzt »Meeresstern« lautet. Es folgen Badeplätze und Sitzbänke, wir umschreiten die Bucht Bonj. Zu Anfang

Hauptkirche Sv. Stjepana.

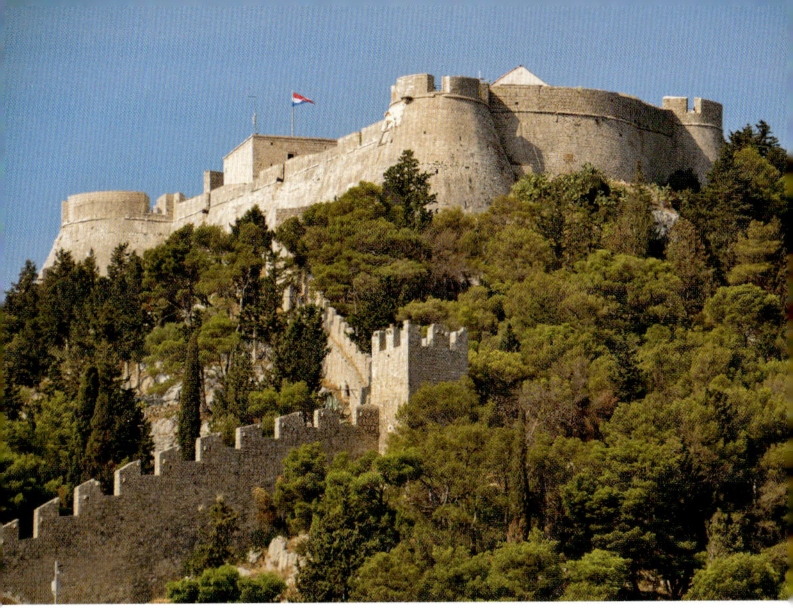

Festung Španjola aus dem 16. Jahrhundert.

der nächsten Bucht geht es durch eine kleine **Parkanlage (2)** nach rechts aufwärts. Einige Stufen höher auf der links wegführenden Treppe weiter aufwärts. Das Hotel Croatia rechts hinter uns lassend, biegen wir links in die Straße Vlade Avelinija und von hier nach wenigen Metern rechts in die Pavla Rossa ein. Diese stößt auf eine größere Straße, die **Biskupa Jurja Dubokovića (3)**, von hier nach rechts auf dem Gehsteig weiter. Nach dem Krankenhaus bei der folgenden Straßengabelung links hinauf. Hier besticht die Sicht auf die malerische Altstadt von Hvar. In der Folge passieren wir das Tor der **Stadtmauer**, dahinter zweigt links ein Spazierweg ab **(4)**. Dieser führt durch Pinien, Zypressen und Kakteen hoch zur Festung **Španjola (5)**, welche im 16. Jahrhundert mithilfe von spanischen Fachleuten erbaut worden ist.

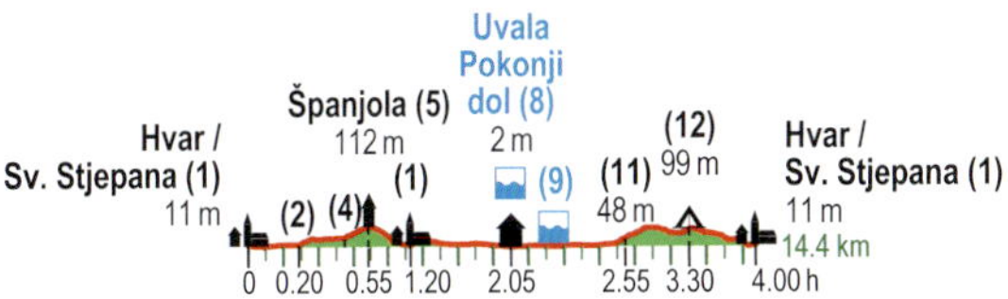

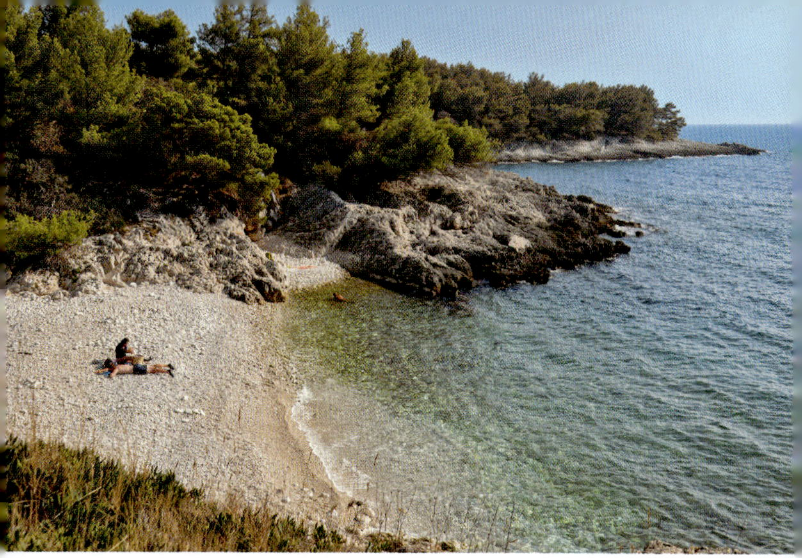

Einer der schönen Badestrände unterwegs.

Der Rückweg nach Hvar-Stadt erfolgt auf der Rückseite des Festungshügels. Nach der zweiten Straßenlaterne führt ein Pfad nach rechts abwärts bis zur Straße Antifašizma. Hier nach rechts bis zur Straßenkreuzung, wo wir nach rechts zum Parkplatz und zur Hauptkirche **Sv. Stjepana (1)** gelangen. Wir gehen nach links dicht am Kircheneingang vorbei und wählen die erste Gasse in selber Richtung. Von der Straße Jurja Novaka führen Treppen durch verwinkelte Gassen hoch zur Straße Šime Buzolića Tome, welche

Auf karstigem Untergrund der idyllischen Küste nach.

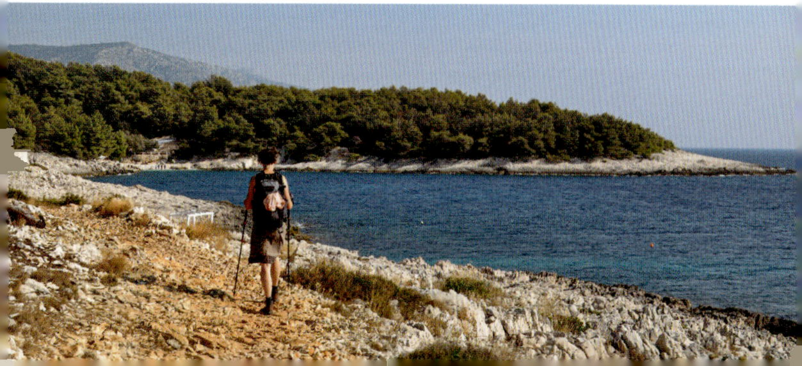

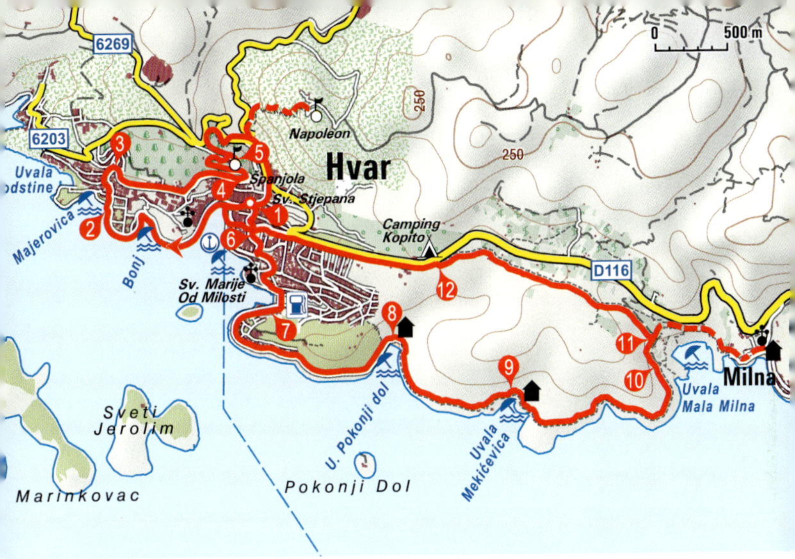

nach rechts die Hügelkuppe mit dem **Friedhof (6)**, zu dem wir einen kleinen Abstecher machen, umrundet. 2 Min. weiter bringt uns eine Treppe nach rechts abwärts. Am Fuße der Treppe nach links in die Straße Kroz Burak, kurze Zeit später nach rechts abwärts zur Uferpromenade und auf dieser nach links. Bei der ersten markanten Bucht passieren wir eine Tankstelle **(7)** und spazieren weiter am Meer entlang zur **Bucht Pokonji dol** mit Bade- und Einkehrmöglichkeit **(8)**. Es folgt eine weitere Badebucht, die **Uvala Mekićevica (9)**, nun schon abgelegener. Ab jetzt genießen wir den wild-romantischen Uferpfad.

In Sichtweite von Milna folgen die letzten Badebuchten auf unserer Tour. Wo es rechts zu einer davon, der **Uvala Mala Milna**, hinabgeht **(10)**, nehmen wir die linke Weggabelung, weiter vorn gehen wir nochmals links **(11)**, wo es rechts nach Milna geht (Variante 2).

Nach gut 200 Metern bei der Wegkreuzung links halten, bis der Wanderweg in abwechslungsreicher Kulturlandschaft kurz vor dem **Campingplatz Kopito** in die Autostraße einmündet **(12)**, auf der wir nach links weiterwandern. Beim markanten Rechtsbogen nach links in die Straße Šime Buzolića Tome einbiegen und weiter bis zur Anhöhe mit dem Friedhof.

Wo wir auf dem Hinweg aus den Gassen auf diese Straße gekommen sind (kurz vor Wegpunkt 6), gehen wir nach rechts, dann an der Gabelung gleich links in die Pučkog prevrata und weiter hinunter zur Hafenpromenade. Am Hafenbecken entlang geht es nach rechts zurück zur Hauptkirche **Sv. Stjepana (1)**.

35 Insel Hvar: Tropfsteinhöhle Grapčeva špilja und Rundsteinhaus

1.45 Std.

Von Humac auf einem Höhenzug mit Aussicht auf die Adria

Auf der lang gezogenen Insel Hvar ist die Luft voller aromatischer Düfte, wie Lavendel, Salbei, Ginster oder Erika. Die auch archäologisch interessante Tropfsteinhöhle Grapčeva špilja kann nur mit einer Führung besichtigt werden. Sie ist einer der wichtigsten Fundorte prähistorischer Kultstätten im gesamten Adria-Raum: Geritzte und bemalte Keramikgegenstände zeugen von der hohen neolithischen Kultur. Beim Umkehrpunkt tut sich inmitten der Macchia- und Karstlandschaft mit dem Rundsteinhaus bei Plona und der Ackerbaufläche eine vergangene Welt auf, wovon auch die zahlreichen Trockensteinmauern zeugen. Zum Schluss hin können wir uns in Humac kulinarisch verwöhnen lassen. Das ehemalige Hirtendorf wurde im 17. Jahrhundert gegründet und ist im Register der Kulturdenkmäler Kroatiens eingetragen.

Ausgangspunkt: Humac. Autoanfahrt: Von der Inselängsstraße Stari Grad–Sućura rechts hinauf nach Humac. Bei der ersten Verzweigung Parkplätze linker Hand, in der Nähe liegt die Konoba Humac. Taxi von Hvar bis Humac.
Anreise zur Insel Hvar: Fährverbindung von Split nach Stari Grad oder von Drvenik weiter südlich nach Sućuraj: www.jadrolinija.hr/de.

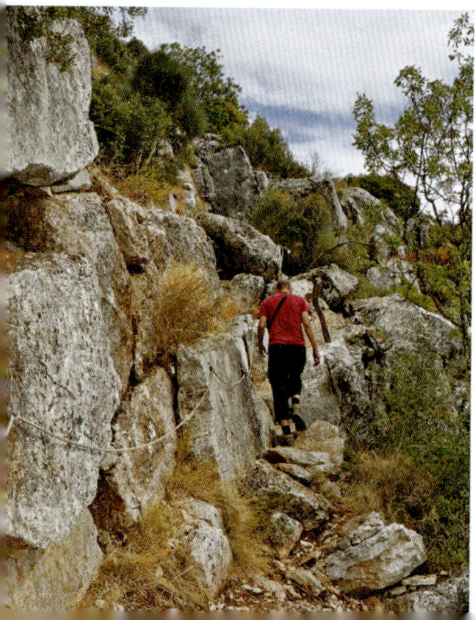

Höhenunterschied: 160 m.
Anforderungen: Keine besonderen.
Einkehr: Nahe dem Ausgangspunkt Konoba Humac mit biologischem Gemüseanbau und Weinen von alten einheimischen Rebsorten (nur in den Sommermonaten geöffnet); unterwegs keine.
Varianten: 1) Auf dem von Plona weiterführenden breiten Naturweg bis zur Informationstafel bei Sv. Juraj (Schrein) und wieder zurück. Aussichtspunkte am Wegrand mit Sicht auf das Festland sowie die Inseln Korčula oder Brač.
2) Von Sv. Juraj (Variante 1) weiter bis Salatusa (Wegpunkt 6 der Tour 36). Von dort über den Festungsturm »Tor« hinunter nach Jelsa (Aufstiegsroute von Tour 36).
Hinweise: Achtung: Einige wenige auf den Karten und auf den Informationstafeln eingezeichnete Routen sind verwachsen und nicht mehr erkennbar.
Tropfsteinhöhle Grapčeva špilja: Nur mit Führungen von Mitte Juni bis Mitte September, jeweils montags, mittwochs und samstags, Start um 9 Uhr bei der Konoba Humac (Stand 2023). Tel. +385/99/577 17 70 (Voranfrage).

Das letzte Wegstück zur Höhle ist mit Seilen gut gesichert.

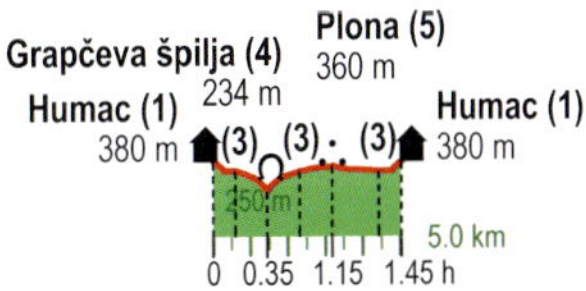

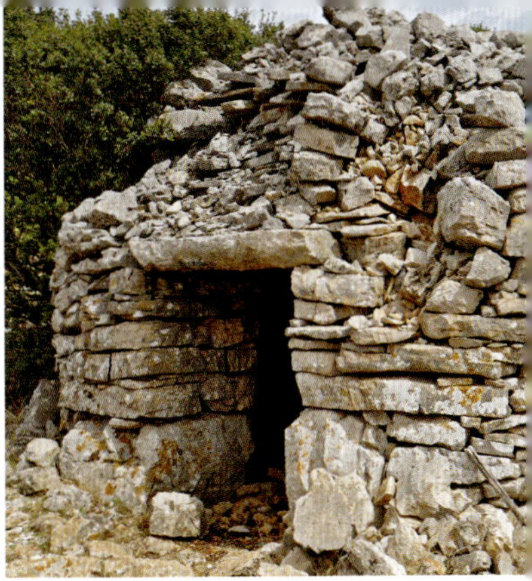

Rundsteinhaus als Zeugnis früherer Meister des Mauerbaus.

Beim in der Nähe der Konoba gelegenen Parkplatz bei **Humac (1)** halten wir uns bei der Verzweigung entsprechend dem braunen Schild »Grapčeva špilja« rechts. Es folgt eine **Informationstafel (2)** mit touristischen Angaben und einer Übersichtskarte. Bei der Verzweigung geht es hier entlang von Steinmauern und durch ein Wäldchen nach rechts weiter. Nach rund 10 Min. biegen wir nach links **(3)** ab, zur Höhle hinunter. In circa 20 Min. gelangen wir durch Macchia auf gutem Pfad zur **Grapčeva špilja (4)**, die exemplarisch für den dalmatinischen Karst mit seiner reichen »Unterwelt« und darüber hinaus eine prähistorische Kultstätte ist. Ganz zum Schluss geht es steil hinunter, diese Passage ist mit einem Seil gesichert. Das Meer glitzert weit unten, Korčula ist gut sichtbar.

Zurück bei der Abzweigung **(3)**, wenden wir uns nach links und wandern weiter der Naturstraße nach. Es folgt eine weitere Informationstafel bei **Plona (5)**, 360 m, mit einem sogenannten Trim, einem runden Steinhaus aus dem 15. Jahrhundert. Nach links geht es entlang üppiger Vegetation zu drei idyllisch gelegenen **Wasserlöchern (6)**, die den Tieren als Tränke dienen, so auch den Pferdeherden, welche in dieser Region halbwild leben.

Der **Rückweg** erfolgt auf der bekannten Route.

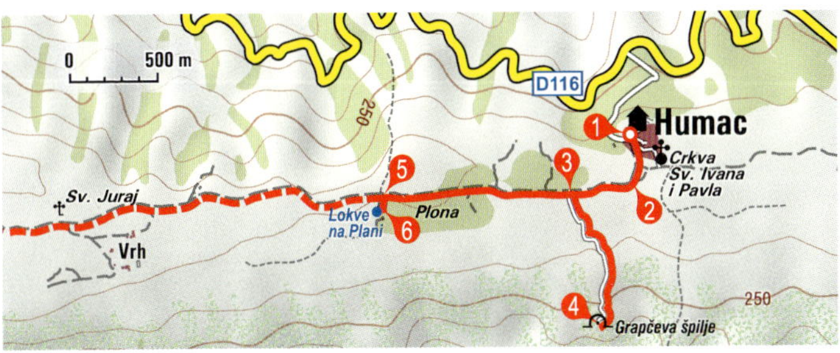

36 Insel Hvar: Von Jelsa über »Tor« auf den Borovik

4.30 Std.

Aussichtsreiche Rundtour mit attraktivem Auf- und Abstieg

In abwechslungsreicher Landschaft hoch auf einen Gebirgsrücken und wieder runter. Die Route ist reizvoll mit Macchia-Vegetation und lichtem Wald durchsetzt, den Gipfelhupf des Borovik ersteigen wir leichthin. Die wechselnden Aussichten auf das Meer, die Inseln ringsherum sowie das Festland lassen keine Wünsche offen. Auch kulturell hat die Runde mit den Kirchen in Jelsa und dem Festungsturm »Tor« aus der illyrischen Kulturzeit etwas zu bieten.

Ausgangspunkt: Südrand Hafenbecken in Jelsa. Parkmöglichkeiten außerhalb der Altstadt. Autobus-Haltestelle. Anreise zur Insel Hvar: Fährverbindung von Split nach Stari Grad oder von Drvenik weiter südlich nach Sućuraj: www.jadrolinija.hr/de.

Höhenunterschied: 525 m.

Anforderungen: Meist markierte und gut erkennbare Fußwege beim Auf- und Abstieg, über den Höhenzug führt ein breiteres, aber nicht asphaltiertes Fahrsträßchen. Robuste Trekkingschuhe und genügend Wasser mitnehmen. Wanderstöcke nach Bedarf.

Einkehr: Keine unterwegs, viele Möglichkeiten in Jelsa.

Hinweis: Informationen zu Fähren und Autobussen im Tourismusbüro nahe beim Ausgangspunkt in Jelsa.

Prächtige Aussicht vom Festungsturm »Tor« auf Jelsa und die Insel Brač.

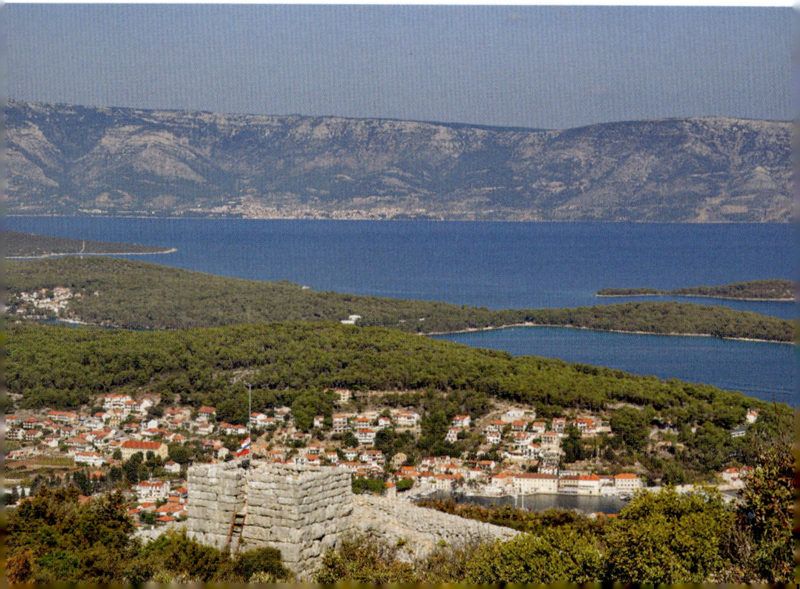

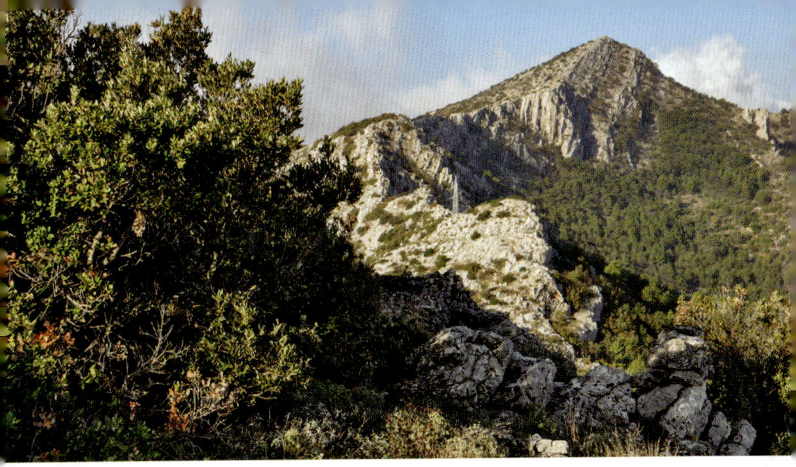

Gipfelkette der Insel Hvar, weiter links ist der Borovik, unser Gipfelziel situiert.

Wir starten an der südlichen Seite des Hafenbeckens, die dem Ortskern von **Jelsa (1)** zugewandt ist, an einer Esel-Skulptur. Hier tauchen wir auf einer Gasse in die Altstadt ein und halten uns immerzu südwärts, vorbei an teils verblichenen rot-weißen Markierungen. Ortsauswärts steigen wir eine Treppe hoch, überqueren eine größere Autostraße und steigen über eine weitere Treppe hinauf zum Portal der Kirche **Gospe od zdravlja** (**2**, Maria Heil) auf dem Hügel Račić. Die Kirche wurde im 16. Jahrhundert gebaut und im 19. Jahrhundert fertiggestellt. Wir gehen rechts an der Kirche entlang, wenden uns bei der Mitte des Kirchenschiffs nach rechts und durchschreiten die Maueröffnung. Gleich danach links halten, womit wir auf Wegspuren in südöstlicher Richtung die Olivenhaine queren. In kurzer Zeit gelangen wir so an eine große Autostraße, auf der anderen Straßenseite biegen wir in einen Feldweg. Bei den folgenden Ver- und Abzweigungen halten wir uns rechts, mitten im Macchia-Gebüsch bei der folgenden Weggabelung entsprechend der Signalisierung »Tor« auf einem alten Holzschild links. Oben im Berghang ist der Festungsturm bereits auszumachen. Der Fußpfad führt uns auf einen größeren Fahrweg **(3)**, den wir überqueren. Wir folgen der Markierung »Tor«. Im schattigen Kieferwald geht es gut markiert aufwärts.

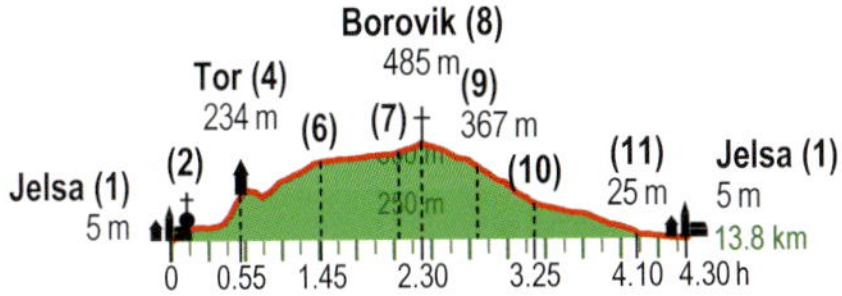

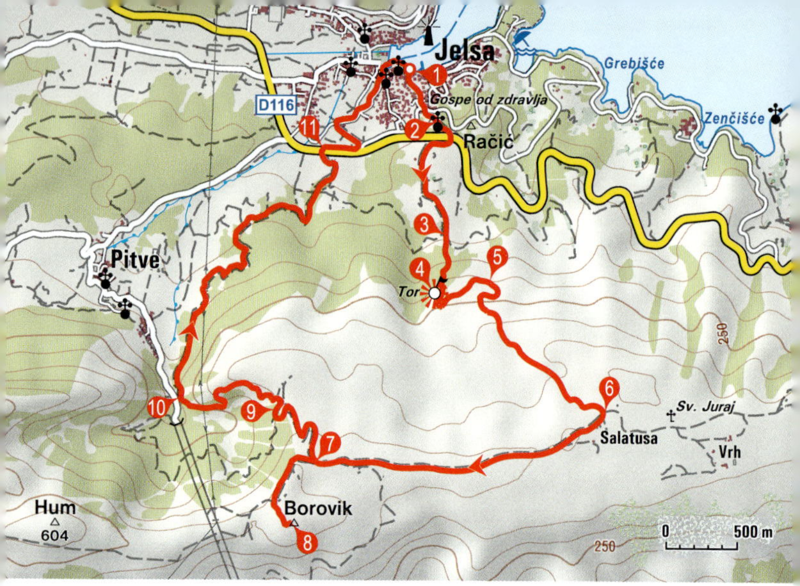

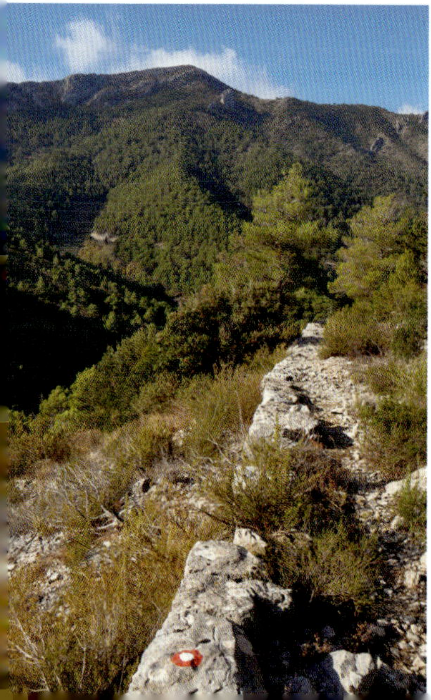

So erreichen wir den **Festungsturm »Tor« (4)**, wo es sich mit prächtiger Aussicht, unter anderem auf Jelsa, formidabel rasten lässt. Gegenüber präsentiert sich auf der Insel Brač der Vidova Gora, dahinter lässt sich Makarska mit dem Biokovo-Gebirgszug ausmachen. Die Festungsanlage stammt aus dem 4. Jahrhundert v. Chr., als die Insel Hvar wie weite Teile des Westbalkans von Illyrern besiedelt war.
Nach der Besichtigung setzen wir unsere Wanderung in gleicher Richtung fort und steigen auf der rechten Seite des Steinturmes entsprechend den Markierungen weiter auf. In der Folge macht unsere Route einen markanten Schwenk nach links. Dort, wo der Weg wieder ansteigt,

Alter Kulturweg beim Abstieg.

halten wir uns bei einer Verzweigung rechts **(5)**, an der Verzweigung kurz darauf ebenfalls.
Alsbald mündet der Pfad in einen breiteren Weg ein (folgende Abzweigungen ignorieren), der uns auf den Gebirgsrücken bei **Salatusa (6)** hochführt. Hier nach rechts weiter und gut 2 Kilometer auf dem Höhenzug an dem nicht geteerten Fahrsträßchen entlang, bis zu einer markanten Verzweigung **(7)** mit Wegweiser »Jelsa«, an der wir später absteigen werden. Vorerst folgen wir weiterhin westwärts dem Natursträßchen, das rechts an einem Haus vorbeiführt. Zu guter Letzt verlassen wir den Weg in einer markanten Rechtskurve nach links und erklimmen auf den gut ersichtlichen Wegspuren in kurzer Zeit die Gipfelkuppe des **Borovik (8)**. Die Weite der Landschaft auf der lang gezogenen Insel Hvar beeindruckt, weiter schweift das Auge auf die Inseln Korčula im Süden und Brač im Norden, wo sich dahinter der Biokovo-Gebirgszug auf dem Festland erstreckt.

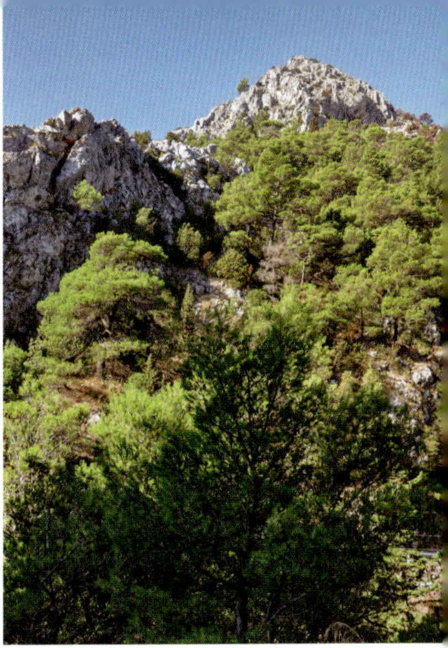

Wildromantische Kulisse beim Rückweg.

Zurück bei der Abzweigung **(7)** nach dem Haus machen wir uns an den **Abstieg**. Vorerst folgen wir dem Betonsträßchen, um dann vor der zweiten markanten Linkskurve nach links hinunter auf einen Fußpfad abzuzweigen (rotweiße Markierung). Alsbald erreichen wir ein letztes Mal das Sträßchen, gehen wenige Meter rechts und verlassen es dann nach links **(9)**. Hierauf führt der mit Steinplatten befestigte Fußweg in attraktiver Gebirgslandschaft abwärts, zuletzt im Zick-Zack auf die von Zavala durch einen Tunnel herführende Autostraße, der wir wenige Meter nach rechts folgen. Dann nach rechts weg auf einen Feldweg **(10)**, der uns längere Zeit in abwechslungsreicher, teils bewaldeter Landschaft führt. Nach einer markanten Linkskurve, kurz nach einem Haus, wo sich Jelsa vor uns abzeichnet, halten wir uns bei der Gabelung links, nun weiter teils auf betonierten Wegstrecken, teils auf Naturwegen. An Olivenhainen und Weinreben vorbei gelangen wir schließlich zur Hauptstraße **(11)**, der wir rund 250 Meter nach rechts folgen. Kurz darauf biegen wir nach links und gehen wiederum rund 250 Meter bis zur Put Potoka, der wir nach rechts folgen und so ins Zentrum von **Jelsa** gelangen. Beim Hafenbecken angelangt, geht es rechts zum Ausgangspunkt zurück **(1)**.

TOP **37**

Insel Hvar: Über die Grotte Sv. Nedjelje zum Sveti Nikola, 628 m

3.15 Std.

Klassische Gipfeltour hoch über der azurblauen Adria

Spektakuläre, nicht viel begangene Wanderung auf die dritthöchste Erhebung der kroatischen Adria-Inseln, die alles beinhaltet, was einen Klassiker in südlichen Gefilden ausmacht. Beim Aufstieg erfolgt ein kurzer Abstecher zu einer mystischen Grotte mit einer Kapelle aus dem 16. Jahrhundert, wo einst Augustinermönche lebten. Es folgen zwei weitere Kapellen, eine davon auf dem Gipfel. Ebenso imposant wie die Felsen beim Aufstieg ist die Aussicht bei der gesamten Rundtour. Diese eher unbekannte Inselseite von Hvar ist ein Geheimtipp – ebenso wie der Wein, der hier angebaut wird.

Was für eine Aussicht von der dritthöchsten Erhebung der kroatischen Adria-Inseln!

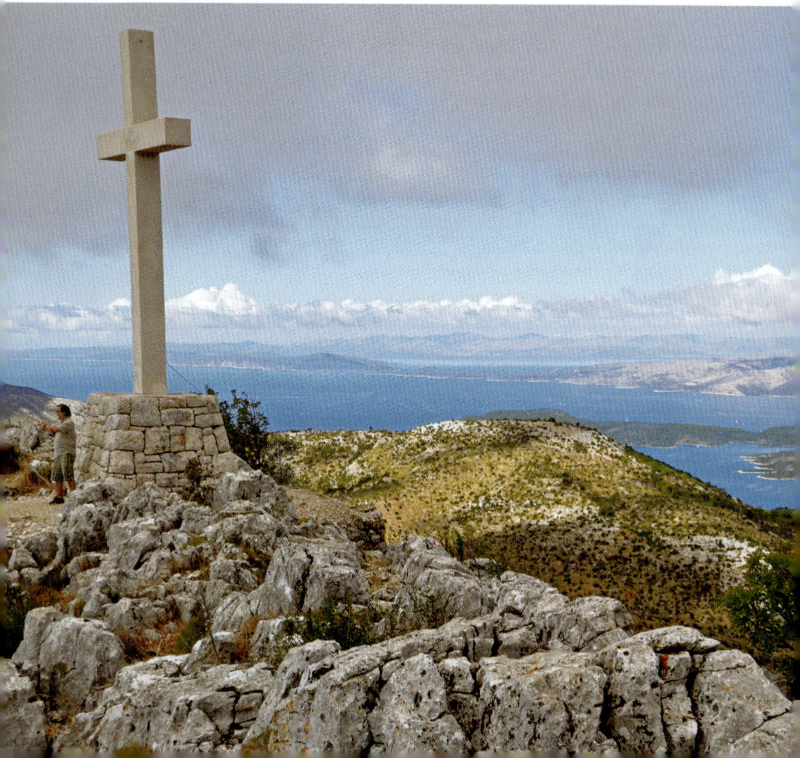

Ausgangspunkt: Sveta Nedjelja. Gleich nach der von Osten aus kommend zweiten (nicht ersten!) Abzweigung von der Küstenstraße, oberhalb des kleinen Hafens, kann am Straßenrand das Auto geparkt werden. Die Gassen im Dorf sind dafür zu schmal.
Anreise zur Insel Hvar: Fährverbindung von Split nach Stari Grad oder von Drvenik weiter südlich nach Sućuraj: www.jadrolinija.hr/de.

Höhenunterschied: 600 m.
Anforderungen: Die Route ist größtenteils gut markiert. Gutes Schuhwerk erforderlich und genügend Wasser mitnehmen. Wanderstöcke nach Bedarf.
Einkehr: Saisonal bei der Konoba (einfaches Restaurant) unterhalb des Gipfels beim Wegpunkt 6 oder beim Hafen von Sv. Nedjelja.
Hinweis: Informationen bei den Tourismusbüros auf Hvar.

Von der Abzweigung an der Küstenstraße am Ortsrand von **Sv. Nedjelja (1)** nach Nordwesten sind wir in wenigen Minuten im Ortszentrum, wo die rotweißen Markierungen durch das Dorf leiten. Hinter der Kirche nach rechts abbiegen, einige Meter danach scharf links, entsprechend dem Schild »Špilja Svete Nedjelje« und den rot-weißen Markierungen auf dem Asphalt oder an den Hausmauern. An der Gabelung gehen wir rechts und bei den letzten Häusern laut dem Schild »Sveti Nikola, Špilja Svete Nedjelje« wiederum rechts. Kurz darauf folgt eine Gabelung **(2)**, an der es links weitergeht. Nach 2 Min. stoßen wir auf eine weitere Verzweigung, wo wir nach rechts dem betonierten Weg folgen. Mitten im Rebanbaugebiet geht die rot-weiß markierte Route in einen Fußpfad über. Bei der nächsten Abzweigung **(3)** geht es nach rechts in kurzer Zeit hoch zur **Höhle**.
Nach diesem Abstecher führt der schön angelegte, teils mit Steinstufen versehene Fußweg auf den Kamm hinauf **(4)**. Beim Wegweiser folgen wir dem Richtungszeiger

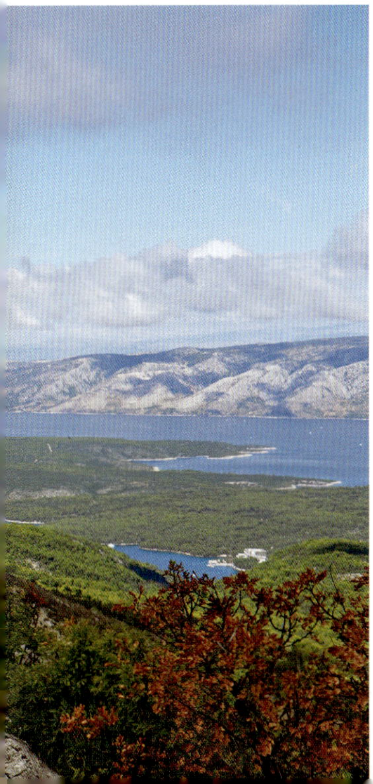

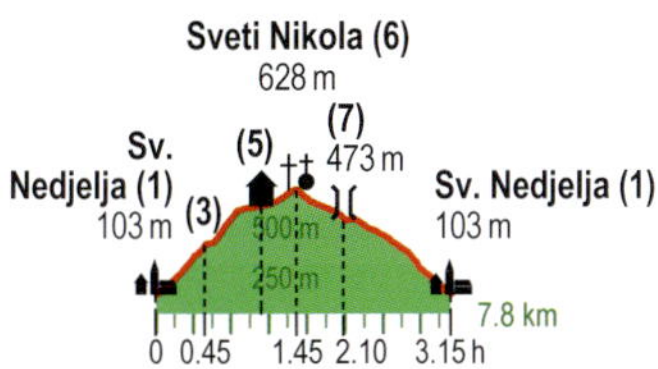

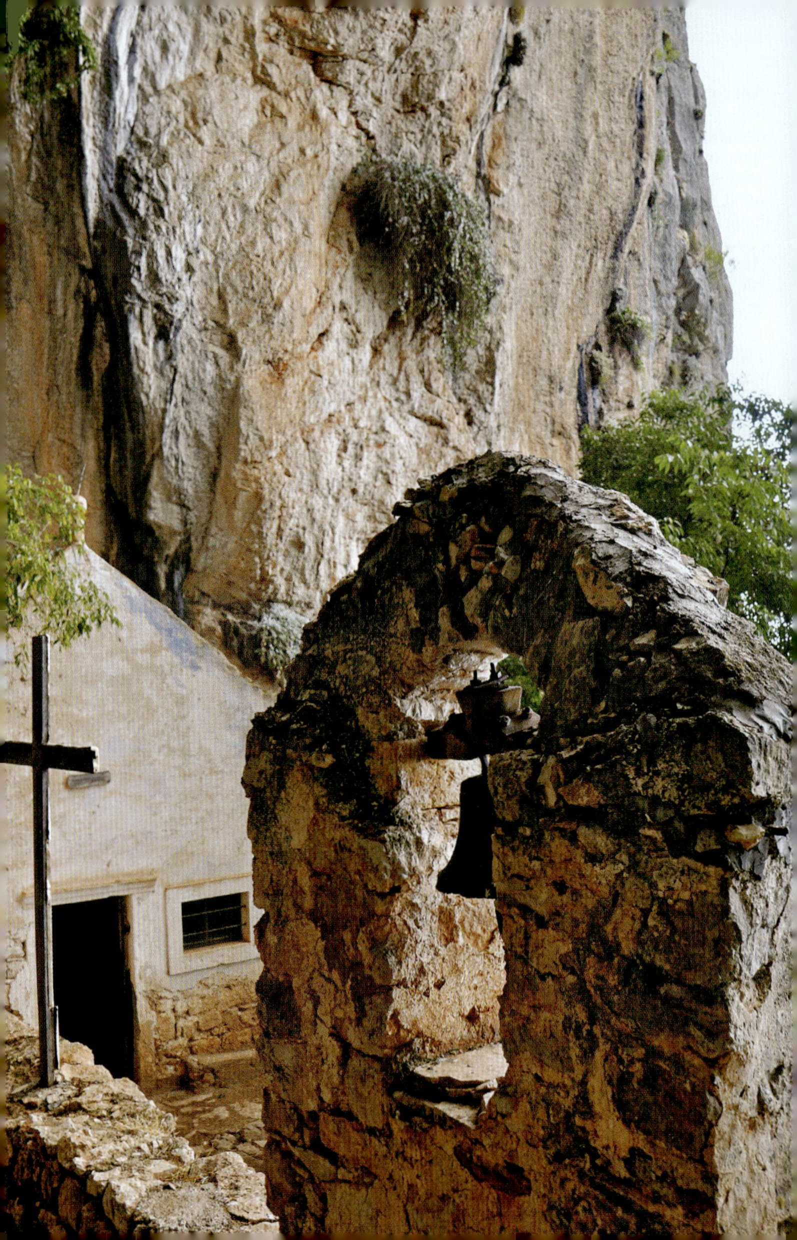

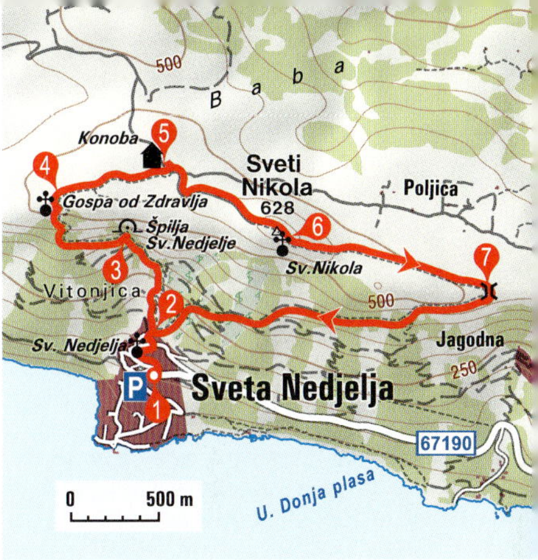

»Sv. Nikola« nach rechts. Schon hier ist die Aussicht hinreißend: Wie auf einem Gemälde bildet die von einer Mauer umsäumte Kapelle den Vordergrund, das Meer und die Inseln ihrerseits den Hintergrund.

Die Weiterroute bringt uns nun direkt Richtung Gipfel, bei der folgenden Kreuzung auf einem ausgedehnten Plateau geradewegs weiter. Rechter Hand der **Konoba (5)** mündet unsere Route in einen breiten Naturweg ein, wo wir nach rechts abbiegen. Ganz zuletzt führt der markierte Pfad in kurzer Zeit hinauf zum Gipfelkreuz und weiter zur Gipfelkapelle des **Sveti Nikola (6)**, 628 m. Das 360-Grad-Panorama umfasst die Inseln Korčula und Brač sowie das Biokovo- und Velebitgebirge.

Der Einstieg in den Abstieg beginnt nahe der Kapelle, es geht etwa in derselben Richtung wie beim Herkommen in der Längsrichtung der Insel abwärts. Wir ignorieren die folgende Abzweigung und gelangen so auf ein Plateau hinunter, wo die großteils verfallenen Gebäude und Trockenmauern von der einstigen Bewirtschaftung zeugen. Die Route ist meist gut auszumachen und markiert. Wir halten uns rechts der in Gehrichtung gesehen äußersten Mauer, außer bei einem kurzen Abschnitt, wo die Route links von dieser verläuft. Auf dem folgenden Passübergang **(7)** macht der Wegverlauf eine 180-Grad-Kehre südwestwärts, worauf es in der Flanke sanft abwärtsgeht. Wir ignorieren die folgenden Abzweigungen nach links hinunter, folgen in den Rebbergen dem Schotterweg und stoßen so auf die Gabelung **(2)**, die wir beim Aufstieg passiert haben.

Von hier auf demselben Weg zurück nach **Sv. Nedjelja** und an die Küstenstraße **(1)**.

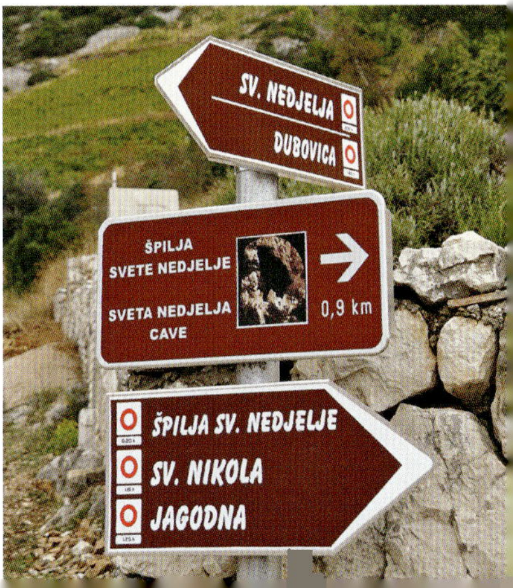

Links: Augustiner-Kapelle bei der Grotte von Svete Nedjelje.

Rechts: Die Wegschilder machen Lust auf den Weiterweg.

38 Von Makarska nach Tučepi die dalmatinische Riviera entlang

2.45 Std.

Idyllischer Ausflug im Kiefernwald an der abwechslungsreichen Küste

Die Riviera von Makarska ist neben dem mediterranen Ambiente geprägt durch den imposanten Gebirgszug des Biokovo. Im Windschatten bieten sich reizvolle Ausflüge und Wanderungen entlang der Küste oder auf die nahegelegene Insel Brač an. Unterwegs lassen sich auf dem Osejava-Höhenzug von einem Ausguck aus Felsklippen bestaunen und im Meer draußen locken die Inseln. Zypressen, Kiefern oder Kakteen säumen die Naturwege und Pfade. Sitzbänke laden zum Verweilen ein und vor oder in Tučepi kann gebadet und eingekehrt werden. Auch die grandiose Nugal-Bucht eignet sich für ein erfrischendes Bad.

Ausgangspunkt: Kirchenplatz in Makarska. Gebührenpflichtige Parkplätze im Zentrum. Der Busbahnhof der Fernbusse entlang der Küste befindet sich an der Hauptstraße.
Höhenunterschied: 220 m.
Einkehr: Makarska und Tučepi.
Anforderungen: Keine besonderen.

Hinweise: Tourismusinformation beim Hafen von Makarska, in der Nähe der Ablegestelle der Fährschiffe nach Brač. Ticketverkauf für die Fähre gleich daneben. Für Informationen zum Biokovo-Natur- und Geopark im Süden der Hafenpromenade, zwischen Parkanlage und Osejava-Hotel abbiegen (2 Min.).

Vom Kirchenplatz in **Makarska (1)** gehen wir zum Meer hinunter, wo wir nach links bis zum Ende der palmengesäumten Hafenpromenade entlangflanieren. Rechter Hand des Hotelkomplexes Osejava steigen wir in Richtung des bewaldeten Hügels hoch, nach einigen Schritten auf der Treppe halten wir uns rechts, immer noch über Treppen, links von einem kleinen Strand unter uns. Es folgt eine Kreuzung **(2)**, wo wir entsprechend der Beschilderung »Tučepi« geradeaus auf dem Hügelzug weitergehen.

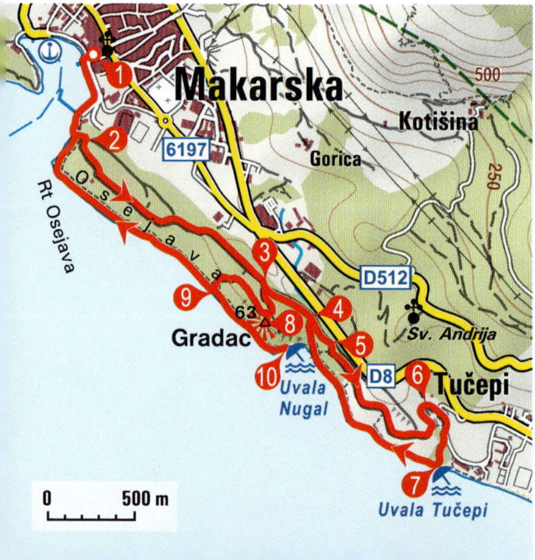

Unser Weg führt durch Kiefernwald, linker Hand türmt sich das Biokovo-Gebirge auf, Zypressen und Felsblöcke säumen den leicht an- und absteigenden Waldweg. Wir ignorieren alle Abzweigungen nach links und rechts, auch den Abzweig nach rechts **(3)**, an dem wir auf dem

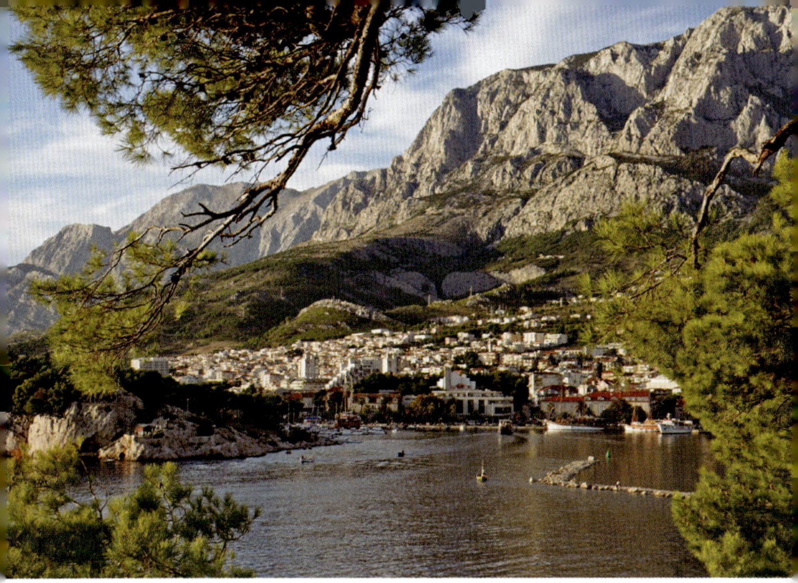

Makarska im Windschatten des Biokovo-Gebirges.

Rückweg zum Aussichtspunkt Gradac abbiegen werden, und denjenigen, der auf dem Rückweg von Tučepi wieder auf diesen Weg zurückführen wird **(4)**. An der nächsten Abzweigung **(5)**, rund 500 m nach derjenigen hinauf zum Gradac, nahe der Autostraße, biegen wir nach rechts ab, immer noch im Wald. Diese Route führt uns etwas oberhalb der Küste entlang, mit prächtiger Sicht auf das Meer und auf das Biokovo-Gebirge. Nach einem Schwenk landeinwärts geht es scharf nach rechts **(6)**, zeitweise auf einer Treppe direkt Richtung Meer. So gelangen wir hinunter zum Kiesstrand von **Tučepi (7)**, der auch für Nicht-Hotelgäste zugänglich ist. Weitere Bademöglichkeiten findet man, wenn man rechts der Hotelanlage direkt entlang dem Strand weiter nach Südosten geht.
Der Rückweg beginnt direkt am westlichen Rand der Hotelanlage von **Tučepi (7)**, zuerst weglos, spektakulär dem Meeresufer nach. Am Anfang steigen wir unproblematisch über einige Felsblöcke, nachher wird es ein-

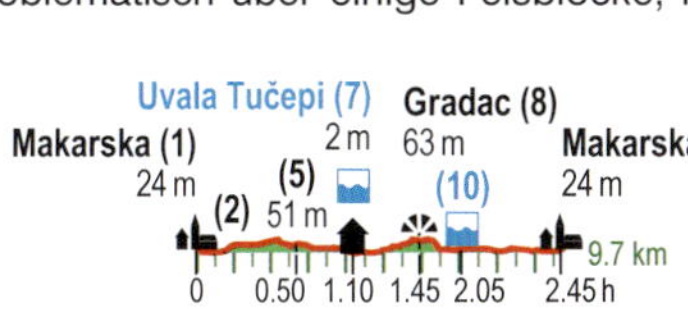

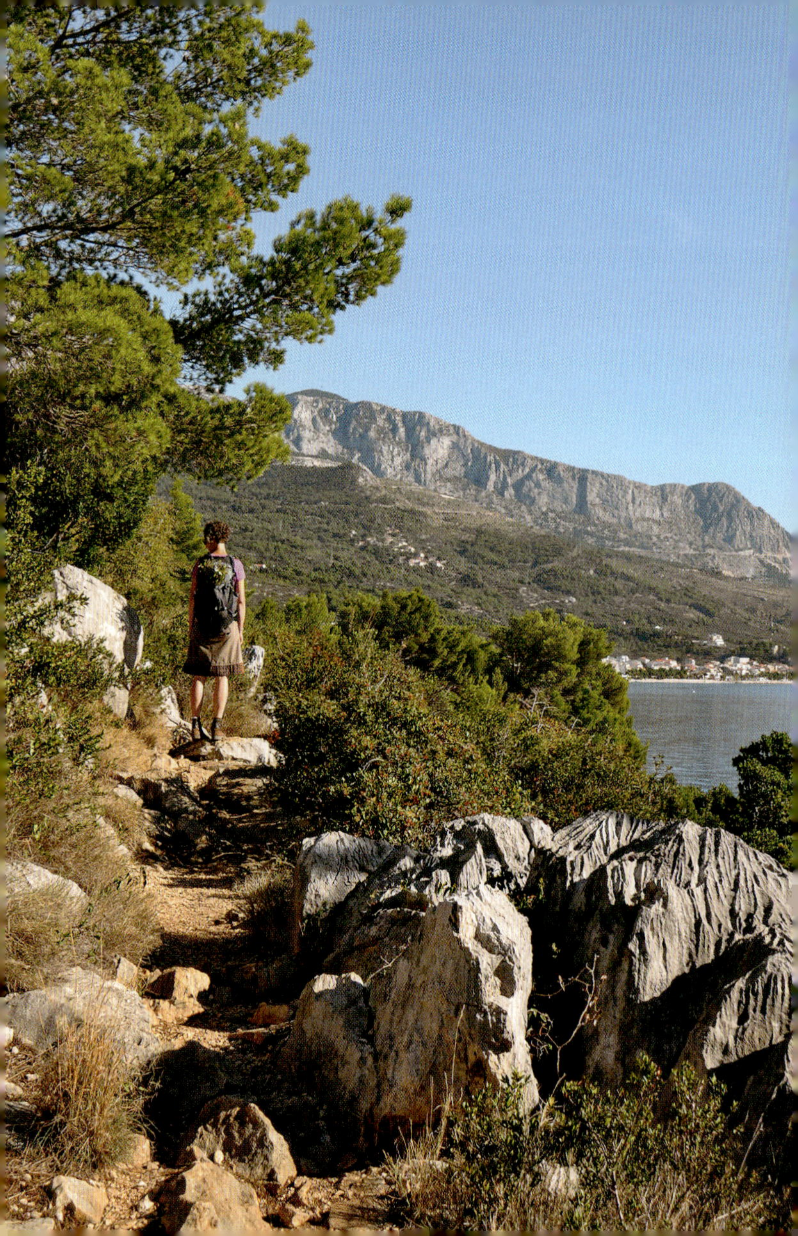

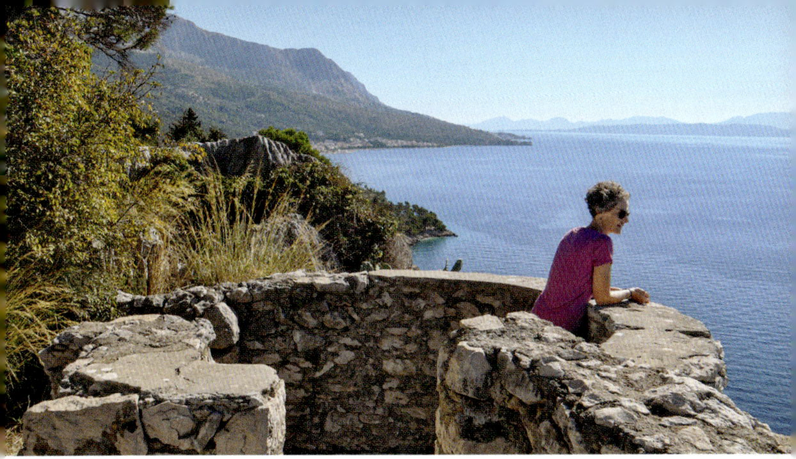

Links: Wildromantische Szenerie entlang des Küstenwegs.
Oben: Ausguck vom Gradac auf die süddalmatische Küsten- und Insellandschaft.
Unten: Abendstimmung nahe bei Makarska, im Hintergrund zeichnet sich der Biokovo-Höhenzug ab.

fach. Immerzu auf diesem schön angelegten Wanderpfad gelangen wir zurück auf den breiten Naturweg vom Hinweg **(4)**. Dieser führt uns nun nach links zur nächsten Abzweigung **(3)**, dort wiederum nach links und hinauf zum Aussichtspunkt **Gradac (8)**, einem der Höhepunkte der Wanderung. Der Blick fällt hinter den steilen Klippen unweigerlich auf die Inseln Hvar und Brač.

Von der Aussichtsplattform gehen wir ein paar Schritte zurück, dann führt die Route unscheinbar nach links weiter (Holzschild »Nugal«). Bei einer Gabelung angekommen, führt der schmale Pfad in der Fallrichtung hinunter zu einer weiteren Verzweigung **(9)**. Hier kurz oberhalb der Klippen wenden wir uns nach links und folgen dem Küstenpfad bis zur spektakulär, inmitten von Felsen gelegenen **Bucht Nugal (10)**.

Immerzu den imposanten Küstenklippen nach, führt der Rückweg direkt am Meer entlang, Sitzbänke unter dem schattigen Dach des Kiefernwalds laden zum Verweilen ein. Am Hotel Osejava vorbei gelangen wir auf dem uns schon bekannten Weg zurück zum Ausgangspunkt in **Makarska (1)**.

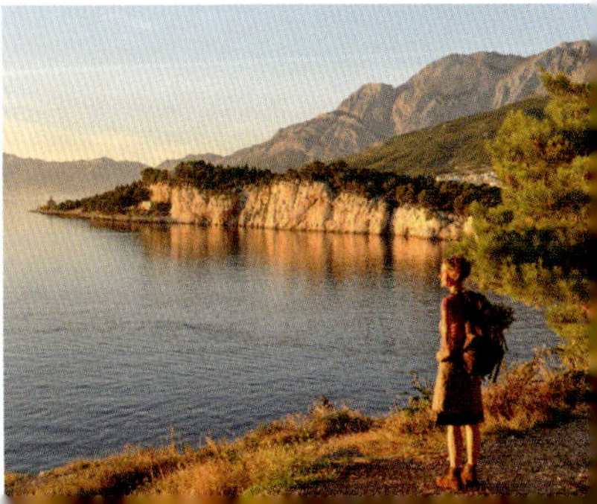

TOP **39** # *Durch den Biokovo-Naturpark auf den Čulica, 1529 m*

6.15 Std.

Wilde Karstlandschaft mit spektakulären Ein- und Ausblicken

Die Bergstraße hinauf zum Sv. Jure gilt als die höchstgelegene und schönste Panoramastraße von Kroatien, ebenso fantastisch ist die Bergtour durch die urtümliche, einsame Karstlandschaft des Biokovo-Gebirgszuges. So weit das Auge reicht, breiten sich Dolinen, vielgestaltige Erhebungen und zwischendurch weiße Kalkfelsformationen aus. Der weitläufige Biokovo ist der zweithöchste Gebirgszug des Dinarischen Gebirges, welches sich an der kroatischen Küste entlangzieht. Tolle Blicke auf die azurblaue adriatische See wechseln sich ab mit der kargen Szenerie der Landschaft, mittendrin lassen sich immer wieder neue Facetten von Karstphänomenen entdecken.

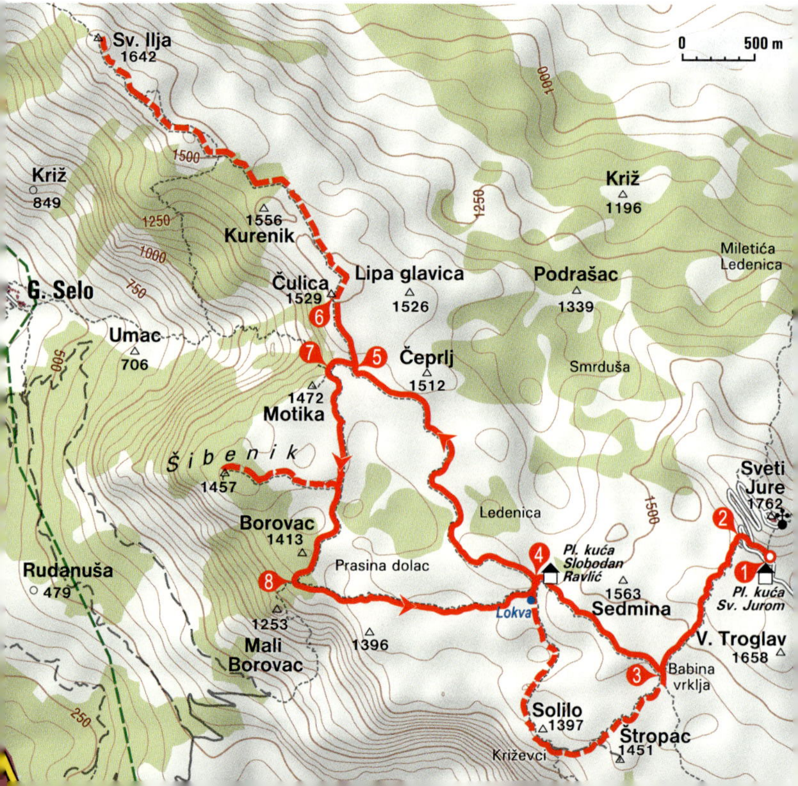

Ausgangspunkt: Berghütte Pl. Kuća Sv. Jurom, unterhalb des Sveti Jure. Parkplätze beim Ausgangspunkt oder auf dem Sv. Jure. Autoanfahrt: Von der Küstenstraße Richtung Dubrovnik ausgangs von Makarska nach links auf die Straße D 512 (in Richtung Vrgorac) abbiegen. Nach rund 10 Min. zweigt bei der Eingangsschranke des Naturparks links die schmale, jedoch gut ausgebaute Bergstraße hinauf zum Biokovo ab. Die Autos werden stündlich in den Park gelassen, deshalb ist mit Wartezeiten zu rechnen; dafür hat es dann im Park nicht (zu) viel Verkehr. Für den Hin- und Rückweg mit dem Pkw sollten mindestens 1.30 Std. eingerechnet werden.
Höhenunterschied: 760 m.
Anforderungen: Gute Bergschuhe, genügend Wasser mitnehmen, Wanderstöcke nach Bedarf. Nur bei trockenem und nebelfreiem Wetter, da ansonsten die Orientierung schwierig ist und die Steine auf den Pfaden sowie die Felsplatten glitschig sind. Bei einigen wenigen Abschnitten ist Trittsicherheit erforderlich, Orientierungsvermögen und Ausdauer werden vorausgesetzt.
Beste Jahreszeit: Mai bis Oktober, allenfalls April, falls kein Schnee mehr liegt.
Einkehr: Keine auf der Wanderung, hingegen entlang der Bergstraße hinauf zum Sv. Jure. Saisonal bestehen auch Möglichkeiten zur Übernachtung (Auskunft bei den beiden Informationszentren in Makarska und Skywalker; vgl. »Hinweise«).
Varianten: 1) Kürzere Runde vom Wegpunkt 3 am Štropac vorbei über Križevci und Solilo zur Berghütte Ravlića-Lokva (4) und von dort zurück, total rund 4 Std. 2) Vom Čulica weiter bis zum Sv. Ilja und wieder zurück (plus 3 Std.).

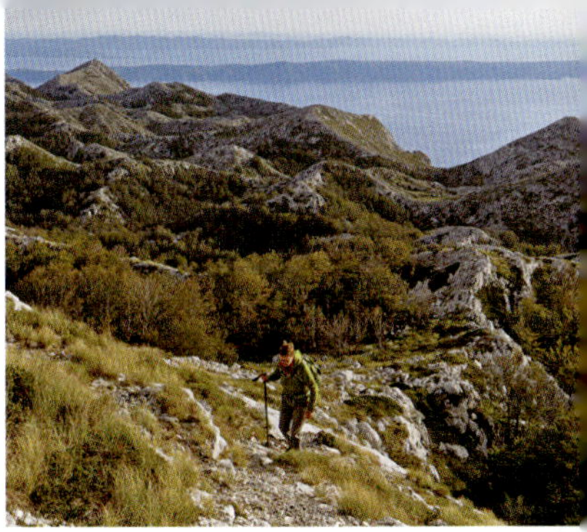

Die Route führt durch die charakteristische Karstlandschaft.

3) Abstecher auf den Šibenik (plus 1 Std.).
Hinweise: Informationszentrum zum Biokovo-Natur- und Geopark im Süden der Hafenpromenade in Makarska, zwischen Parkanlage und Osejava-Hotel nach links abbiegen (2 Min.): info@pp-biokovo.hr, pp-biokovo.hr. Der Naturpark ist offiziell geöffnet von April bis Mitte November. Die Eintrittsgebühr für den Naturpark Biokovo beträgt 8 € und kann auch beim Eingang entrichtet werden. Informationszentrum im Park selber bei der Anfahrt in Ravna Vlaška, mit Aussichtsplattform Skywalker, 13 km nach dem Parkeingang (Parkplatz).
Die Aufstiegsrouten von Makarska direkt auf den Biokovo sind sehr steil und konditionell anspruchsvoll. Diese können empfohlen werden als Zweitages-Touren mit Übernachtung in einer der Hütten auf dem Biokovo. Die Auswahl an Routen ist immens.
Achtung: Teils sind die angegebenen Gehzeiten auf Wegweisern im Gelände zu kurz berechnet.

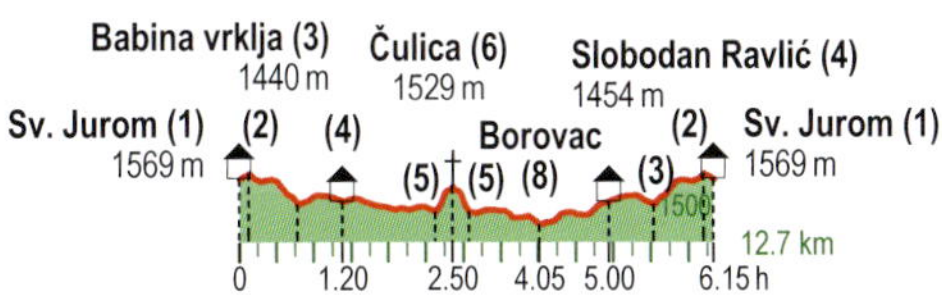

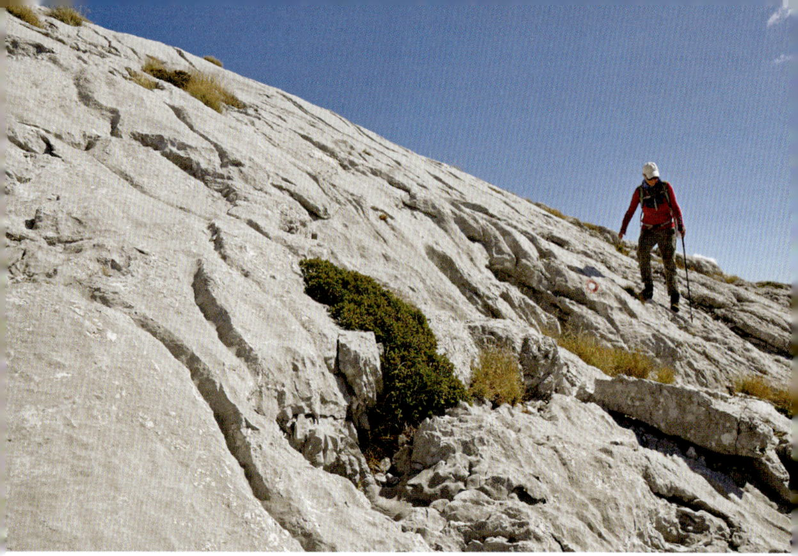

Felsplatten und Karrenfelder erfordern Trittsicherheit.

Startpunkt ist die Berghütte **Sv. Jurom (1)**, welche unterhalb des Sveti Jure situiert ist, der mit 1762 m einer der höchsten Berge von Kroatien ist. Vorerst gehen wir entsprechend den rot-weißen Wanderwegzeichen der Straße nach hoch. In Sichtweite der ersten Serpentine verlassen wir sie auf dem links wegführenden Bergpfad **(2)**. Dieser ist von Beginn an gut markiert und ausgetreten, Dolinen werden links und rechts umgangen. In kupiertem Gelände geht es auf und ab, mal passieren wir schattiges Unterholz, mal lassen wir uns auf einer Anhöhe von der Aussicht inspirieren.

An der Pfadkreuzung bei **Babina vrklja (3)** gehen wir entsprechend der Signalisierung »Lokva« nach rechts weiter. Weiße Kalksteinformationen wechseln sich ab mit Felstrichtern, der Sendemast vom Sv. Jure wirkt sehr nahe. Richtung Nordwesten ist unser Gipfelziel, der Čulica und dahinter die markante Erhebung des Sv. Ilja gut erkennbar. Die folgende Berghütte **Slobodan Ravlić (4)** ist mit Holztisch und Bänken, auch draußen, bestens ausgestattet.

Für die Weiterroute passieren wir die Berghütte auf der unteren Längsseite und gehen in derselben Richtung weiter, worauf wir einen Pfad mit rot-weißen Markierungen und gleich darauf einen Wegweiser erspähen. Über Felsplatten geht es nunmehr gut markiert stetig aufwärts. Landschaftsprägend ist in diesem Abschnitt der mit Disteln und Wacholder durchsetzte Buchenwald. In der Folge verläuft die weiterhin gut markierte Route durch unwegsa-

mes, schroffes Karstgelände, für ein kurzes Stück steigen wir über Felsblöcke. Schließlich zeichnen sich Gemäuer im Gelände ab, welche davon zeugen, dass hier einst Viehwirtschaft betrieben wurde. Auf einem kleinen Plateau, mit schöner Sicht auf das Meer, erreichen wir eines der Gemäuer und eine Pfadgabelung **(5)**. Unsere Rundtour führt hier später nach links weiter. Vorerst wenden wir uns aber hier nach rechts, in Richtung »Sv. Ilja« laut der Signalisierung auf dem Stein. Der Gipfelaufbau des Čulica türmt sich direkt vor uns auf. Zuerst geht es kurz in Richtung der Häuserruinen vor uns, worauf die Route nach links Richtung Norden wegführt. Wir halten uns dabei an die Markierungen und die aufgeschichteten Steine. Am Schluss des steilen Aufstiegs gelangen wir auf einen Kamm, wo das Blickfeld auf den Sv. Ilja frei wird. Hier verlassen wir den offiziellen Pfad und steigen nach links in wenigen Minuten den Kamm entlang bis zum Gipfel des **Čulica (6)**, 1529 m, hoch. Die Aussicht auf die Gebirgszüge im Norden bei Split und in die andere Richtung auf die Halbinsel Pelješac mit dem ebenfalls Sv. Ilja genannten Berg ist phänomenal. Im Osten scheint das Innenland von Bosnien unendlich weitläufig zu sein und meerwärts sind die Inseln Hvar, Brač und Korčula auszumachen.
Zurück bei der letzten Pfadgabelung **(5)** angelangt, nehmen wir den Wegverlauf Richtung »Motika« (Signalisierung auf Stein). Nach knapp 10 Min. folgt die Gabelung bei besagtem **Motika (7)**, 1397 m, wo wir nach links in Richtung Borovac weitergehen. Spektakulär mutet die Felswand an, der folgende Abschnitt erlaubt immer wieder Ausblicke auf das adriatische Meer. Bei Grlić stoßen wir auf eine weitere Gabelung, wo unsere Route nach links weiterführt (nach rechts Route zum Šibenik, vgl. Variante 3). Abwechslungsreich geht es weiter, hier nun durch einen Nadelwald. Bei Borovac nehmen wir bei der Verzweigung **(8)** die linke Pfadvariante unter die Füße. Durch eine weitläufige Wiesenlandschaft, an einer Hirtenhütte vorbei, wandern wir hinüber zur Berghütte **Slobodan Ravlić (4)**, von wo wir in rund einer Stunde zur Berghütte **Sv. Jurom (1)** zurückgelangen.

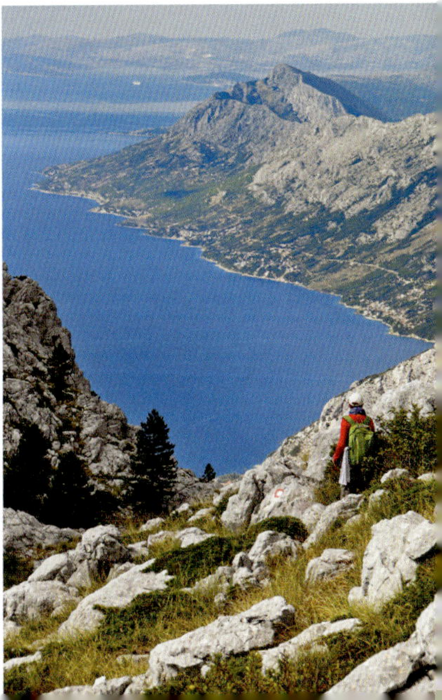

Tiefblick auf die dalmatinische Riviera.

40 Insel Brač: Von Bol auf den aussichtsreichen Vidova Gora, 780 m

4.00 Std.

Auf alten Wegen zum höchsten Gipfel des adriatischen Inselarchipels

Auf teils gepflasterten Wegen ersteigen wir in abwechslungsreicher Landschaft den Vidova Gora. Zwischendurch bietet der Kiefernwald angenehmen Schatten und imposante Felswände bilden eine fast »alpine« Kulisse. Das phänomenale Panorama lädt wie auch das Gasthaus auf dem Gipfel zum Verweilen ein. Eindrücklich, wie der Sandstrand Zlatni rat ins Meer hinausragt; das »Goldene Horn« hat Bol zum Tourismus verholfen. Daneben ist Brač bekannt für den Kreidekalkstein, die Abbaugebiete liegen im Norden der Insel. Schon die alten Römer haben den Stein beispielsweise für den Bau des Diokletianpalastes in Split verwendet.

Ausgangspunkt: Kiesgrube bei Podborje im oberen Teil von Bol. Autoanfahrt: Vom Zentrum von Bol auf der Hauptstraße aufwärts. Kurz vor der Ortstafel und Schild »Vidova gora« nach links hinauf abzweigen. Die Nebenstraße führt an einem Kirchlein vorbei bis zu einer Kiesgrube, wo am linken Straßenrand geparkt werden kann. Zu Fuß sind es vom Hafen von Bol aus rund 30 Min. bis hierher. Busverbindungen nach Bol.
Anreise zur Insel Brač: Fährverbindung ab Split nach Supetar oder ab Makarska nach Sumartin: www.jadrolinija.hr/de.
Höhenunterschied: 700 m.
Anforderungen: Gute Trekkingschuhe,

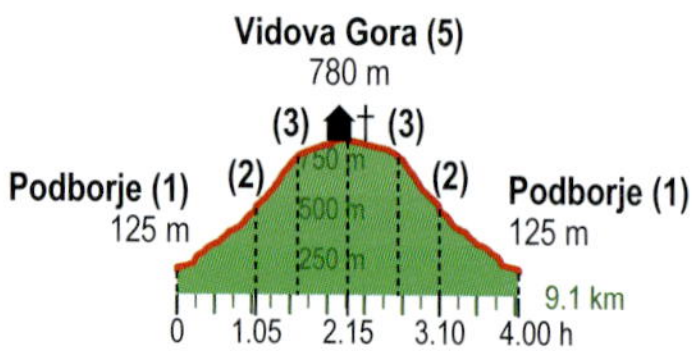

ausreichend Wasser mitnehmen, Wanderstöcke nach Bedarf.
Einkehr: Auf dem Vidova Gora (saisonal) und in Bol.
Hinweis: Wanderkarten sind im Informationsbüro in Bol erhältlich, das unten am Hafen liegt.

Startpunkt ist die Kiesgrube bei **Podborje (1)** im oberen Teil von Bol. Von hier führt ein Schottersträßchen in gerader Richtung entsprechend dem Schild »Vidova gora« weiter (nicht die linke Naturstraße nehmen). Auf der rechten Flanke wandern wir bergwärts, bald geht das Sträßchen in einen Fußpfad über. Rückblickend sehen wir unter uns Bol und dahinter die Insel Hvar. Der Pfad ist in diesem Abschnitt gut erkennbar und mit Steinplatten versehen. Im Talgrund angekommen, schreiten wir auf karstigem Untergrund durch einen Nadelwald, linker Hand türmen sich imposante Felswände auf. In der Folge zieht sich die Route auf der rechten Talseite mal in Kehren, mal geradeaus angenehm bergwärts. Bei einem Steinmännchen **(2)** sind wir wiederum im Talboden angelangt.
Nun geht es steiler bergan, in Serpentinen auf der linken Talseite. Wo der Bergpfad in einen Schotterweg einmündet **(3)**, biegen wir nach rechts auf

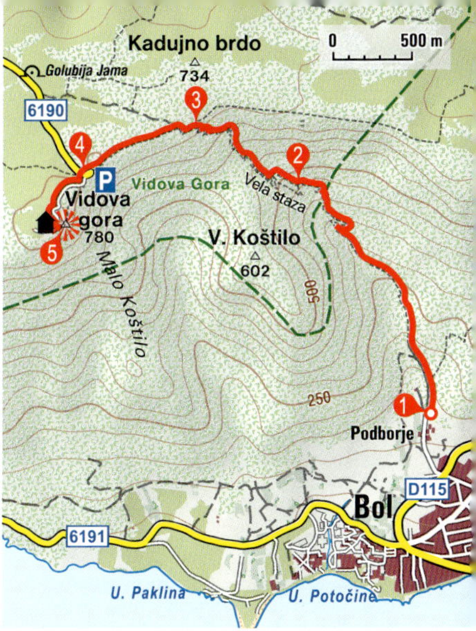

diesen ab. So gelangen wir hoch zum Bergrücken, wo Markierungen den weiteren Routenverlauf nach links anzeigen. Über Karrenfelder, ein Karstphänomen, folgen wir leicht ansteigend dem breiten Kamm. Der anschließende Parkplatz **(4)** grenzt an die Straße an, die links hinauf auf den **Vidova Gora (5)**, 780 m, führt. Tief unten erblicken wir Bol mit dem prägnanten Zlatni rat (»Goldenes Horn«) und dem Dominikanerkloster in der Altstadt. In der Ferne kann ein beträchtlicher Teil der Touren des Wanderführers Dalmatien überblickt werden. Richtung Norden erstreckt sich die dalmatinische Küste: vom südlichen Velebit und den davor liegenden Inseln über Split bis zum Biokovo-Gebirgszug oberhalb der Makarska-Riviera. Richtung Süden schweift das Auge von Hvar und der Halbinsel Pelješac bis zur Insel Mljet im Südosten.

Der **Rückweg** erfolgt auf dem Hinweg.

Vom Vidova Gora sind das »Goldene Horn« von Bol und die Insel Hvar gut auszumachen.

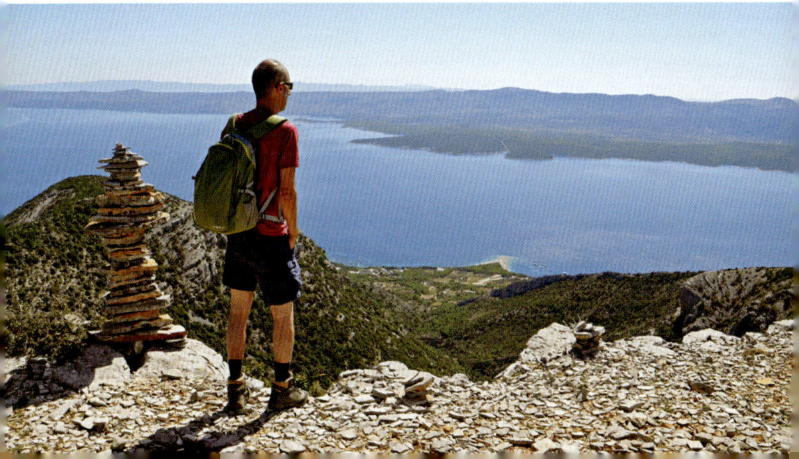

41 Insel Brač: Von der malerischen Südküste zum Felsenkloster Blaca

3.00 Std.

Von Bucht zu Bucht und in die Abgeschiedenheit des Innenlandes

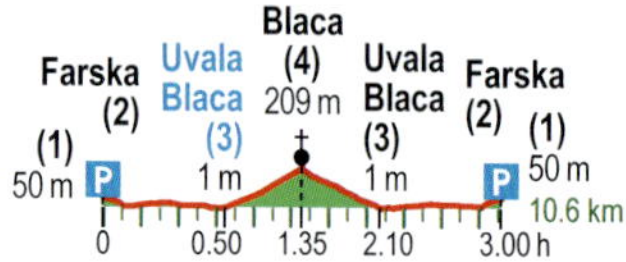

Von Weitem erinnert das Kloster an tibetanische Bauten. Die Ruhe und Stille so nahe bei Bol überrascht und erlaubt innere Einkehr. Das dazugehörige Museum informiert über die Geschichte und beinhaltet eine kulturhistorische Sammlung. Die Eremitage wurde im 16. Jahrhundert von Mönchen gegründet, die vor den türkischen Angriffen vom Festland hierher geflohen sind. Der Klosterkomplex entwickelte sich im Lauf der Zeit zu einem landwirtschaftlichen Gut, das jedoch im 20. Jahrhundert aufgegeben wurde. Eine ebenso wohltuende Ruhe und Stille strahlen die Buchten entlang der Tour aus, eine bezaubernder als die andere!

Ausgangspunkt: Parkplatz oberhalb des Küstenfleckens Farska. Autoanfahrt: Von Nerežišća auf der Inselhauptstraße D113 Richtung Südosten, nach gut 3 km rechts und kurz darauf nochmals rechts auf die Nebenstraße 6191. Nach der letzten Linkskurve abwärts, bei der Verzweigung kurz nach rechts bis zum Parkplatz. (Von Bol aus ist die Küstenstraße nach Farska ab Murvica gesperrt.)
Anreise zur Insel Brač: Fährverbindung ab Split nach Supetar oder ab Makarska nach Sumartin: www.jadrolinija.hr/de.
Höhenunterschied: 300 m.
Anforderungen: Für die Fußpfade werden gute Trekkingschuhe empfohlen. Bei der Blaca-Bucht (3) waren bei einem Waldbrand vor längerer Zeit auch einige kurze Wegabschnitte betroffen.
Einkehr: Keine.
Varianten: 1) Vom Dorf Murvica, westlich von Bol, wo die asphaltierte Straße aufhört (gebührenpflichtiger Parkplatz), bis Farska wandern. Dieser Straßenabschnitt ist für Autos gesperrt und passagenweise betoniert (ca. 4 Std. hin und zurück).
2) Vom Kloster Blaca aus entsprechend dem Wegweiser nach Obršje und auf Pfad oder Sträßchen zurück nach Farska (rund 2.30 Std.).
Hinweise: Wanderkarten sind erhältlich im Informationsbüro in Bol unten am Hafen.
In der Hochsaison morgens Exkursionen mit Bootsfahrten vom Hafen von Bol bis zur Bucht U. Blaca, von wo der Pfad zum Kloster hinaufführt.
Klostermuseum: Geöffnet täglich außer Montag, 16. Juni – 15. Sept. 9–17 Uhr; 16. Sept. – 14. Juni 9–15 Uhr, Eintrittsgebühr 7 Euro (Stand 2023). czk-brac.hr/index.php/radno-vrijeme.

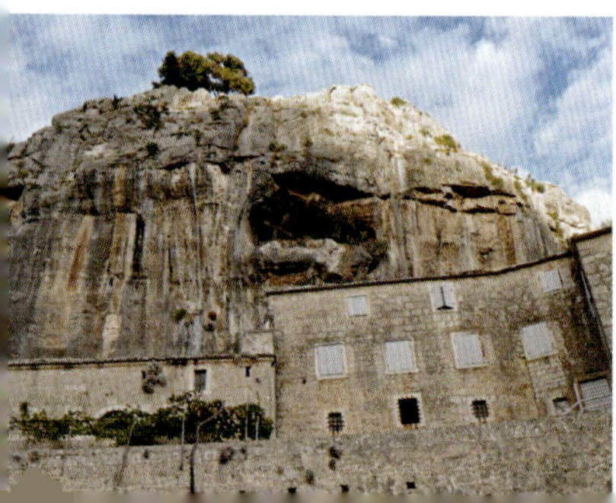

Links: Das Felsenkloster Blaca.
Rechts: Das stille Tal wird heute nur noch von Ziegen bewohnt.

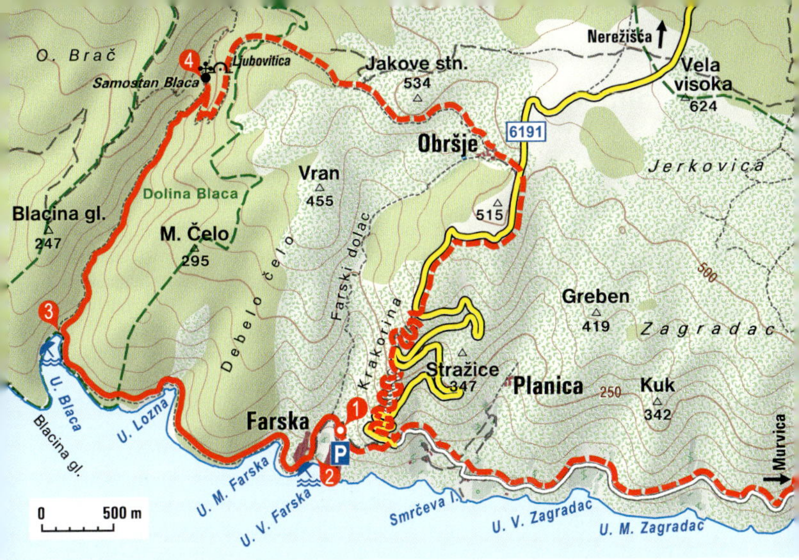

Startpunkt ist der **Parkplatz (1)** wenig oberhalb von Farska. Wir gehen hinunter ans Meer, wo wir nahe beim Ufer bei den ersten Häusern von **Farska (2)** nach rechts abschwenken. Der mit rot-weißen Zeichen gut markierte Fußpfad führt in malerischer Szenerie entlang der Küste. Bei der ersten Bucht, der Mala Farska, sticht das türkisblaue Meer ins Auge. Nach rund 15 Min. folgt im Wald die zweite Bucht, die U. Lozna, die wir nahe am Ufer umrunden. Zum ersten Mal ganz hinunter zum Meer kommen wir bei der **Blaca-Bucht (3)**.

Wir biegen rechts ab und folgen dem Tälchen auf dessen linker Seite. Der alte Kulturweg führt an einem verfallenen Steinhaus vorbei, je nach Jahreszeit weiden hier Ziegen. Auch die in der Zwischenzeit verwachsenen Terrassen erinnern an die ehemalige Landwirtschaftskultur. Links und rechts türmen sich imposante Felsen auf, für ein kurzes Stück verläuft die Route im Talboden. Der nun steilere Schlussaufstieg führt auf der rechten Talseite zum **Felsenkloster Blaca (4)** hoch.

Auf derselben Route kehren wir nach **Farska (2)**, wo es schöne Bademöglichkeiten gibt, und zum **Parkplatz (1)** zurück.

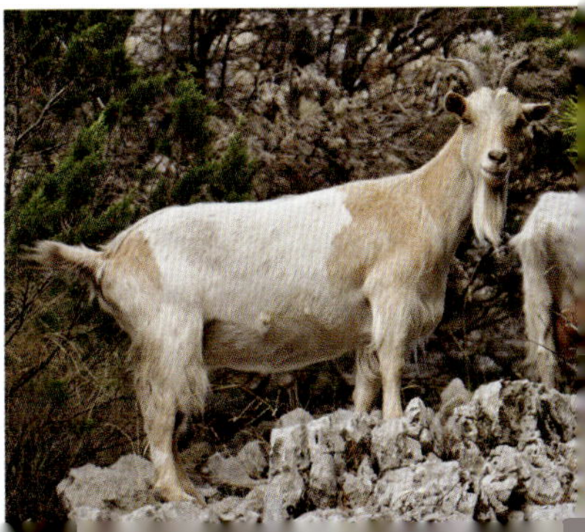

Süddalmatien

Die sonnenverwöhnte Region Süddalmatien erstreckt sich vom pulsierenden Makarska (siehe Mitteldalmatien) über das fruchtbare Delta von Ploče bis nach Dubrovnik – das als »Perle der Adria« gerühmt wird. Dazwischen befindet sich der Meereszugang von Bosnien-Herzegowina, der seit geraumer Zeit über eine lang gezogene Straßenbrücke via Halbinsel Pelješac umfahren werden kann. Die Küste ist stark gegliedert und umfasst viele Naturschönheiten, die vorgelagerten Inseln weisen pittoreske Städte mit historischen Bauten sowie wildromantischen Buchten auf.

UNESCO-Weltkulturerbe Dubrovnik

Dubrovnik hat sich vom Handelshafen der Venezianer zu einer der Top-Destinationen Europas entwickelt. Täglich machen Kreuzfahrtschiffe hier Station. Dubrovnik wie auch die vorgelagerten Inseln weisen schöne Strände und Buchten auf, bekannt ist Dubrovnik aber insbesondere durch seine Altstadt, wo im Sommer vor lauter Touristen kaum ein Durchkommen möglich ist. Mit der Seilbahn ist in wenigen Minuten ein Ausflug auf den Srđ möglich, wo es herrliche Sonnenuntergänge zu bestaunen gibt. Achtung: In der Sommersaison und immer mehr auch darüber hinaus ist Dubrovnik überlaufen.

Das Klima und die Vegetation in Süddalmatien sind mediterran geprägt.

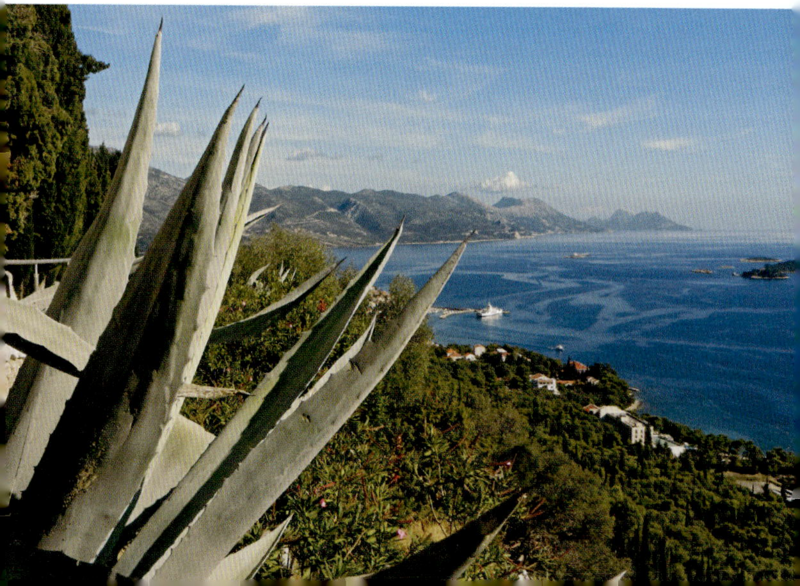

Konavle

Konavle, die südlichste kroatische Region, liegt an der Grenze zu Bosnien und Montenegro, ist nur dünn besiedelt und weist drei Landschaftskammern auf: den karstigen Küstengürtel mit den Klippen, den fruchtbaren mittleren Teil sowie das Gebirge mit dem Snježnica-Massiv. Am Küstengürtel von Konavle dominiert im zentralen Teil die senkrechte steile Felsküste von Konavle. Im Süden liegt die Halbinsel Molunat mit ihren Buchten und im Norden Cavtat, der sehenswerte Küsten- und Hauptort. Nahezu ein Drittel der Fläche von Konavle ist mit Wäldern bedeckt: Direkt an der Küste überwiegen niedrige Macchia-Vegetation, Kiefern und Zypressen, während im Gebirge auch Eichen- und Buchenwälder vorzufinden sind.

Halbinsel Pelješac: Ston und Orebić

Orebić liegt im Windschatten des imposanten Gipfels des Sv. Ilija. Die einstige Seefahrerstadt weist neben den Stränden einige kleine Buchten auf. In den Restaurants werden einheimische Spezialitäten wie frischer Fisch oder die bekannten Weine von Pelješac (Dingac, Postup) serviert. Ston seinerseits besteht aus den beiden Ortschaften Mali Ston und Veliki Ston. Schon die Römer gründeten an dieser strategisch wichtigen Landenge am Eingang zur Halbinsel Pelješac eine Siedlung und errichteten Anlagen zur Salzgewinnung. Die Republik Ragusa (Dubrovnik) baute diese zu einer riesigen Anlage aus. Unter anderem, um die Salzgewinnung abzusichern, begann im 14. Jahrhundert der Bau der Befestigungsanlage und der fünf Kilometer langen Mauern.

Insel Korčula

Die Insel Korčula ist ungefähr 48 km lang und etwa 8 km breit. Gleich wie Rab und Mljet wird auch Korčula als »Grüne Insel« bezeichnet. Die beiden größten Städte sind die Hafenstadt Vela Luka und die Stadt Korčula, welche Geburtsort des Seefahrers Marco Polo ist und eine der schönsten Altstädte von Kroatien aufweist. Nur wenige Kilometer entfernt befindet sich der Badeort Lumbarda mit den Buchten rundherum. Vela Luka liegt im westlichen Teil der Insel, von hier aus sind Ausflüge in die vielgestaltige Umgebung und zu den Buchten möglich.

Insel Mljet mit Nationalpark

Der Nationalpark liegt im nordwestlichen Teil der Insel, wurde bereits 1960 zum Nationalpark proklamiert und stellt somit einen der ersten institutionalisierten Anläufe dar, das Ökosystem der Adria zu schützen. Neben den dichten Schwarzkiefernwäldern zählen die Sanddünen, die Klippen oder die Riffe zu den ökologisch bedeutsamen Naturobjekten. Die Insel spielt seit der Antike eine wichtige historische Rolle, als illyrische Stämme hier lebten. Während der Römerzeit wird Mljet in einer Reihe schriftlicher Dokumente erwähnt, die wertvollsten Funde sind in Polače vorzufinden.

42 Dubrovnik und »Belvedere« auf dem Srđ, 403 m

2.15 Std.

Bummel durch das UNESCO-Weltkulturerbe und in die Umgebung

Der Rundgang auf der Stadtmauer rings um die altehrwürdige Altstadt und die Aussicht von hoch oben auf Dubrovnik lassen keine Wünsche übrig. Die Seilbahn schwebt in luftiger Höhe hoch zum Srđ, worauf eine kurzweilige Wanderung mit atemberaubenden Aussichtspunkten angesagt ist. Rindvieh, Maulesel und Pferde sind touristische Attraktionen und der Kontrast zwischen dem wuseligen Treiben in Dubrovnik und dem stillen Hinterland hier oben könnte kaum größer sein. Und übrigens: Sonnenuntergänge hier oben sind vom Feinsten.

Ausgangspunkt: Talstation der Seilbahn (»CableCar«) in Dubrovnik; Busstation gleich daneben. Richtung Altstadt hinunter stehen gebührenpflichtige Parkplätze zur Verfügung.
Endpunkt: Stadttor Gradska Vrata pile.
Höhenunterschied: Anstieg 250 m, Abstieg 270 m (exklusive Seilbahnfahrt).
Anforderungen: Einfache Wanderung auf guten Wegen.
Einkehr: Dubrovnik und Bergstation der Seilbahn.
Varianten: 1) Auf dem Zickzackpfad zu Fuß hinauf zum Srđ und/oder hinab nach Dubrovnik.
2) Vom Wegpunkt 3 geradeaus weiter bis zur Festungsruine Strinčjera und auf demselben Weg zurück.
3) Von Bosanka (nahe der Bushaltestelle) zu Fuß Richtung Südwesten hinunter nach Dubrovnik.
4) Statt auf der Straße Iza Grada hinüber zum Wegpunkt 5, durch die Altstadt innerhalb der Stadtmauer gehen.
Hinweise: Für die Begehung der Stadtmauer ist eine Gebühr zu bezahlen.
Die Straße von Bosanka hinauf auf den Srđ kann in der Hochsaison stark befahren sein. Von Bosanka fährt der Bus 17 nach Pile (5).
In den Bergen südöstlich von Dubrovnik wird davor gewarnt, Straßen und Wege zu verlassen, weil Minen während des letzten Krieges oft dicht am Straßenrand verlegt wurden.

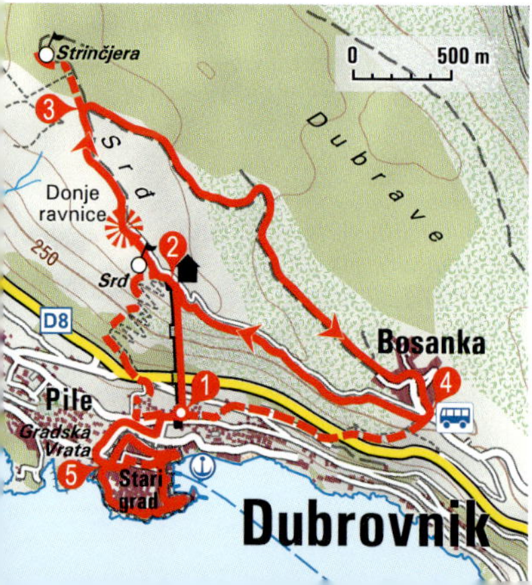

Ausgangspunkt ist die **Talstation (1)** der Seilbahn, die uns zur Bergstation auf der Kuppe des **Srđ (2)**, 389 m, bringt. Ganz oben thront das Fort Impérial von Anfang des 19. Jahrhunderts. Die unübersehbare Sendeanlage passieren wir rechter Hand und folgen dem Sträßchen in Richtung Nordwesten. Die Aussicht auf Dubrovnik und die Inseln ist grandios. Silbergrauer, aro-

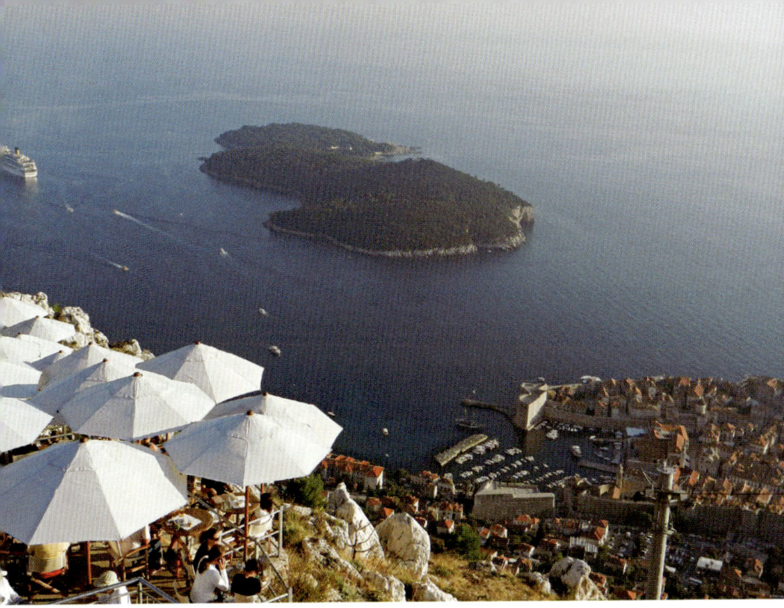

Prächtiger Blick vom Srđ auf die Altstadt von Dubrovnik.

matischer Salbei verwöhnt die Nase und Kiefernbäume mit riesigen Zapfen sowie Heidekraut säumen den Fußweg. In karstigem Gelände gelangen wir so an einen Waldrand, wo wir beim Tiergehege nach rechts abzweigen **(3)**. Rechter Hand fällt der Blick auf die Sendeanlage, linker Hand sind entlang der Anhöhen Festungsruinen auszumachen, gräuliche Karstformationen prägen die Szenerie. Auf dem Schotterweg visieren wir Richtung Südosten das Dorf **Bosanka** an, das nach einer Rechtskurve näher und näher rückt. Im Dorfkern kommen wir am Kirchlein Sv. Spasa vorbei, worauf beim Dorfausgang eine Teerstraße **(4)** nach rechts zur Bergstation auf dem **Srđ (2)** abzweigt, auf der wir unsere Wanderung fortsetzen.

Nach der Seilbahnfahrt bei der **Talstation (1)** angekommen, gehen wir abwärts Richtung Altstadt, passieren einen Parkplatz und gelangen so zur Straße Iza Grada, welcher wir nach rechts folgen. Sie führt entlang der Stadtmauer in einer Linkskurve hinüber zum Stadttor **Gradska Vrata pile (5)**. Im Nu erklimmen wir von hier die Stadtmauer und umrunden auf ihr die Halbinsel, auf welcher der historische Stadtkern erbaut ist.

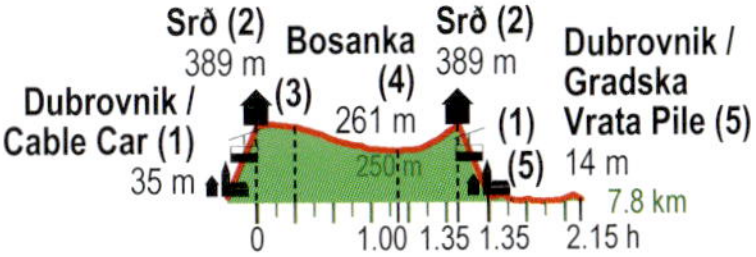

43 Von Velji Do auf den Vrh Stražišće, 701 m

1.30 Std.

Kurzweilige Panorama-Tour ganz im Süden von Dalmatien

Wenig begangen und in unmittelbarer Nähe zu Dubrovnik bietet diese Wanderung viel Aussicht mit wenig Anstieg. Bei der Umrundung des Stražišće tun sich immer neue Fenster des 360-Grad-Panoramas auf: Die karge Karstlandschaft in unmittelbarer Nähe steht dabei im Kontrast zur Kulturlandschaft, während die Weite von Bosnien mit dem adriatischen Meer kontrastiert. Ganz oben lässt es sich beim Gipfelkreuz angenehm verweilen, dann geht es auf gut markiertem Bergpfad zurück nach Velji Do.

Ausgangspunkt: Velji Do. Autoanfahrt: Von Cavtat an der Küste nach Zvekovica, von dort rechts hinauf Richtung Uskoplje, nach einer Rechtskurve links hoch und zuletzt nach vier Straßenkehren auf einer Anhöhe wiederum nach links: hier Schild »Velji Do«. Parkmöglichkeiten am Straßenrand in Velji Do.
Höhenunterschied: 200 m.
Anforderungen: Trittsicherheit beim Abstieg für ein kurzes Stück von Vorteil, bei Nässe sind die Steine hier glitschig. Solide Trekkingschuhe, Wanderstöcke nach Bedarf.
Einkehr: Konoba in Velji Do; unterwegs keine.
Variante: Vom Dorf Gornji Obod an der Küstenstraße nach Dubrovnik führt ein markierter Pfad hoch bis zum Fahrsträßchen, von dort in kurzer Zeit nach links bis Velji Do (insgesamt 1.30 Std.). Von Cavtat kann man auch direkt die Küste entlang über Donji Obod nach Gornji Obod gelangen.

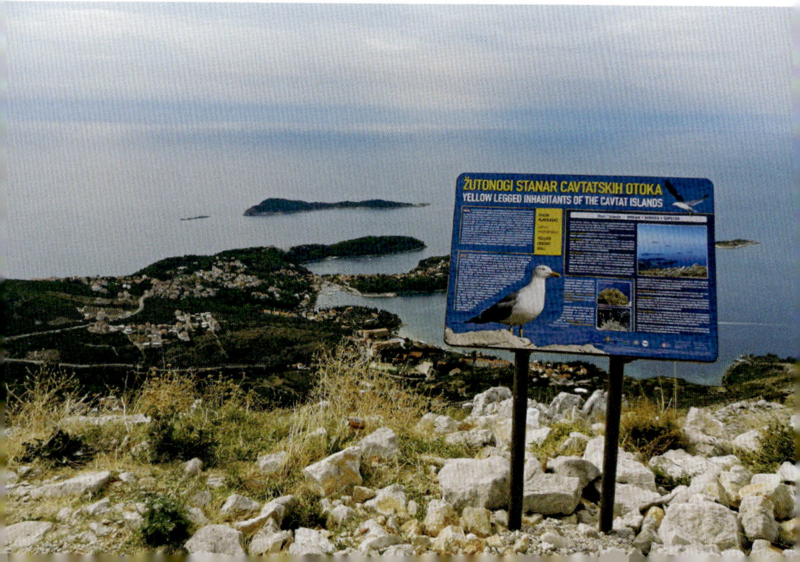

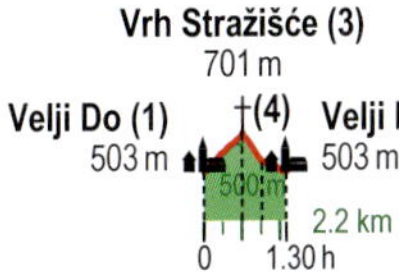

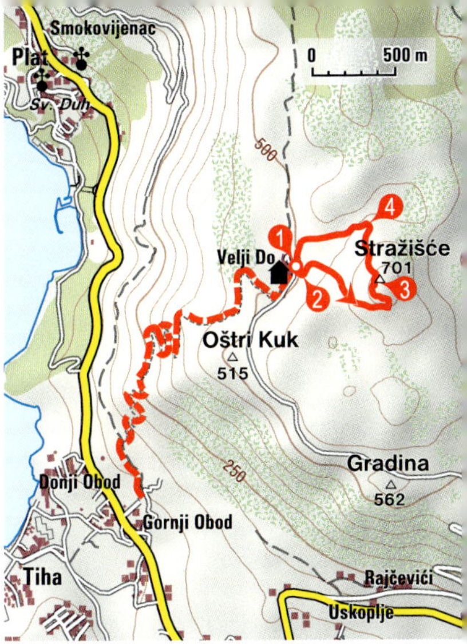

Der Startpunkt befindet sich am Anfang des kleines Weilers **Velji Do (1)**, 503 m. Die rot-weiße Markierung kurz vor der Konoba, von der Anfahrt her gesehen, verweist auf die bergwärts von der Fahrstraße wegführende Abzweigung **(2)**. Der gut erkennbare und rot-weiß markierte Pfad führt steil bergauf, mit schöner Sicht hinab auf den Weiler Velji Do und die umliegenden Ackerfelder. Am Wegrand gedeihen wohlriechender Salbei und Eichenbäume, wie so oft in Dalmatien wird die Szenerie der Landschaft von den Farben Grau, Braun und Grün dominiert. Die Route dreht alsbald von Nordost auf Südosten, dann auf Osten und windet sich zuletzt in nordwestlicher Richtung im Zickzack hinauf zum Gipfelkreuz des **Vrh Stražišće (3)**, 701 m.

Die Rundsicht imponiert: Westwärts ist die Altstadt von Dubrovnik auszumachen, dahinter die weitläufige Landzunge von Pelješac. Im Innenland von Bosnien reiht sich eine Hügelkette an die andere.

Der Einstieg in den Abstieg beginnt auf der gegenüberliegenden Gipfelseite. Der gut markierte Pfad erfordert zwischenzeitlich Trittsicherheit und führt hinunter zum Wiesengrund. Nach 20 Min. stoßen wir auf ein Natursträßchen **(4)**, wo es nach links weitergeht.

Gegen Schluss der aufgegebenen, aber immer noch von Steinmauern umsäumten Kulturlandschaft gelangen wir zu einer Abzweigung, von wo nach rechts ein kleinerer, rot-weiß markierter Weg wegführt. Die Sicht wird nun frei auf eine bewirtschaftete Ackerbaufläche und alsbald rückt auch der Weiler Velji Do ins Blickfeld.

Bald darauf mündet unsere Route in den vorherigen Fahrweg ein und wenige Meter weiter in eine geteerte Fahrstraße. Diese führt nach links direkt zurück nach **Velji Do (1)**.

Die Informationstafel vermittelt Einblicke in die Tier- und Pflanzenwelt. In der Tiefe liegt die Ortschaft Cavtat.

44 Konavle: Über Land von Cavtat nach Radovčići

4.15 Std.

Durch üppig-mediterrane Vegetation mit Abstecher zu Badebuchten

Baumgruppen von Zypressen, die sich wie Stalaktiten in die Höhe schrauben, sind eine der Attraktionen in diesem Landstrich nahe der Grenze zu Montenegro. Darüber hinaus stechen Palmen, Olivenbäume, Kiefern, kleinwüchsige Steineichen und gelb blühender Ginster oder wilder Anis ins Auge. Hinter den Trockenmauern verbergen sich allerlei Früchte, wie Zitronen, Quitten, Mandarinen, Kiwi, Feigen, Brombeeren und Himbeeren. Aber auch Wein gedeiht hier in Hülle und Fülle und es kreucht und fleucht, wohin man schaut. Die weiträumige Kulisse wird linker Hand durch das kahle Snježnica-Gebirge und im Südwesten durch die adriatische See gebildet.

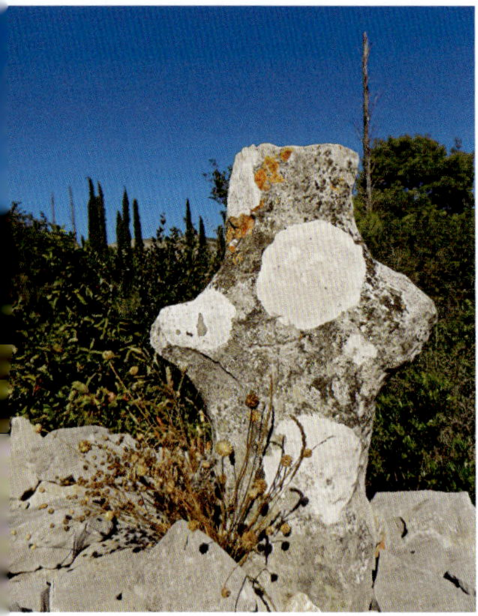

Archaisches Steinkreuz am Wegrand.

Ausgangspunkt: Tourismusbüro beim Hafenbecken von Cavtat, Bushaltestelle gleich daneben. Autobusverbindungen von Dubrovnik. Parkplätze beim Startpunkt.

Endpunkt: Radovčići, Bushaltestelle bei der Straßenabzweigung nach Gruda. Autobusse nach Cavtat und Dubrovnik, vgl. Hinweise. Weitere Autobusse in Gruda (Hauptstraße nach Dubrovnik). Für die Überbrückung einer allfälligen Wartezeit kann bei der Pferdefarm gerastet werden, vgl. Einkehr.

Höhenunterschied: Anstieg 650 m, Abstieg 460 m.

Anforderungen: Auch wenn abschnittsweise Bäume Schatten spenden, kann es im Sommer heiß werden. Deshalb genügend Wasser und Sonnenschutz mitnehmen und frühmorgens starten. Der erste Teil der Wanderung ist deutlich besser markiert, im zweiten Teil ist die Orientierung im Wegegewirr nicht ganz einfach.

Einkehr: Saisonal in der Luka-Bucht (Bar). Ansonsten in Cavtat und Čilipi.

Varianten: 1) Einstieg in Močići (Bushaltestelle). 2) Abstecher zu den Badebuchten Puvalice, Luka, Pasječa, Pendža. 3) Ein- oder Ausstieg bei Čilipi (Bushaltestelle). 4) Ausstieg bei Popovići (Bushaltestelle).

Hinweis: Autobusse verkehren auf der Hauptstraße Gruda–Dubrovnik sowie in geringerem Maße auch auf der Nebenstraße Molunat–Dubrovnik und variieren in der Häufigkeit je nach Saison. Informationen beim Tourismusbüro Cavtat oder im Web über libertasdubrovnik.com/en.

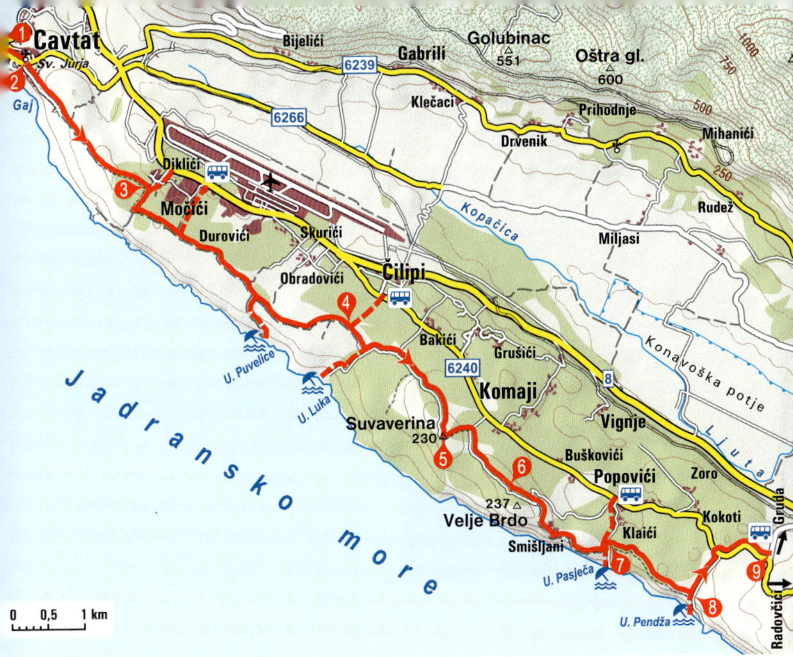

Der Startpunkt befindet sich beim Tourismusbüro am Hafenbecken von **Cavtat (1).** Wir nehmen westwärts die Straße Trumbićev put und gehen nach links die Kneza Domagoja hoch. Bei einer Straßenkehre stoßen wir auf die Hauptstraße, die wir gleich nochmals schneiden. Zuletzt folgt ein kurzes Stück auf der Hauptstraße, bis wir bei der Kapelle **Sv. Jurja (2)** rechts abbiegen. Die geteerte Stjepana Radića führt entlang rot-weißer Markierungen durch ein Ferienhausquartier. An Trockenmauern endet der Teer, rechter Hand ist von Zeit zu Zeit das Meer sichtbar. Wir ignorieren die folgenden Abzweigungen, so auch die Fußwege, die von Močići hierher führen (Variante 1).
Hier macht unsere Route eine markante Kurve nach rechts **(3)** und dann nach links. Wir folgen immerzu dem breiten Naturweg, der mit Trockenmauern und steinernen Kreuzen gesäumt ist. Es folgt eine kleine Anhöhe; wir ignorieren in der Folge alle Abzweigungen, eine davon führt zur Badebucht

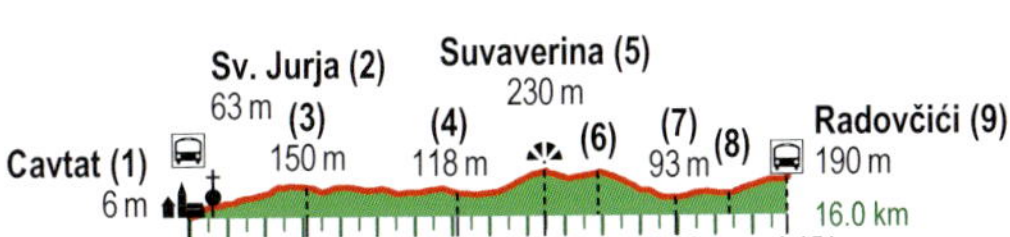

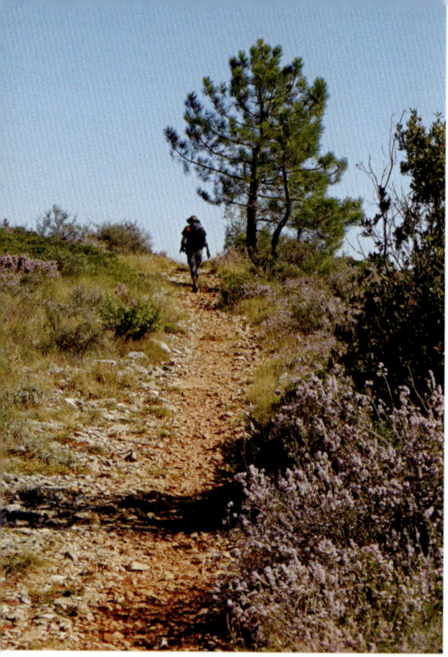

Blühendes Heidekraut bereichert diesen Wegabschnitt.

Puvalice (Variante 2). Wo die Route einen Bogen nach links macht, gehen wir beim Holzschild »Čilipi« in gerader Richtung weiter (nicht nach links). Nun nahe bei der Küste wird der Weg schmaler und geht in einen Pfad über. Dieser macht einen Bogen und steuert dadurch direkt auf die Kirche von Čilipi zu. Bei der Einmündung in ein Natursträßchen entsprechend dem Wegweiser »Čilipi« links weiter. Bei der folgenden Abzweigung nach links wiederum Richtung Čilipi (rot-weiße Markierung an Baum, Variante 3) gehen wir gerade weiter **(4)**.

Hellgrüne Striche weisen hier den Weg, nach rund 10 Min. gelangen wir zu einem geteerten Sträßchen, wo es nach rechts zur Luka-Bucht (Variante 2) geht. Wir wenden uns hier links Richtung Čilipi und folgen dem rot-weiß markierten Fahrweg, der mit Zypressen flankiert ist und alsbald in ein größeres Fahrsträßchen einmündet. Hier nach rechts weiter (nach links Holztafel »Čilipi«). Die folgenden Abzweigungen ignorieren wir allesamt und folgen weiterhin der in diesem Abschnitt geteerten Fahrstraße, die zur Anhöhe **Suvaverina (5)** führt. Hier überrascht die Aussicht auf Dubrovnik, die Halbinsel Pelješac und die Insel Mljet.

Linker Hand des verlassenen Gebäudes führt ein Schotterweg abwärts und mündet rund 10 Min. später in ein Natursträßchen ein, wo es nach rechts (Wanderwegzeichen mit Pfeil) weitergeht bis zu einer Gabelung, wo wir links einbiegen. Einige Minuten steigen wir auf, das Meer rückt näher und näher. Es folgt eine Abzweigung, wo wir das links wegführende Natursträßchen **(6)** nehmen (grüner Strich und rot-weißer Kreis an Baum).

Es geht nun etwas abwärts, zwischendurch wird das Blickfeld frei auf die Halbinsel bei der Ortschaft Molunat, welche an der Grenze zu Montenegro liegt. Wir bleiben auf dem Hauptweg Richtung Popovići und Radovčići und ignorieren kommende Abzweigungen. So gelangen wir zu einer Gabelung, bei der wir dem Natursträßchen nach rechts Richtung Meer folgen, wo Klippen steil zum Ufer abfallen. Bei einem Fußballplatz mündet unser Weg in eine Betonstraße ein. Entsprechend der rot-weißen Markierung am Baum hier nach links weiter, weiterhin auf einem Fahrweg. (Eine Treppe führt vom

Fußballplatz ausgesetzt, aber gut gesichert zur Pasječa-Bucht hinab.) Ca. eine Minute später folgen wir mitten im Wald nach rechts dem Natursträßchen **(7)**. Nach links ginge es nach Popovići (Variante 4). Wiederum ignorieren wir auf dem nächsten Teilstück Abzweigungen nach links und rechts und wiederum zieht uns die Aussicht auf das Meer in den Bann, insbesondere auf die Klippen »Konavoske stjene«. Die Route führt nunmehr entlang von Steinmauern etwas abwärts. In der Folge mündet unser Naturweg in eine Teerstraße, wo es nach links weitergeht **(8)**. (Nach rechts käme man zur Pendža-Bucht.)
Die folgende Pferdefarm mit Picknickunterstand und Toilette sowie Getränkeautomat eignet sich bestens für eine Rast. Einige Schritte weiter erreichen wir die Straße, wo der Bus durchfährt. Rechts geht es in wenigen Minuten nach **Radovčići**, wo sich an der Straßenabzweigung nach Gruda eine **Bushaltestelle (9)** befindet.

Eine der Badebuchten im südlichsten Zipfel von Dalmatien.

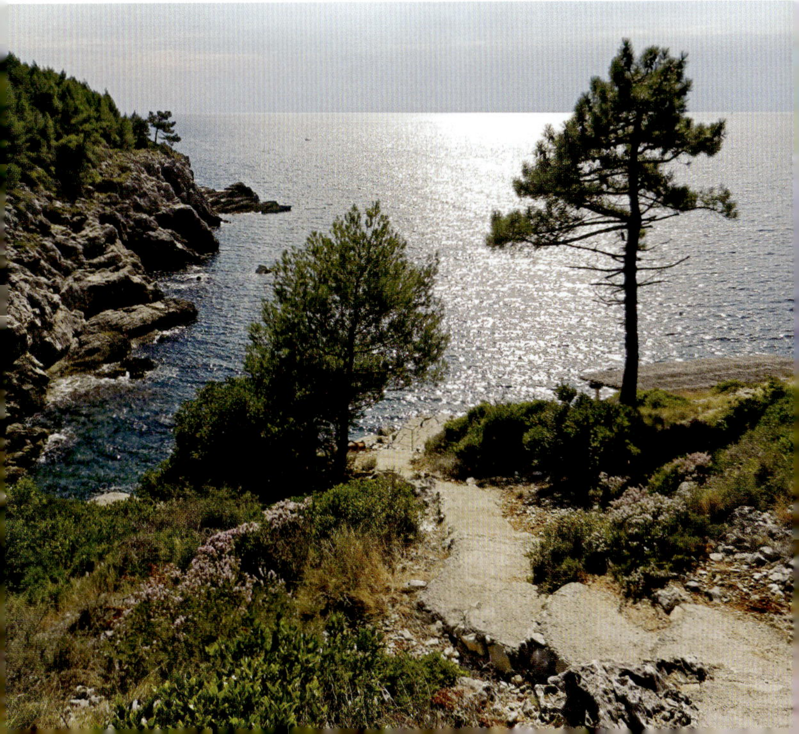

45 Halbinsel Pelješac: Auf der »Chinesischen Mauer« von Ston

1.15 Std.

Von der Stoner Bucht auf alten Festungsmauern zum Stoner Kanal

Nach dem Erwerb der Halbinsel Pelješac begannen die damaligen Herrscher von Dubrovnik 1333 mit dem Bau der 5500 Meter langen Befestigungsmauern, welche sieben halbrunde Bastionen und 41 Türme umfassen. Drei Festungen wurden an strategisch wichtigen Punkten gebaut: Koruna in Mali Ston, Veliki Kaštio in Veliki Ston sowie Podzvizd auf dem höchsten Punkt. Während der historische Ortskern von Veliki Ston reizvoll für das Auge ist, kommen in Mali Ston Gaumen und Magen voll auf ihre Kosten. Ston ist seit der »Römerzeit« bekannt für seine Austern- und Muschelzucht wie auch für Fischgerichte und die Halbinsel Pelješac für den vorzüglichen Wein.

Ausgangspunkt: Veliki Ston, bei Parkplatz und Bushaltestelle. Täglich mehrere Busverbindungen ab Dubrovnik.
Höhenunterschied: 210 m.
Anforderungen: Keine besonderen Anforderungen.
Einkehr: Veliki und Mali Ston. Übernachtungsmöglichkeiten in beiden Orten.

Variante: Vom Eingang C zur Befestigungsmauer hoch, was den Rundgang verkürzt.
Hinweise: Tageskarte zu kaufen bei den Eingängen (5–10 € für Erwachsene). Bademöglichkeiten bei Mali Ston und diverse Restaurants mit Muschel-Spezialitäten.

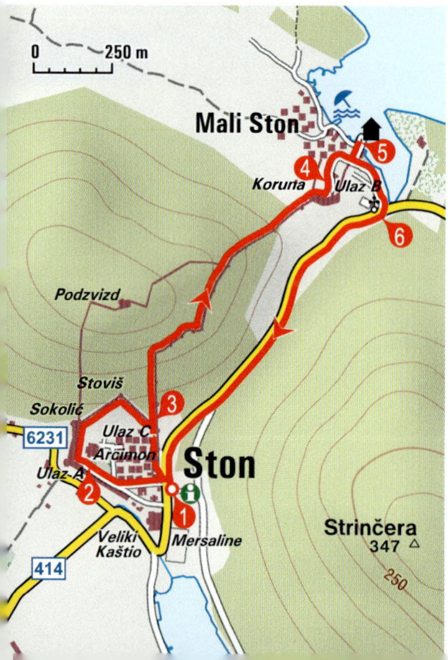

Wir starten den Rundgang bei beim Parkplatz und bei der Bushaltestelle in **Veliki Ston (1)**. Die historische Befestigungsmauer sticht bereits von hier aus ins Auge und erinnert an die Chinesische Mauer. An der gegenüberliegenden Informationstafel vorbei flanieren wir durch die Gassen des historischen Ortskerns, in dem etliche Bars und Restaurants zur Einkehr einladen. Dabei fällt auf, dass das mittelalterliche Ston streng geometrisch gebaut ist, die Sträßchen und Wohnblöcke stehen allesamt in rechten Winkeln zueinander.

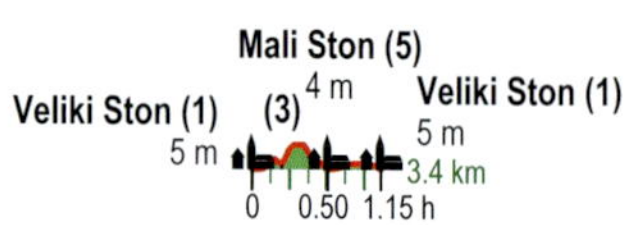

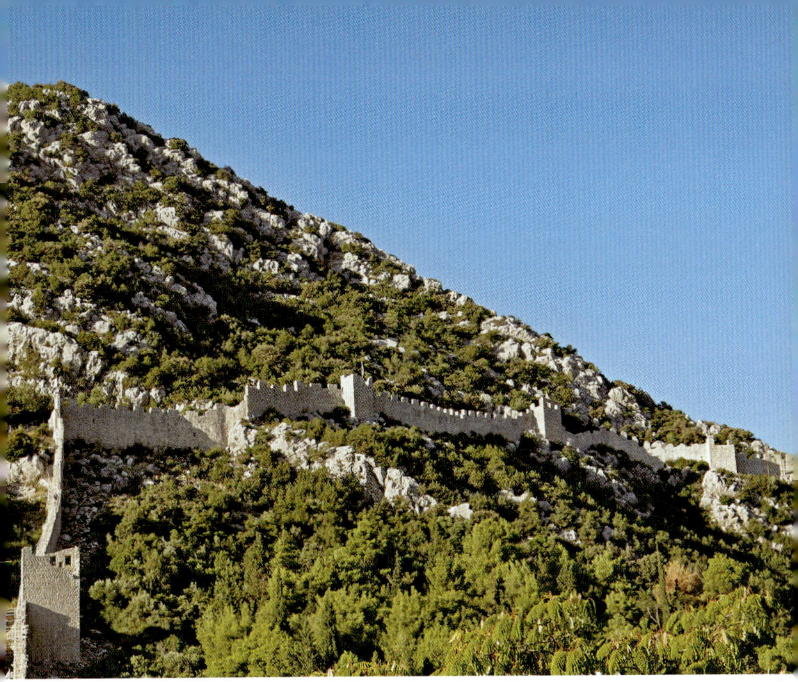

Die Begehung der Festungsmauer von Ston ist ein Erlebnis.

Die braunen Schildchen mit der Aufschrift »Entrance to the city walls« leiten zum **Eingang A (2)** hinüber, wo sich eine Informationsstelle befindet. Hier können Tickets gelöst werden. In der Folge steigen wir an zwei Ausgucken vorbei, hoch bis zum ersten »richtigen« Wachturm. Weiter geht es nach rechts bis zur Verzweigung **(3)**, wo die Festungsmauer unweit des Eingangs C nach links zum höchsten Punkt hochführt. Hinter Veliki Ston gelegen, sind die seit der Antike kultivierten Meeressalinen ein Blickfang, während sich im Südwesten die Silhouette von Mljet gegen den Horizont abzeichnet und nicht mehr weit entfernt Mali Ston, wo die Muscheln- und Austernzucht im gleichnamigen Kanal gut erkennbar ist.
Der kurze Abstieg führt über die Festungsanlage Koruna zum **Eingang B (4)** bei der **Festung Koruna**. Hier verlassen wir den Befestigungswall und spazieren durch Gassen hinunter zu den Badeplätzen und den Restaurants von **Mali Ston (5)**. Kurz davor geht es rechts hinüber zu einer **Kapelle (6)**. Von dort führt der angenehm zu begehende, nicht asphaltierte Gehsteig nach rechts zurück zum Ausgangspunkt in **Veliki Ston (1)**.

TOP 46

Halbinsel Pelješac: Auf den imposanten Sveti Ilija, 961 m

6.30 Std.

Rassige Runde von Orebić auf den höchsten Gipfel des Pelješac

Abwechslungsreiche, alpin anmutende Rundwanderung mit wechselnden Ausblicken auf Meer und Inseln. Die Halbinsel Pelješac ist mit der Landenge bei Ston mit dem Festland verbunden und bekannt für ihren Weinanbau. Der Höhenrücken teilt das gebirgige Pelješac in zwei Teile, so auch hier bei Orebić. Zuoberst offenbart sich ein prächtiges Panorama auf die dalmatinische Riviera und die Inselwelt. Baumkronen und Unterholz bieten beim Auf- und Abstieg durch wilde Karstlandschaft zeitweilig Schatten; definitive Abkühlung bringt ein Sprung ins Meer nach der Rückkehr.

Ausgangspunkt: Fähranlagestelle in Orebić, wo die Bushaltestelle (Dubrovnik–Korčula) und Parkplätze liegen.
Höhenunterschied: 1130 m.
Anforderungen: Gute Wanderschuhe, da kalkiger Untergrund, und genügend Wasser mitnehmen. Bei großer Hitze am Morgen früh starten. Ausreichende Markierungen auf Steinen und Bäumen. Wanderstöcke nach Bedarf.
Einkehr: Orebić (auch Unterkünfte und Campingplatz); unterwegs keine.
Varianten: 1) Von Podgorje (6) über Karmen nach Orebić (15 Min. länger).
2) Abstieg wie Anstieg (gut 30 Min. kürzer).
Hinweis: Das Tourismusbüro befindet sich in der Nähe des Fährhafens (wenige Minuten Richtung Osten).

Tiefblick vom Sveti Ilija auf Orebić, rechts zeichnet sich die Insel Korčula ab.

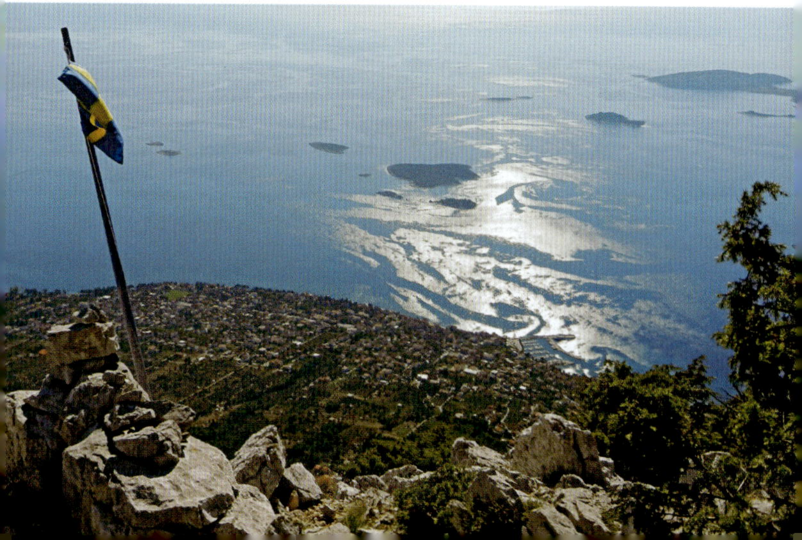

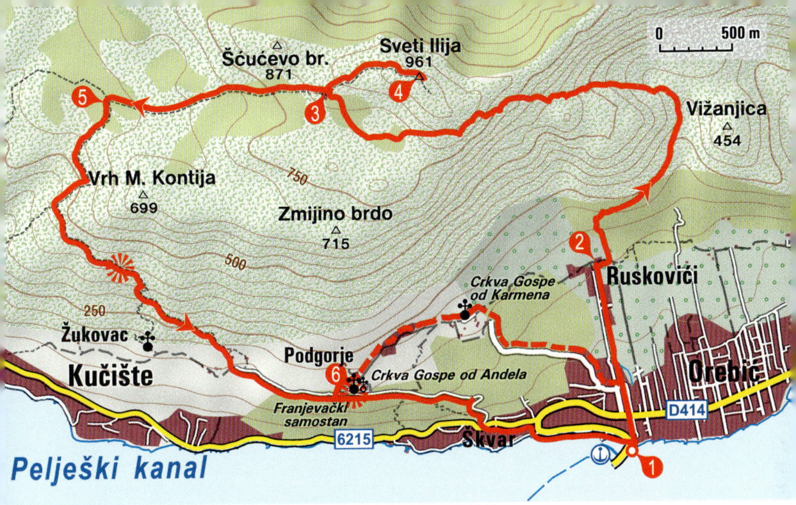

Von der Fähranlegestelle in **Orebić (1)** folgen wir einem Sträßchen, das vom Hafen aus gesehen etwas nach rechts Richtung (Norden) wegführt (gesperrt für Autos). Bald stoßen wir auf die Hauptstraße, wo wir auf der anderen Seite dem Schild »Ruskovići« folgen. Die asphaltierte Straße leitet entlang der rot-weißen Markierungen direkt Richtung Sv. Ilija, der sich vor uns auftürmt, alle Abzweigungen werden ignoriert. Am Ende der Fahrstraße **(2)** geht es nach rechts weiter (Signalisierung »Sv. Ilija 3 Std.«). Wenige Meter weiter halten wir entsprechend dem roten Pfeil links, womit wir die letzten Häuser hinter uns lassen.

In der Folge steigt die markierte Route im schattigen Wald langsam, aber stetig an. Der gut ausgebaute Pfad verläuft in nordöstlicher Richtung, alsbald linker Hand eines Taleinschnittes. Die Umgebung gestaltet sich wild: Bizarre Felsformationen sind von Sträuchern, Bäumen und Heidekraut durchsetzt, unweigerlich kommen einem die Winnetou-Spielfilme in den Sinn. Die Route dreht nun westwärts, Kehren führen im schattigen Kiefernwald bergauf.

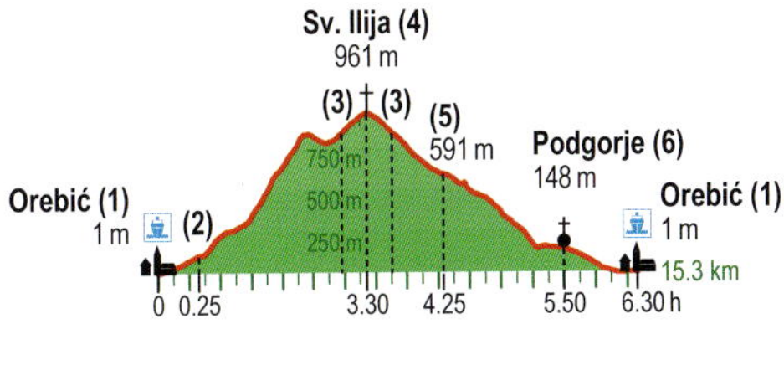

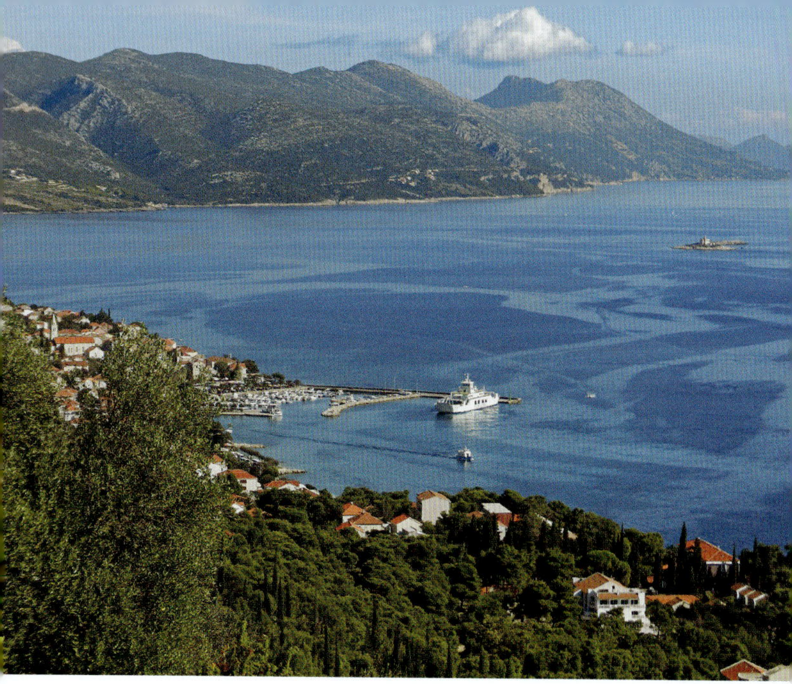

Die Längsseite der Halbinsel Pelješac.

Es folgt ein kleiner Sattel, worauf wir dem weiterhin rot-weiß markierten Pfad folgen, der im Gebüsch und später im Geröll steil ansteigt. Die Weitsicht auf Meer und Inseln bleibt unvergesslich. Nach einer markierten Kehre verläuft die Route für ein Stück auf dem Bergrücken. In der Folge steuern wir leicht absteigend eine mit Gras bewachsene Mulde an, die je nach Saison durch Vieh beweidet wird. Diese durchqueren wir in rund 10 Min. auf der Längsseite, zuletzt in lichtem Wald entlang der rot-weißen Markierungen an den Bäumen. Bevor es wieder aufwärts geht, passieren wir ein Wasserloch für das Vieh und bald darauf ein **Steinhaus (3)**, wo der Holzwegweiser auf den weiteren Routenverlauf verweist. Problemlos erreichen wir auf dem Pfad über kantiges Karstgestein den Gipfelaufbau des **Sveti Ilija (4)**, 961 m, der mit einem Holzkreuz geschmückt ist. Viele Rastplätze bieten sich hier an, um die Aussicht ausgiebig zu genießen. Das Auge schweift von den Befestigungsmauern von Korčula zur Insel Mljet im Südosten. Weiter südöstlich liegt Dubrovnik, während sich im Nordwesten die Riviera von Makarska und davor die Inseln Brač und Hvar erstrecken. Auf dem Festland zeichnen sich die

Gebirgszüge von Montenegro, Kroatien und Bosnien gegen den Horizont ab.

Zurück beim **Steinhaus (3)** halten wir uns entsprechend dem Wegweiser »Orebić (2 Std.)« rechts, worauf wir durch schattigen Wald bequem weiter absteigen. Immer noch mitten im Wald nehmen wir bei der Gabelung **(5)** die links wegführende Route. Bei der folgenden Geländekante, wo sich der Blick spektakulär auf die Altstadt von Korčula öffnet, halten wir uns bei der Verzweigung links. Den ganzen Weg bis zum Franziskanerkloster von Podgorje hinunter zieht uns die Aussicht in ihren Bann. An einer Abzweigung bei einem Gatter bleiben wir geradewegs auf dem Hauptweg. Nun wechselt die Szenerie, wir passieren Weinstöcke und Olivenhaine. In der Folge mündet der Fahrweg in eine asphaltierte Straße ein, wo wir nach links weitergehen. Die Kirche von **Podgorje (6)** entpuppt sich als Aussichtspunkt, wo Sitzgelegenheiten zu einer Rast ermuntern.

Von hier führt die Straße, welche von kerzengeraden Zypressen flankiert ist, direkt hinab nach Orebić. Bei der Küstenstraße angelangt, biegen wir links ab, worauf es bei der folgenden Abzweigung nach rechts weitergeht. So gelangen wir im Nu der Küste nach zurück zum Fährhafen in **Orebić (1)**.

Gebüsch auf steinigem Untergrund beim Aufstieg zum Sveti Ilija.

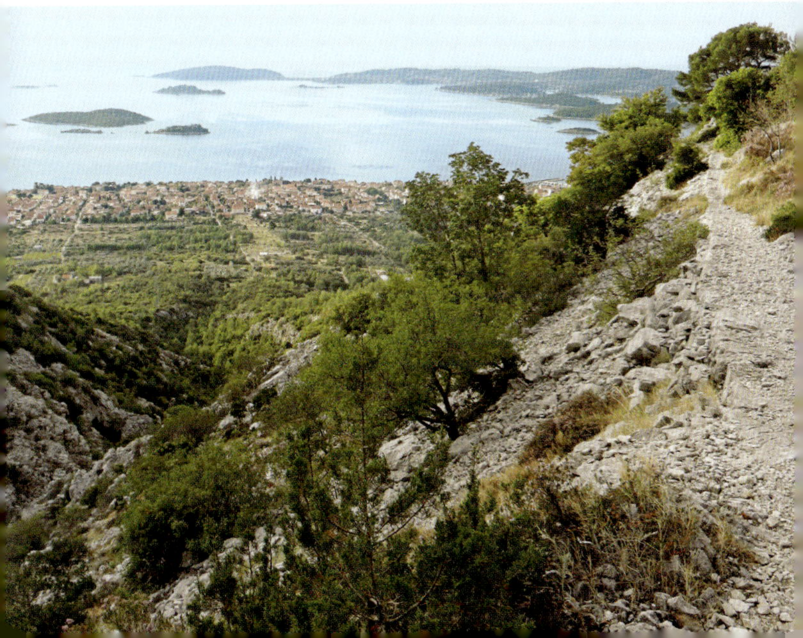

47 Insel Korčula: Von Postrana entlang der Südküste

4.30 Std.

Schattige Rundtour mit Bademöglichkeiten an stillen Buchten

Durch Unterholz und Buschwerk, im lichten und dichten Wald, dann wieder durch Olivenhaine und Weinreben in der offenen Landschaft! Wer das Auge schärft, sichtet unter anderem Früchte wie Granatäpfel, Mandarinen und Feigen oder Gewürze wie Lorbeer, Salbei, Currykraut oder Thymian. Auf meist schmalen Fußpfaden führt die Route an den Kiesbuchten Pavja Luka, Orlanduša und Bratinja Luka vorbei, teils mit prächtiger Sicht auf die konturreiche Meeresküste.

Ausgangspunkt: Postrana, Ortsteil von Žrnovo, gut 5 km südlich von Korčula-Stadt, Parkplätze an der Ortsdurchgangsstraße nahe dem Lebensmittelladen Studenac.
Anreise zur Insel Korčula: Fährverbindung von Split nach Vela Luka oder von Orebić (Halbinsel Pelješac) nach Korčula-Stadt: www.jadrolinija.hr/de.
Höhenunterschied: 600 m.
Anforderungen: Meist markierte und gut erkennbarere Pfade. Robuste Trekkingschuhe und genügend Wasser mitnehmen, Wanderstöcke nach Bedarf, abschnittsweise im Buschwerk lange Hosen. Orientierungssinn braucht es bei zwei kurzen Wegabschnitten, hier gut auf Markierungen achten.
Einkehr: Keine unterwegs, in Postrana je nach Saison.
Varianten: 1) Beim Rückweg von der Uvala Pavja Luka die erste Abzweigung nach links nehmen. Der Fußpfad führt kurz, aber steil hinauf bis zu einem Fahrsträßchen, an dem wir nach rechts wandern bis zum Wegpunkt 5.
2) Zwischen den Wegpunkten 5 und 6 einen kurzen Weg hinunter zur Bucht Orlanduša oder (schöner) zur Bucht die Bratinja Luka, beide mit Bademöglichkeiten.
Hinweis: Informationen zu Fähren und Autobussen im Tourismusbüro Korčula-Stadt.

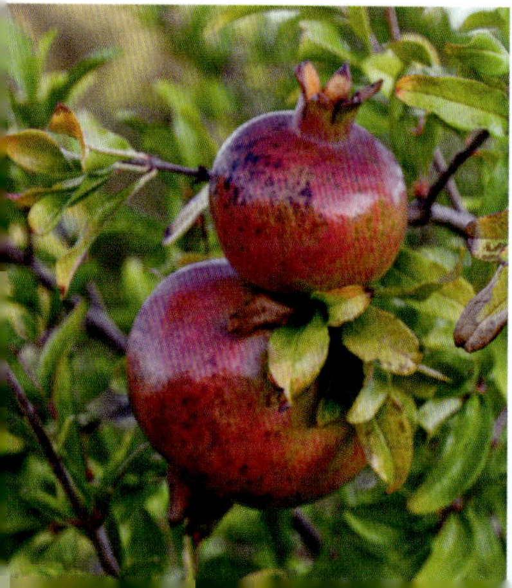

In **Postrana (1)** gehen wir von den Parkplätzen unter Nussbäumen auf der Ortsdurchgangsstraße (die im weiteren Verlauf hinüber zur Insel-Hauptstraße D118 führt) rund 200 m südwärts und biegen dann nach links ab. Dieses Sträßchen verlassen wir kurz darauf (Markierung K3) nach rechts. Wir folgen dem gut sichtbaren Pfad, der von Steingevierten und -mauern flankiert ist. Bei der folgenden Kreuzung geht es ge-

Granatäpfel und viele weitere Früchte schmücken den Weg.

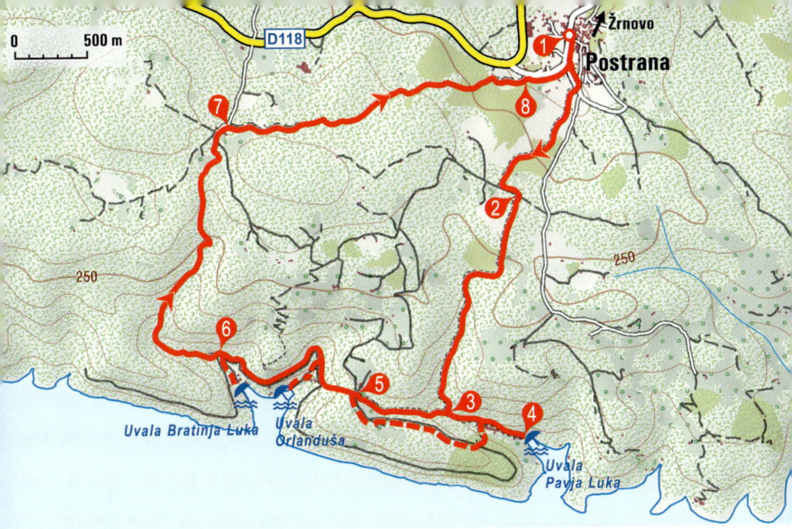

rade im lichten Wald weiter, bis unsere Route inmitten von gepflegten Olivenhainen in einen breiteren Naturweg einmündet, dieser wiederum mündet seinerseits nach links in ein asphaltiertes Sträßchen ein. Hier folgen wir dem Sträßchen nach links, die nächste Abzweigung nach rechts ignorieren wir. Vor einer Informationstafel zur Botanik **(2)** schlagen wir den nach rechts wegführenden Waldpfad ein (rot-weiße Markierung »Pavja Luka«).

Im schattigen Buschwerk führt uns die Route, teils entlang von Steinmauern zu einer Verzweigung **(3)**, an der wir links hinabwandern zur **Uvala Pavja Luka (4)**, wo sich eine Pause geradezu aufdrängt. Beim Rückweg nehmen wir nicht die erste, sondern erst die zweite Abzweigung nach links **(3)**, die wir in diesem fruchtbaren Tälchen bereits beim Hinweg passiert haben. Der schöne Fußpfad führt auf eine Anhöhe **(5)**, wo braune Tourismusschilder auf die Bucht Pavja Luka verweisen.

Von hier geht es einige Meter nach rechts, bis die rot-weiße Markierung links auf einem Stein auf die weiterführende Route verweist. Auf diesem gut ersichtlichen Pfad steigen wir immerzu ab, meist in der Falllinie. Oberhalb eines Hauses, mit Sicht auf die erste der beiden Buchten, mündet der Pfad in

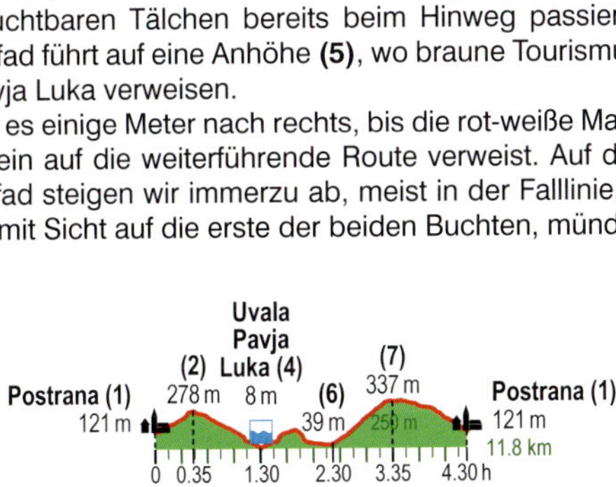

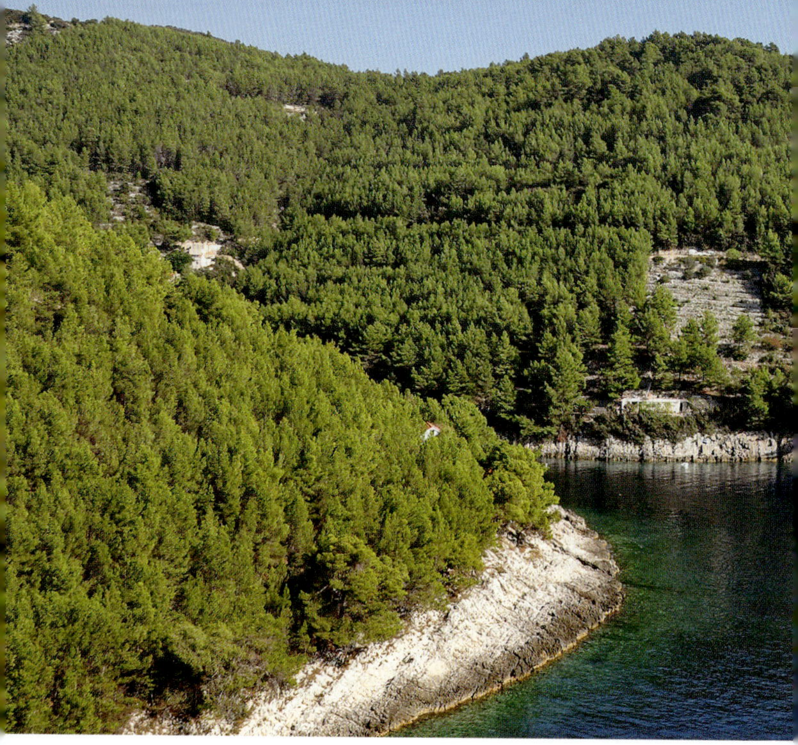

Uvala Orlanduša und weiter links die Uvala Bratinja Luka, beide Buchten mit Bademöglichkeiten.

ein Fahrsträßchen ein. Dieses führt nach rechts auf etwa gleicher Höhe bis zur zweiten Bucht, der Uvala Bratinja Luka (ein Abstecher lohnt sich). In der spitzen Linkskurve **(6)** kurz nach der Bucht weist uns eine verblichene Markierung auf einem Steinhaufen die Richtung: An der Schranke vorbei steigt unsere Route leicht an und geradeaus weiter werden wir im Nu von dichtem Unterholz geschluckt. Von Zeit zu Zeit ist der schmale Pfad mit rot-weißen Markierungen versehen, still und schattig geht es immerzu leicht bergan.
Auf einer Anhöhe angekommen, rechts eines Hauses, gehen wir entlang einer Steinmauer nach links, hier nun inmitten von Macchia-Vegetation. Etwas später mündet der zum Schluss nicht gut erkennbare Pfad in einen größeren Fahrweg ein (Schilder: »Orlanduša« und »Bratinja Luka«). Hier nach links, wenig später rechts weiter, auf dem etwa gleich breiten Fahrweg. Wiederum

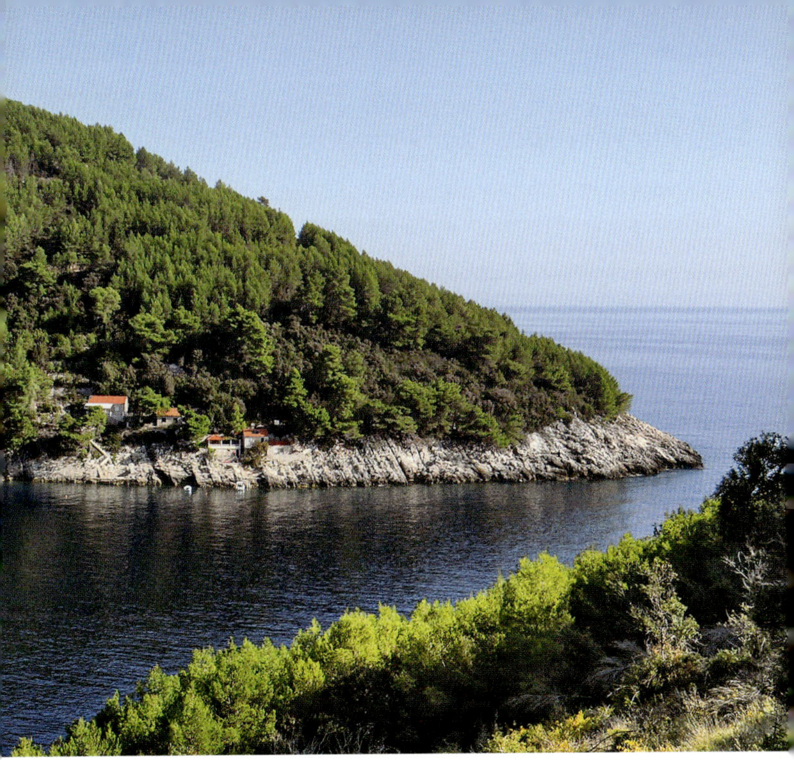

kurze Zeit später zweigen wir nach rechts ab (**7**, Markierung K3), nun wieder nicht asphaltiert. Auf dieser Wegstrecke genießen wir die Weitsicht bis zum Sv. Ilija auf der Halbinsel Pelješac. Links eines kleinen Steinhauses, das von Weinreben umgeben ist, gilt es auf die Orientierung zu achten: Wir umgehen das Steinrund links herum. Anschließend sind im Gebüsch rote Richtungspfeile am Boden zu erkennen, diesen folgen wir inmitten der üppigen Vegetation nach rechts. Nun geht es abwechslungsreich und sanft absteigend weiter, mal im Unterholz, mal im lichten Wald. Die Insel-Hauptstraße schon in Hörweite, halten wir uns knapp 100 m vor dieser rechts, nun auf breiterem Wege entlang einer Trockenmauer. Bei einer verfallenen Siedlung auf einem schmalen Pfad nach links hinab, majestätische Zypressen verwöhnen das Auge.
So erreichen wir die Ortsdurchgangsstraße **(8)**, die wir schon vom Anfang der Tour kennen, und gehen auf ihr nach rechts zurück zum Ausgangspunkt in **Postrana (1)**.

48 Insel Korčula: Von Vela Luka über die Vela špilja zur Prapatna-Bucht

3.15 Std.

Höhlenbesichtigung, Meeresbuchten und Halbinsel

Inmitten von Trockenmauern und Olivenhainen führt der Aufstieg hinauf zur Höhle Vela špilja, die seit der Steinzeit bis ins Mittelalter besiedelt war und eine erforschte Fläche von 250 m² aufweist. Die Archäologen haben bei Ausgrabungen Tausende von Objekten gefunden, welche in Vela Luka im Kulturzentrum nahe bei der sehenswerten Pfarrkirche im Zentrum ausgestellt sind. Bei der Auswahl der Buchten hat man die Qual der Wahl, die nächstgelegene ist die Uvala Prapatna. Vor allem Richtung Westen folgt eine Bucht auf die andere. Abgerundet wird die Runde mit einem gemütlichen Spaziergang rund um die Halbinsel Vranac gleich vor Vela Luka.

Ausgangspunkt: Tourismusbüro in Vela Luka. Autobusverbindung Korčula-Stadt–Vela Luka. Parkplätze entlang des Hafenbeckens.
Anreise zur Insel Korčula: Fährverbindung von Split nach Vela Luka oder von Orebić (Halbinsel Pelješac) nach Korčula-Stadt: www.jadrolinija.hr/de.
Höhenunterschied: 360 m.
Anforderungen: Keine besonderen.
Einkehr: Vela Luka; unterwegs keine.

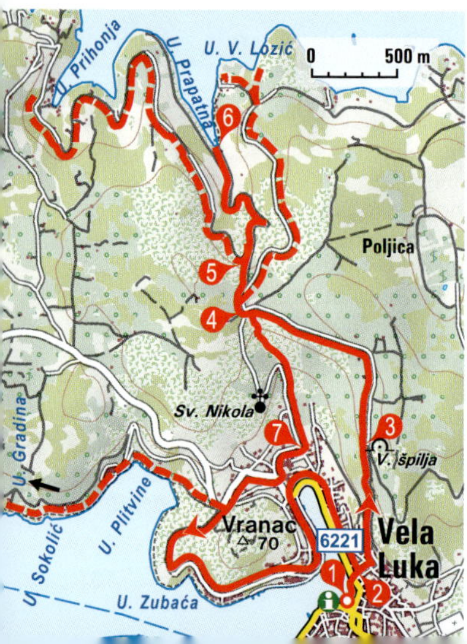

Varianten: 1) Vom Wegpunkt 5 (Abzweigung Prapatna-Bucht) nach links weiter zur Prihonja-Bucht und wieder zurück. (rund 1.15 Std.).
2) Zwischen Wegpunkt 4 und 5 nach rechts weg zur Lozić-Bucht und zurück (hin und zurück rund 30 Min. länger).
3) Ab der Halbinsel Vranac sehr empfehlenswerte Küstentour auf idyllischem Fußpfad über diverse Buchten bis zur Uvala Gradina und zurück (hin und zurück rund 1.30 Std.).
Hinweise: Eine vorherige Erkundigung über die Öffnungszeiten der Höhle beim Tourismusbüro empfiehlt sich.
Das »Cultural Centre« mit den Fundgegenständen der Höhle befindet sich in der Nähe der Kirche von Vela Luka.

Vom Tourismusbüro in **Vela Luka (1)** flanieren wir rund 5 Min. am Hafenbecken entlang Richtung Norden. Nach einem Kiosk und einem Restaurant weist die braune Tafel auf die Abzweigung **(2)** nach rechts zur Höhle hin. Nach kurzer Zeit halten wir uns ein wenig rechts und dann links, worauf der rot-weiß markierte Pfad ansteigt. Zuletzt mündet er in einen betonierten Weg ein, der

Oben: Küstenstreifen in Richtung der Gradina-Bucht (Variante 3).
Unten: Die prähistorische Höhle Vela špilja.

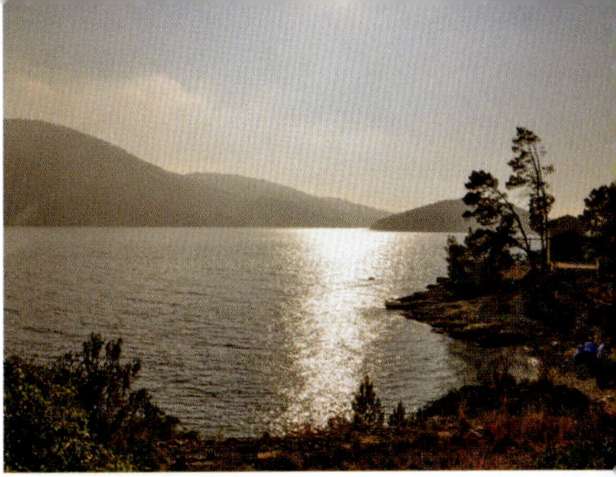

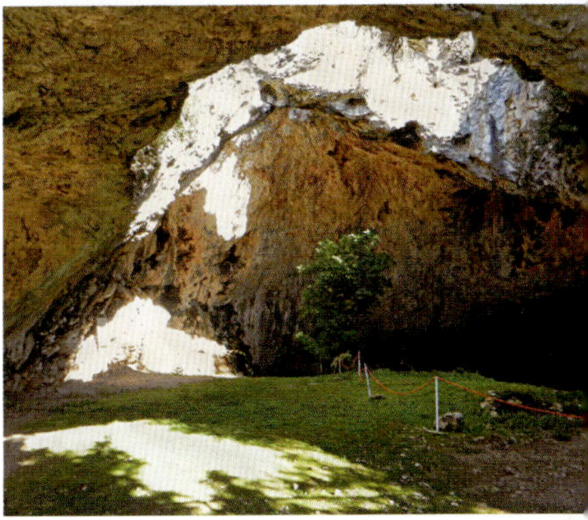

durch Olivenhaine und Terrassen führt. Von der Höhle **Vela špilja (3)**, 118 m, aus, haben wir eine blendende Sicht auf Vela Luka mit der alten Schiffswerft.

Hinüber zu den Buchten folgen wir vorerst dem Sträßchen, das an der Höhle vorbeiführt, nordwärts und dann westwärts. Bei der folgenden Gabelung **(4)**, wo das braune Schild auf die Vela špilja verweist, biegen wir rechts ab. Bald schon stoßen wir auf die Abzweigung **(5)**, die hinunter zur **Prapatna-Bucht (6)** führt. Binnen Kurzem sind wir unten angelangt, unzählige Steinmauern durchziehen den Abhang.

Zurück auf der Anhöhe, geht es bei der Gabelung **(4)** auf einem Pfad Richtung Vela Luka hinab, worauf wir links auf der geteerten Straße weiter absteigen. Für einen abschließenden Bummel rund um die schon von oben gut erkennbare Halbinsel Vranac wenden wir uns bei der folgenden Abzweigung **(7)** nach rechts. (Empfehlenswert ist ein Abstecher über die Uvala Plitvine westwärts entlang der idyllischen Küste bis zur Uvala Gradina und zurück.) Von dort umrunden wir die Halbinsel und gelangen zuletzt entlang der Uferpromenade zurück zum Hafenbecken und weiter zum Tourismusbüro in **Vela Luka (1)**. Zwischendurch besteht die Möglichkeit, links der Promenade das »Cultural Centre« mit den Fundgegenständen der Höhle zu besuchen, das sich in unmittelbarer Nähe der Pfarrkirche befindet.

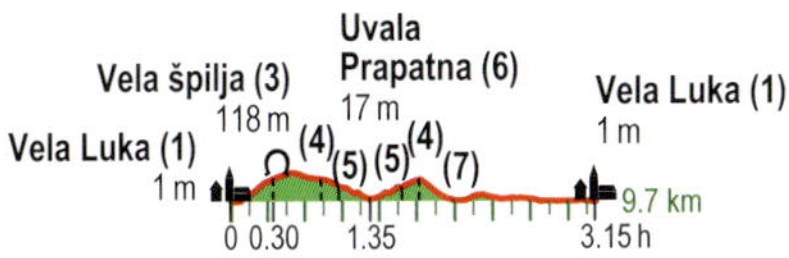

49 Insel Korčula: Von Vela Luka auf den Hum, 376 m

2.45 Std.

Aussichts- und abwechslungsreich auf der Westseite der »Grünen Insel«

Von Vela Luka geht es auf den höchsten Hügel in diesem eher unbekannten Zipfel von Korčula, die Route verläuft aussichtsreich, sei es mit Blick auf das Meer und das süddalmatinische Insel-Archipel oder sei es auf die Insel Korčula, welche mit viel Vegetation überzogen ist und deshalb als die »Grüne Insel« von Dalmatien gilt. Schmetterlinge und Grillen sind je nach Saison allgegenwärtig, ebenso würzige Aromen wie der ätherische Harz inmitten von ausgedehnten Kiefernwäldern – »Waldbaden« im wahrsten Sinne! Und »Wasserbaden« lässt es sich wunderbar in einer der abgelegenen Buchten rund um Vela Luka.

Ausgangspunkt: Fährhafen in Vela Luka. Autobuslinie Korčula-Stadt–Vela Luka. Parkplätze entlang des Hafenbeckens.
Anreise zur Insel Korčula: Fährverbindung von Split nach Vela Luka oder von Orebić (Halbinsel Pelješac) nach Korčula-Stadt: www.jadrolinija.hr/de.
Höhenunterschied: 390 m.
Anforderungen: Die Route ist größtenteils rot-weiß markiert und folgt Naturwegen oder Fußpfaden. Wanderstöcke nach Bedarf.
Einkehr: Vela Luka; unterwegs keine.

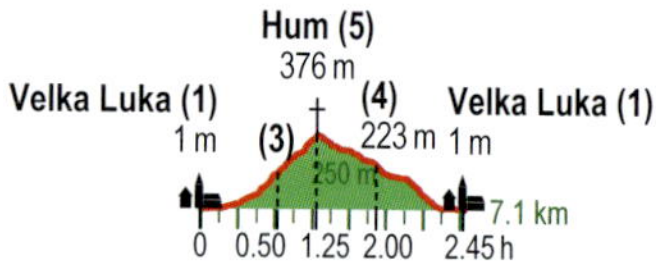

Varianten: 1) Vom Hum auf derselben Route zurück nach Vela Luka, 2.15 Std.
2) Vom Hum (5) über Poplat mit der gleichnamigen Bucht und entlang weiterer Buchten am Meer entlang nach Vela Luka (Achtung: Einige asphaltierte Abschnitte und meist breitere Wege oder Sträßchen).

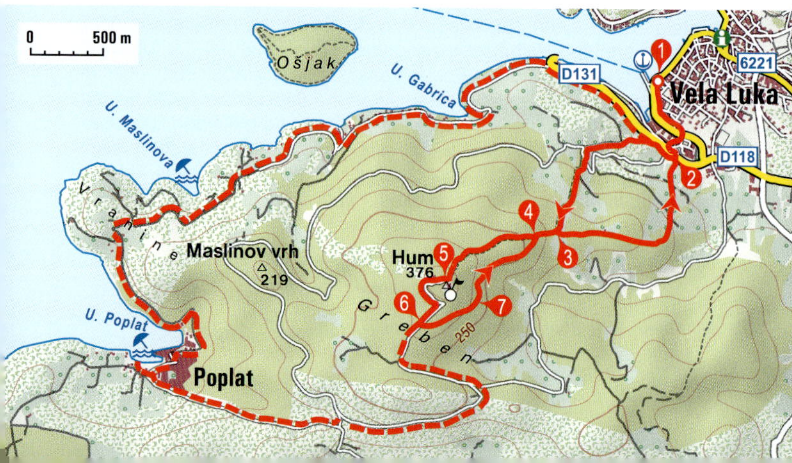

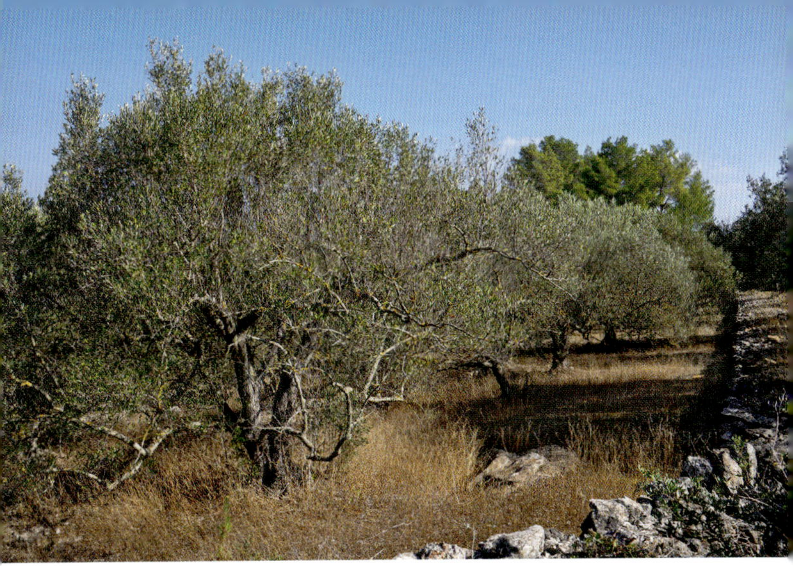

Zahlreiche Olivenbäume säumen den Weg.

Vom Fährhafen in **Vela Luka (1)** aus folgen wir dem Hafenbecken in Richtung Süden. Kurz nach der Schiffswerft biegen wir beim braunen Tourismusschild, auf dem verschiedene Wanderziele wie der Hum angegeben sind, nach rechts ab. Unmittelbar vor einer Unterführung gehen wir in einem spitzen Winkel kurz links hinauf und queren dort die Straße **(2)**, wo auf der anderen Straßenseite ein Pfad zu erkennen ist (hier werden wir auf dem Rückweg wieder auf den Hinweg stoßen). Nun auf dem Hinweg wenden wir uns nach rechts und verlassen nach kurzer Strecke die Straße nach links auf dem rot-weiß markierten Pfad, der anfangs über eine Treppe hinaufführt. Inmitten mediterraner Vegetation mündet der Pfad nach knapp 10 Min. in einen Naturweg ein, auf dem es in ungefähr gleicher Gehrichtung weitergeht. Zwischen Steinmauern und Olivenbäumen zeichnet sich vor uns das Ziel ab, der Hum mit dem unübersehbaren Sendemast. Kurz danach stoßen wir auf ein weiteres Natursträßchen, wo wir entsprechend der Markierung unsere Tour nach links fortsetzen. Einige Schritte weiter, dort, wo der Radweg laut Schild nach links weitergeht, wandern wir in gerader Gehrichtung weiter (rot-weiße Signalisierung »Hum«). Knapp 100 m weiter biegen wir nach rechts ab, auf einen schmalen Fußpfad. Nun folgt ein steileres Wegstück. Die Steinmauern zeugen von der ehemaligen Bewirtschaftung, die heutzutage wieder bestellten Olivenhaine sind Beleg, dass das Öl erneut einen Wert auf dem Markt erzielt. Bei der folgenden Gabelung **(3)** nach rechts weiter. Nach

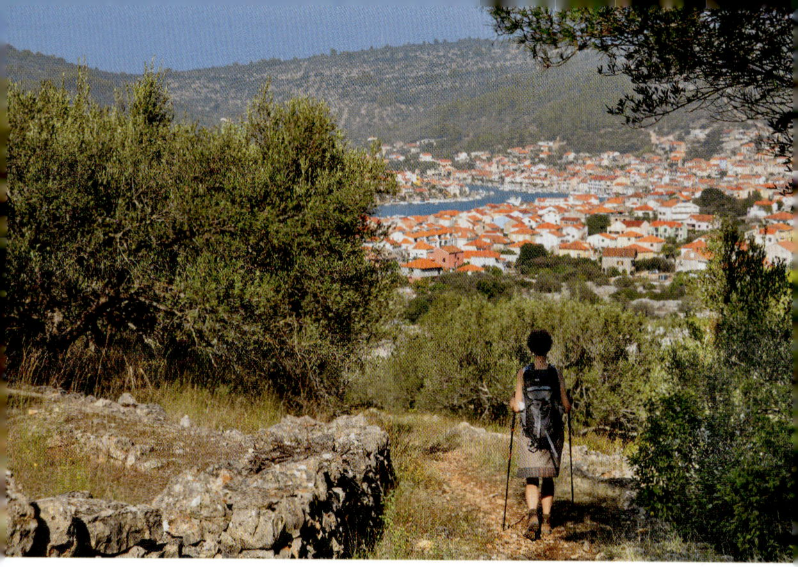

Sanfter Schlussabstieg, immerzu mit prächtiger Aussicht auf Vela Luka.

einem steileren Aufstieg führt die Route entsprechend der Markierung **(4)** nach rechts durch Nadelwald weiter. Der Schlussaufstieg verläuft im lichten Wald, zuletzt führt eine Treppe hoch zur verfallenen Festung auf dem höchsten Punkt des **Hum (5)**, 376 m. Hinter der Anhöhe auf der gegenüberliegenden Seite von Vela Luka, wo die Höhle Vela špilja liegt, ist die lang gezogene Insel Hvar auszumachen und dahinter der Höhenzug des Biokovo. Ostwärts streift das Auge über die Längseite der Insel Korčula, dahinter reckt sich der Sv. Ilija auf der Halbinsel Pelješac in die Höhe und weiter im Meer draußen ist die Insel Lastovo zu erkennen.
Auf der Westseite des Hum beginnt die betonierte Fahrstraße und damit der Abstieg. Nach zwei markanten Kurven biegen wir an der roten Pfeilmarkierung »Vela Luka VL« scharf nach links ab **(6)**. Der schmale Waldpfad führt gut markiert und angenehm abwärts. Es folgt eine Abzweigung nach »Triporte« **(7)**, wo wir geradeaus weitergehen. An der nächsten Verzweigung **(4)** rechts auf unseren Hinweg, an der nächsten Gabelung **(3)** verlassen wir ihn wieder nach rechts. Nun geht es in flachem Gelände ostwärts in schattigem Wald weiter, nach einer lang gezogenen Kurve nordwärts wieder etwas steiler absteigend, mit prächtigem Ausblick auf die roten Ziegeldächer von Vela Luka. Die Einmündung in die Autostraße **(2)** kennen wir bereits vom Hinweg. An der Schiffswerft vorbei gelangen wir in kurzer Zeit zurück zum Fährhafen in **Vela Luka (1)**.

3.30 Std.

Insel Mljet: Nationalpark mit Malo und Veliko jezero

50 TOP

Am Großen und Kleinen Salzsee entlang bis zum Meer

Im Mittelpunkt der Wanderung stehen die wie Lagunen geformten Salzseen, die über Kanäle mit dem offenen Meer verbunden sind. Deren lauschige Uferpromenaden bieten viele Bademöglichkeiten, während der Wald Schwarzkiefern, Steineichen und Pinien aufweist. Am Ende der Landzunge schweift der Blick über das weite Meer. Abgerundet werden kann die Tour mit einer Schifffahrt zur Klosterinsel Sv. Marija.

Ausgangspunkt: Nationalpark-Informationsstelle und Parkplätze sowie Bushaltestelle in Pomena. Busverbindungen auf der Inselsängsstraße, Ausflugsschiffe in der Sommersaison u.a. ab Dubrovnik, Hvar oder Korčula. Autofähre nach Sobra (Zaglavac) ab Prapratna (südlich von Ston, Pelješac) sowie ab Dubrovnik oder Korčula.
Anreise zur Insel Mljet: Fährverbindung von Prapratno (Halbinsel Pelješac, südlich von Ston) nach Sobra. Personenfähre von Dubrovnik nach Sobra: www.jadrolinija.hr/de.
Höhenunterschied: 160 m.
Anforderungen: Keine besonderen. Einige Wegpassagen sind asphaltiert.
Einkehr: Unterkünfte in Pomena und Polače. Einkehr auf Sv. Marija; direkt an der Route keine.
Varianten: 1) Diese Variante erfordert etwas Orientierungsvermögen im Wald. Bei Wegpunkt 2 nach rechts weg, einige Schritte weiter Abzweigung nach links auf Waldpfad (rote Markierung). Daraufhin links halten und immerzu den roten Strichen oder rot-weißen Kreisen an den Bäumen folgen, zuerst Richtung Süden, dann südostwärts. Immer noch mitten im Wald bei den nächsten zwei Gabelungen nach links. Kurz nach der zweiten folgt eine Verzweigung, hier mitten im Gebüsch nach rechts weiter. Vor einer kurzen Passage auf einer Steinmauer halten wir uns links, dann ist der Pfad wieder gut erkennbar, hier nun ostwärts. Es folgt ein Steinmännchen, worauf der Blick frei wird auf die Lagune mit der Klosterinsel Sv. Marija und die Häusergruppe von Soline auf der gegenüberliegenden Seeseite. Bald sind wir unten am Ufer des Veliko jezero.
2) Mit dem Fährboot (5) über den Solinski kanal nach Soline (saisonal Einkehr) und das Ufer entlang bis zur Brücke bei Mali Most (7). Achtung: Das Fährboot ist nicht immer in Betrieb!
Hinweis: Bei den Infostellen (Pomena oder Polače) kann man Wanderkarten und Tickets kaufen: Erwachsene 9–25 €; np-mljet.hr.

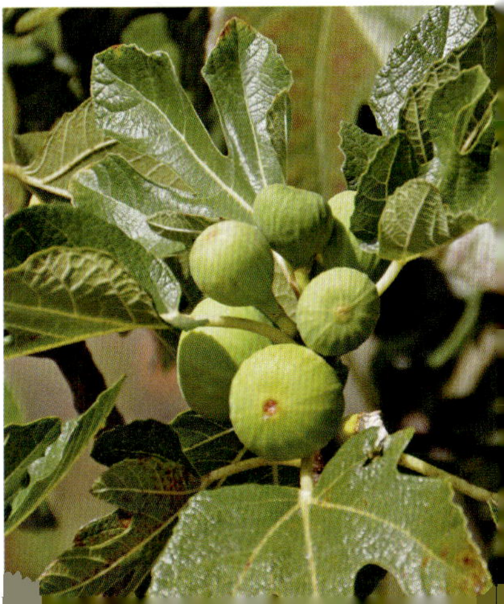

Üppige Vegetation säumt den Weg, wie hier Feigen.

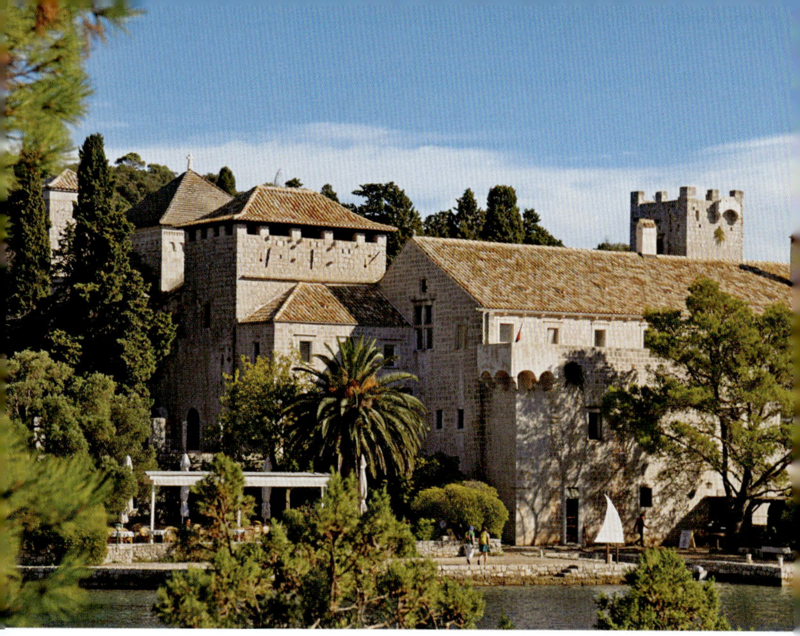

Klosterinsel Sv. Marija mit Einkehrmöglichkeit.

Wir starten bei der Informationsstelle des Nationalparks in **Pomena (1)**, gehen wenige Schritte auf der Inselllängsstraße Richtung Polače und nehmen nach rund 30 Metern beim Wanderwegzeichen an der Mauer die Abzweigung nach rechts. Nach rund 5 Min. Gehzeit im lauschigen Wald geht es entsprechend den rot-weißen Markierungen geradeaus in südlicher Richtung weiter. Bei der folgenden Gabelung **(2)** nach links weiter und dann gleich rechts, womit wir auf das Seeufer des **Malo jezero (3)** zusteuern. Wir folgen dessen West- und schließlich Südufer bis zur Gabelung, wo wir nach rechts zum **Veliko jezero (4)** hinüberwechseln. Nun wechseln sich am Seeufer asphaltierte Passagen mit nicht asphaltierten ab.
Die erste Meeresenge lassen wir hinter uns und folgen im Wald nun dem Solinski kanal. Unterhalb des Sträßchens bietet sich alternativ ein Fußpfad an, der je nach Streckenabschnitt unterschiedlich gut begehbar ist. Es folgt

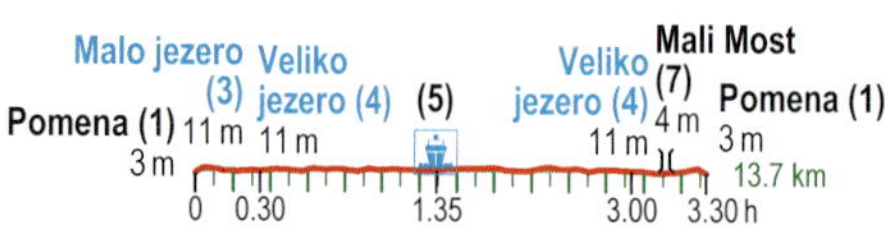

nach rechts eine Abzweigung zur Badebucht Gonoturska und hierauf die zweite Meeresenge, wo ein Fährboot **(5)** nach Soline übersetzt (siehe Variante 2). Gleich wie die Einkehrmöglichkeit in Soline ist das Fährboot je nach Jahreszeit in Betrieb oder nicht. Kurz danach passieren wir eine Informationstafel, worauf ein Pfad der Küste nach zu Felsplateaus **(6)** mit Sicht auf das Meer führt, wo es sich gut verweilen lässt.

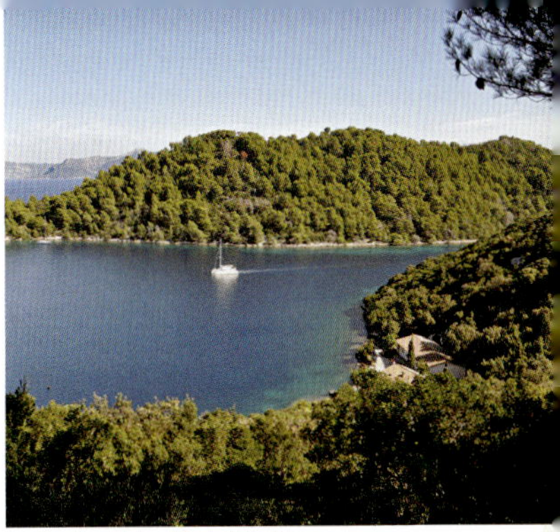

Typische Szenerie im Nationalpark Mljet.

Auf dem angenehm zu gehenden Sträßchen oder alternativ auf dem direkt dem Ufer nach verlaufenden Fußpfad gelangen wir in malerischer Landschaft wieder zurück auf Höhe der Benediktiner-Klosterinsel Sv. Marija. Auch hier locken etliche Bademöglichkeiten im Salzsee und eine Abzweigung nach links zu den Klippen von Zakamenica (Aussichtspunkt).
In der Mitte der folgenden Bucht **(4)** biegen wir nach links hinüber zum Malo jezero ab. Bei der Verzweigung am Ufer des **Malo jezero** gehen wir nach rechts weiter und bei der folgenden Verzweigung nehmen wir die linke Variante. Der weiterhin sehr schön angelegte Uferpfad führt zur Brücke bei **Mali Most (7)**, wo verschiedene Tische zum Picknicken einladen. Von hier aus legen die Schiffe nach Sv. Marija ab (im Nationalpark-Ticket inbegriffen), wo im Restaurant eingekehrt werden kann. Zu guter Letzt folgen wir dem Ufer des Malo jezero nach Westen bis zur Abzweigung nach rechts, wo ein Weg, anfangs über eine Treppe, nach **Pomena (1)** zurückführt.

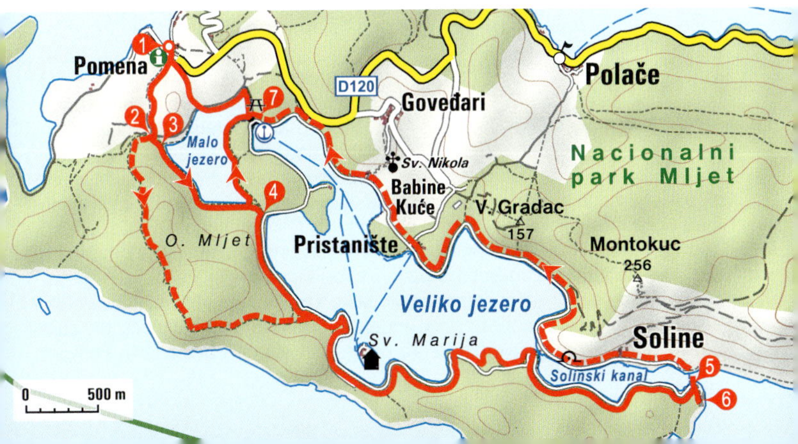

51 Insel Mljet: Von der Odisejeva špilja hinauf zum Veliki Grad, 514 m

3.15 Std.

Odysseus-Tropfsteinhöhle und höchster Gipfel von Mljet

Zwei kurzweilige, ganz unterschiedliche Teilstücke auf guten Pfaden. Die erste Etappe führt durch die Macchia hinunter zur mythenumrankten Tropfsteinhöhle Odisejeva špilja, wo laut der Legende Odysseus auf seiner Irrfahrt von Troja gestrandet sein soll. Wer Lust auf ein Abenteuer hat, kann in die Höhle hineinschwimmen. Der zweite Abschnitt bietet einen beeindruckenden Ausblick auf den Archipel von Dalmatien und das adriatische Meer.

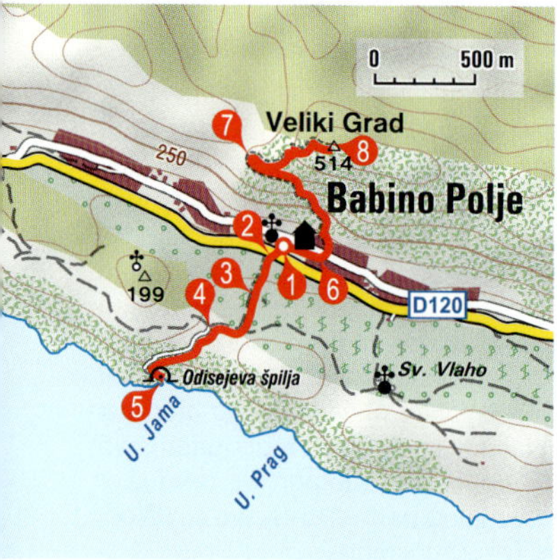

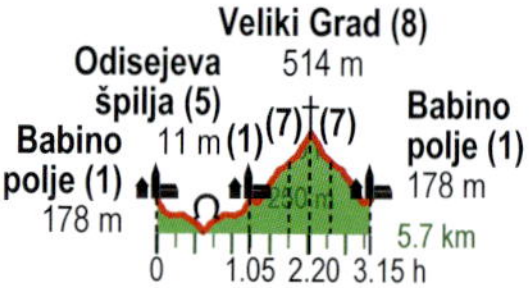

Ausgangspunkt: Parkplatz neben der Kirche in Babino polje. Autobus auf der Insellängsstraße mit Haltestelle in Babino polje.
Anreise zur Insel Mljet: Fährverbindung von Prapratno (Halbinsel Pelješac, südlich von Ston) nach Sobra. Personenfähre von Dubrovnik nach Sobra: www.jadrolinija.hr/de.
Höhenunterschied: 520 m.
Anforderungen: Gute Trekking-Schuhe, Wanderstöcke nach Bedarf. Zuletzt beim Aufstieg auf den Veliki Grad ist für einen Abschnitt Trittsicherheit erforderlich. Die Route ist überall gut markiert.
Einkehr: In der Nähe der Kirche von Babino Polje.
Varianten: 1) Umgekehrte Reihenfolge. 2) Nur erster oder zweiter Teil.
Hinweis: Keine Tickets notwendig, da nicht im Gebiet des Nationalparks.

Von der Kirche in **Babino polje (1)** gehen wir auf der Dorfstraße einige Meter nach Osten und schwenken auf den Pfad hinunter zur Insellängsstraße ein. Von dort geht es einige Meter nach rechts, wo beim Schild »Odisejeva špilja« ein Pfad **(2)** nach links wegführt. Wir folgen diesem entlang von Olivenhainen, Gemüsegärten und Weinstöcken, um bei der folgenden Kreuzung **(3)** geradeaus weiterzuwandern. Oberhalb von Babino polje ist von hier aus der Veliki Grad, unser zweites Tourenziel, gut auszumachen. Schon bald gelangen wir zu einer Gabelung, wo wir uns nach rechts wenden und dem breiten Feldweg bis zum Schild »Odisejeva špilja« folgen. Von hier führt ein teils betonierter Fußweg

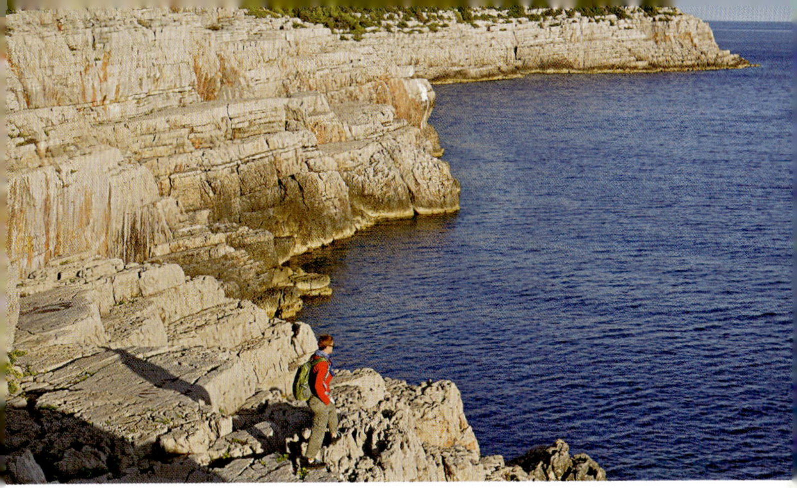

Klippen bei der Odisejeva špilja.

nach links weg **(4)**, der im Herbst mit Herbstzeitlosen und violett schimmernden Erika-Gewächsen gesäumt ist. Immerzu den Wegzeichen nach geht es zur Küste hinab, wo die verwitterten Felsformationen ins Auge stechen. Nach den letzten Hausruinen halten wir uns rechts und gelangen so direkt ans Meer, wo wir in die Tropfsteinhöhle **Odisejeva špilja (5)** hineinschauen können. Treppenstufen und ein Seil erlauben den Ein- und Ausstieg in das Meer.

Für den Rückweg verfolgen wir dieselbe Route bis zur Dorfstraße von **Babino polje (1)**, wo wir uns einige Meter nach rechts wenden. Nach der Poststelle und dem Haus Nr. 30 zweigen wir nach links hinauf ab **(6)**. Der rot-weiß markierte, schön angelegte Fußweg führt durch Nadelwald bergwärts. Auf einem Plateau angelangt, zweigen wir bei einem kleinen Steinhaufen **(7)** rechts ab (Schild V. Grad). Problemlos erklimmen wir durch unzugängliches Karstgebiet teils weglos, aber gut markiert den höchsten Punkt des **Veliki Grad (8)**, 514 m. Die Aussicht ist grandios: Im Norden ist die lang gezogene Halbinsel Pelješac omnipräsent. Ostwärts lässt sich Dubrovnik erahnen, während im Nordwesten Korčula auszumachen ist.

Auf derselben Route kehren wir nach **Babino polje (1)** zurück.

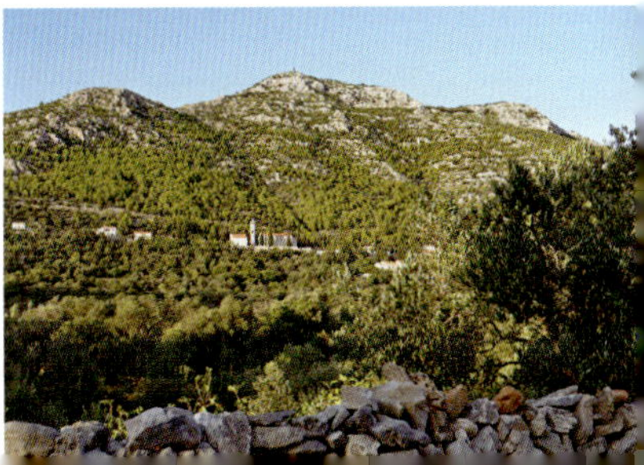

Die Ortschaft Babino polje und darüber unser Gipfelziel.

Stichwortverzeichnis

Kroatische Begriffe für Wanderer

Wandern

bijeli	weiß
bora	nordöstlicher Wind
brdo/gora	Berg
cesta/ulica	Straße
crkva	Kirche
crni	schwarz
dom/ planinarski kuća	Haus/Berghütte
draga/uvala	Bucht
grad	Stadt
greben	Grat/Rücken
izvor	Quelle
jezero	See
jugo	Südwind
kamen	Stein
konoba	einfaches Restaurant
kuk	Felsturm
mali	klein
most	Brücke
novi	neu
obala	Küste
otok	Insel
peć	Höhle
planina	Gebirge
polje	Feld
postaja/stanica	Station
put/staza	Weg/Pfad
rijeka	Fluss
selo	Dorf
slap	Wasserfall
soba	Zimmer
stari	alt
stijena	Fels
šuma	Wald
ulaz	Eingang
veliki	groß
voda	Wasser
vrh/kula	Gipfel

Kontakt

da	ja
dobar dan	guten Tag
dovi điena	auf Wiedersehen
dobra večer	guten Abend
hvala	danke
molim	bitte
ne	nein

Verpflegung

kava	Kaffee
kruh	Brot
market	Lebensmittelladen
meso	Fleisch
mlijeko	Milch
pivo	Bier
riba	Fisch
sir	Käse
čaj	Tee
vino	Wein

Zahlen

jedan	1
tva	2
tri	3
četiri	4
pet	5
šest	6
sedam	7
osam	8
devet	9
deset	10

Ausspracheregeln Kroatisch

C, c	z (wie bei »Cäsar«)
Č, č	tsch
Ć, ć	weicheres tsch
Đ, đ	dsch (wie bei »Giovanni«)
lj	zusammen als ein Laut (wie bei »Medaillon«)
Š, š	sch
Ž, ž	weiches stimmhaftes sch

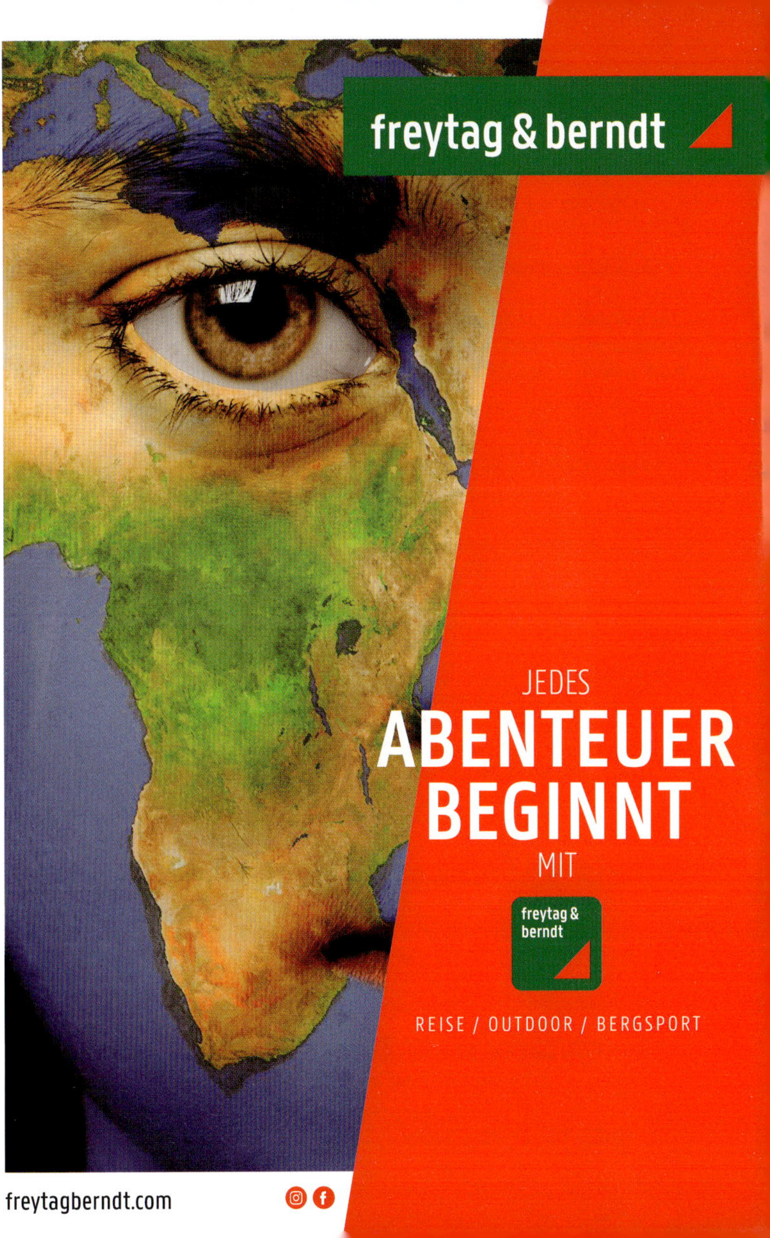
freytag & berndt
JEDES
ABENTEUER
BEGINNT
MIT
freytag & berndt
REISE / OUTDOOR / BERGSPORT
freytagberndt.com

Umschlagbild:
Blick vom Biokovo-Gebirgszug auf die Riviera von Makarska und die dalmatinische Inselwelt.

Bild im Innentitel:
Kapelle auf der Insel Hvar beim Aufstieg zum Sveti Nikola.

Bild auf Seite 24/25:
Die vielgestaltige Küstenlandschaft von Dalmatien im Abendlicht.

Die meisten der 142 Bilder stammen von Reto Solèr, einige von Michaela Esslen und Bernhard Anderegg, die Bilder auf Seite 22, 60 und 78 von Natascha Gräf, Seite 61 von Mire Steinbuch und Seite 77 von Antje Sommer.

Kartografie:
51 Wanderkärtchen im Maßstab 1:25.000, 1:50.000 und 1:100.000
Geodaten © OpenStreetMap und Mitwirkende
Kartografisches Design: Freytag & Berndt, freytagberndt.cz
2 Übersichtskarten im Maßstab 1:1.700.000 und 1:3.500.000
© Freytag & Berndt, Wien

Werk-Nr. 4476

4., aktualisierte und erweiterte Auflage 2023

ISBN 978-3-7633-4698-1

FSC www.fsc.org MIX Papier | Fördert gute Waldnutzung FSC® C147178

Wir freuen uns über jeden Korrekturhinweis zu diesem Wanderführer!
Bitte per E-Mail an: leserzuschrift@rother.de

ROTHER BERGVERLAG · München
D-82041 Oberhaching · Keltenring 17 · Tel. +49 89 608669-0 · rother.de